Adolf Horwicz

Das Gesetz der Kunst und die Freiheit des Künstlers

Grundlinien eines Systems der Aesthetik

Adolf Horwicz

Das Gesetz der Kunst und die Freiheit des Künstlers
Grundlinien eines Systems der Aesthetik

ISBN/EAN: 9783743320932

Hergestellt in Europa, USA, Kanada, Australien, Japan

Cover: Foto ©Thomas Meinert / pixelio.de

Manufactured and distributed by brebook publishing software
(www.brebook.com)

Adolf Horwicz

Das Gesetz der Kunst und die Freiheit des Künstlers

DAS GESETZ DER KUNST DIE FREIHEIT DES KÜNSTLERS.

GRUNDLINIEN

EINES

YSTEMS DER AESTHETIK.

EINE VON DER ACADEMIE ZU STRASSBURG AM 18. NOVEMBER 1867

GEKRÖNTE PREISSCHRIFT.

Motto: In rebus magnis et voluisse sat est.

VON

ADOLF HORWICZ.

LEIPZIG,

VERLAG VON E. A. SEEMANN.

1869.

Vorwort.

Die Veranlassung zur Herausgabe dieser Schrift ist folgende. Der verstorbene Gerichtsrath Lamey hatte mittelst Testaments vom 14. August 1854 der Academie zu Strassburg eine Summe von 12000 frs. mit der Bestimmung vermacht, dass aus deren aufgesammelten Zinsen alle fünf Jahre ein Preis von 3000 frs. für die Lösung einer Frage aus den Gebieten der Kunst, der Litteratur, oder des socialen Fortschritts ausgesetzt werden sollen. Die erste Preis-Ausschreibung fand im Jahre 1865 statt. Die Aufgabe lautete: L'art doit il être soumis à des régles? d'où deriveraient ces régles? sur quoi se fonderaient elles? seraient elles absolues ou relatives ou bien en partie relatives, en partie absolues? comment concilier leur autorité avec la liberté de l'inspiration? Für die Einreichung der Concurrenzschriften war der 31. December 1866 als äusserster Termin festgesetzt. Es waren zu demselben 24 Manuscripte, darunter 6 in deutscher Sprache eingegangen, aus denselben wurden 9, 6 französische und 3 deutsche, zur engeren Wahl gestellt. Der Verfasser hatte das Glück, seiner in etwas erweiterter Form hiermit vorgelegten Arbeit und zwar, wie der Bericht der Jury hervorhebt, „d'une seule voix et sans aucune hésitation", den Preis zuerkannt zu sehen.

Was mich nun bestimmte, diese Schrift dem Druck zu übergeben, das war zunächst die Rücksicht der Dankbarkeit für den edlen Stifter und der natürliche Wunsch, seine Einrichtung und das Verdikt der Academie zu Strassburg, so weit es an mir liegt, zu rechtfertigen. Sodann aber drängten mich auch dieselben Erwägungen, welche seiner Zeit mir den Muth eingeflösst hatten, in diese ehrenvolle Concurrenz einzutreten.

Es war das hauptsächlich die Erwägung der hohen Wichtig
keit der Kunstphilosophie gerade für unsere Zeit und die ferner
Erwägung des tiefen Verfalls und der noch tieferen Ungunst, wora
dieselbe gleichwohl bei dem starken Vorwiegen der materielle
Interessen mit der gesammten Philosophie zu leiden hat.
So sehr unsere Zeit mit praktischeren, drängenderen Frage
überladen zu sein scheint, halte ich deshalb die Arbeit an ästhe
tischen Aufgaben keineswegs für zu entlegen und nebensächlic
Wer an den grossen Culturinteressen der Menschheit irgend The
nimmt und dabei nicht ganz aus der Hand in den Mund leb
kann die ethisch-praktische Bedeutung mancher noch ungelöste
ästhetischen Fragen für die höhere Oeconomie des Völkerleben
unmöglich verkennen. Und darum bin ich auch mit demselbe
freudigen Muthe, mit welchem ich dem Rufe zu diesem ehrenvolle
Wettkampfe folgte, auch daran gegangen, diese Preisschrift m
etwas erweitertem Ziele für den Gebrauch eines grösseren Lese
kreises umzuarbeiten, um so meinerseits Zeugniss abzulegen fü
meine innerste Ueberzeugung, dass es hohe Zeit ist, den ideale
Zielen überhaupt und unter ihnen insbesondere den speculative
wiederum etwas mehr Interesse und etwas mehr Kraft zu widme
als seit langer Zeit geschehen ist.
Ob es freilich wohlgethan war, einer Schrift, die ihrem Zweck
und ihrer Anlage nach sich auf die Beantwortung specieller Frage
bezog, den etwas anmasslich klingenden Titel „Grundlinien eine
Systems der Aesthetik" zu geben, könnte zweifelhaft scheine
Aber ich sage mir, dass nur, wenn sie diesen Titel führen dürfe
eine solche Gelegenheitsschrift auf das Interesse des Publikum
rechnen könne. Wenn ich es zu hoffen wage, dass man meine
Schrift diesen Titel nicht streitig machen werde, so geschieht e
deshalb, weil schon die Formulirung der Preisaufgabe, welche vo
hoher Einsicht in die ästhetischen Probleme zeugt und dem Nach
denkenden werthvolle Anleitungen an die Hand giebt, schon vo
selbst zu einer über den nächsten Zweck hinausgehenden Vertiefun
in den Zusammenhang der wichtigsten Streitfragen Anlass biete
Dadurch war es auch ermöglicht, in eine Beantwortung diese
Fragen, welche ohne eine umfassende Erörterung der letzten Grund
begriffe nicht möglich war, so viel hineinzulegen, dass darau

wenigstens die allgemeinsten Grundrisse eines ästhetischen Systems nothfällig ersichtlich gemacht wurden. — Was mich zu einer solchen, das ursprüngliche Ziel erweiternden Ueberarbeitung am meisten bestimmte, war die Beurtheilung, welche meine Schrift in dem weiter unten abgedruckten Bericht der Preis-Jury gefunden hatte. Derselbe enthielt neben so Manchem, was mir aus solchem Munde doppelt schmeichelhaft sein musste, doch auch so erhebliche Ausstellungen, die ich zum grössten Theile als gerechte anerkennen musste, dass ich mich des dringenden Wunsches nicht erwehren konnte, um das mir gespendete Lob wirklich zu verdienen, die gerügten Mängel, so weit es in meinen Kräften stünde, zu beseitigen. Diese Mängel beruhten zum Theil auf ungenügenden Vorstudien, namentlich in Ansehung der Geschichte der Aesthetik und der Kunstentwickelung; ich habe mich in dieser Hinsicht bemüht, Einiges nachzuholen, bin aber weit entfernt, dasselbe für erschöpfend zu halten, werde vielmehr sehr zufrieden sein, wenn man es zur Begründung der von mir gezogenen rohesten Umrisse für nothfällig ausreichend erachtet. Zum Theil gründeten sich diese Ausstellungen auf die sehr summarische und zum Theil lückenhafte Darstellung der Bewerbungsschrift und hier darf ich hoffen, durch eine umfassendere Erörterung manchem Tadel gerecht geworden zu sein. Einem solchen Mangel meiner früheren Darstellung kann ich es nur beimessen, wenn mir der Bericht der Jury den Vorwurf macht, dass meine Principien das Schöne zu einer blossen theoretischen und nüchternen Weltbetrachtung erniederen; und ebenso, dass das von mir an der Spitze der Kunstgesetze gestellte Gesetz der Naturwahrheit den Künstler verpflichte, niemals über das empirisch Gegebene hinauszugehen. Ich hoffe, meine Preisrichter werden aus dieser erweiterten Bearbeitung die Ueberzeugung entnehmen, dass mir diese Ansichten fern liegen. Alles dies musste mich bestimmen, meine frühere Darstellung nach allen Richtungen zu vervollständigen und, so weit dies unter Beibehaltung der ursprünglichen Anlage und des einmal angenommenen Ganges der Untersuchungen möglich war, eine systematischere Ausbildung derselben anzustreben.

Keineswegs schmeichle ich mir mit der Hoffnung, dass von mir erreicht sei, was ich gewollt und erstrebt habe, oder dass es mir auch nur gelungen sei, alle wichtigeren Mängel zu beseitigen. Glücklicherweise ist das gesteckte Ziel ein so hohes, dass ich meinem Motto getreu auch schon zufrieden, ja stolz sein darf, wenn ich davon ein Weniges wirklich erreicht hätte. Eins hoffe ich nicht verfehlt zu haben; ich glaube nämlich in der Einleitung diejenige Methode richtig bezeichnet zu haben, von welcher allein eine fruchtbare Weiterbildung der Aesthetik erwartet werden dürfte. Damit mir indess keiner meiner Leser hinterher den Vorwurf mache, dass mein Programm ihm höhere Erwartungen erregt, als ich zu befriedigen vermocht habe, will ich lieber von vornherein offen eingestehen, welche Mängel mich am meisten verhindert haben, das ins Auge gefasste Ziel besser, als geschehen, zu erreichen.

Das von mir in erster Linie aufgestellte Erforderniss, dass ein System der Aesthetik, wenn es den scheinbar entgegenstehenden und gleichberechtigten Ansprüchen der Autorität und der Freiheit gerecht werden wolle, sich lediglich auf den Thatsachen der Kunsterfahrung in induktiver Weise aufbauen müsse, setzt allerdings, wenn ihm einigermaassen Genüge geschehen soll, eine reiche Kunsterfahrung und eine lebendige Kunstanschauung voraus; ebenso ist auch eine gewisse Bekanntschaft mit der Technik der einzelnen Künste nicht wohl zu entbehren. Die fernere, gewiss richtige Bestimmung der Kunst als eines historischen Kulturprocesses erfordert zu ihrer sorgfältigeren Begründung ebenso eine gründliche Kenntniss des geschichtlichen Entwickelungsganges der einzelnen Künste. In allen diesen Stücken habe ich mich nur der allgemeinsten und allerbekanntesten Thatsachen bedienen können. Dieselben dürften zur Noth genügend sein, die Idee des Schönen, wie ich sie auffasse, in ihren allgemeinsten Zügen und gröbsten Umrissen einigermassen sicher zu begründen. Verhehlen konnte ich mir indessen zu meinem schmerzlichen Bedauern nicht, dass eine weit überzeugungsvollere Begründung, sowie eine weit lebendigere Durchführung und Ausgestaltung im Einzelnen möglich gewesen wäre, wenn mir eine solche Kennerschaft, wie sie mir eben nicht beiwohnt, zu Gebote gestanden hätte.

Unter diesen Umständen würde ich auch, trotz des mir zu Theil gewordenen ermunternden Erfolges, in der That nicht den Muth gehabt haben, mit einer ästhetischen Schrift hervorzutreten, wenn ich nicht glaubte, in der psychologischen Erörterung des Schönen nach seiner subjektiven Seite hin und im Zusammenhange mit der objektiven ein Werkzeug der Forschung angewandt zu haben, auf welches die Geschichte der Philosophie und der Aesthetik insbesondere mit Nothwendigkeit hinweist, und welches in den Händen von Kunstkennern, die zugleich Philosophen sind, nicht verfehlen kann, zu den allerfruchtbarsten und weittragendsten Aufschlüssen zu führen. Der geneigte Leser aber wolle hieraus ersehen, dass es etwas mehr als bloss bescheidene Phrase ist, wenn ich mein Werk der Nachsicht der Kenner und Fachmänner bestens empfohlen haben will.

Magdeburg, 2. April 1869.

Der Verfasser.

RAPPORT

de M. Maurial, professeur de philosophie à la Faculté des Lettres de Strasbourg, au nom du jury institué pour décerner le prix quinquennal fondé par feu M. Lamey.

MESSIEURS,

Je viens, au nom du jury qui a voulu que je fusse son organe auprès de vous, avoir l'honneur de vous exposer les résultats du concours ouvert cette année pour la première fois devant l'Académie de Strasbourg, par suite des dernières volontés de M. Lamey. Un mot d'abord pour rappeler le but et l'origine de la fondation qui a provoqué ce concours.

Vous savez, personne n'ignore à Strasbourg, quel fut l'homme de cœur et d'intelligence auquel nous la devons, quelles rares qualités le distinguèrent, quels sentiments, quelles habitudes dominèrent sa vie si bien remplie. Membre des plus justement honorés de cette illustre magistrature française, où le culte des lettres s'est toujours maintenu comme une tradition de famille, personne plus que lui ne fut fidèle à ces salutaires traditions. Ami éclairé des arts autant que des lettres, aimant les poëtes, et poëte lui-même, malheureusement dans un idiome où il ne m'est pas donné de l'apprécier; en outre, philanthrope animé de ce zèle investigateur qu'il avait hérité de la forte génération, dont il ne cessa de conserver jusqu'au bout les viriles espérances; sa pensée suprême consignée dans son acte testamentaire fut pour les chers objets d'étude auxquels il avait si noblement consacré tous les loisirs de son existence.

Aux termes de cet acte en date du 14 août 1854, M. Lamey lègue à l'Académie de Strasbourg une somme de douze mille francs dont les intérêts cumulés devront faire les fonds d'un prix de trois mille francs décerné tous les cinq ans sur une question *ou d'art, ou de littérature, ou de perfectionnement social*.

Je ne m'arrêterai pas, Messieurs, à louer la haute et bienfaisante prévoyance manifestée par ces libérales dispositions, cette sollicitude si touchante dans son parfait désintéressement qui poursuit, jusqu'au-delà de son propre tombeau, l'accomplissement d'un bien qu'il ne lui sera pas même donné de savourer du regard; mais qu'il me soit permis au moins d'exprimer la profonde gratitude qu'elle doit nous faire éprouver à tous dans notre double amour pour les progrès auxquels elle doit donner l'impulsion et pour la cité destinée, suivant la volonté du testateur, à être le théâtre de ces progrès.

Elle sera féconde, n'en doutons pas, autant qu'elle fut généreuse.

Tout annonce que le concours Lamey portera ses fruits et que le Monthyon de Strasbourg n'aura pas vainement compté sur l'honneur de contribuer à développer, dans sa chère ville natale, un de ces foyers vivants qu'on aimerait à voir se multiplier un peu plus sur le sol de notre beau pays, à côté du grand foyer central dont la précieuse activité ne saurait, quelque puissance qu'on lui attribue, valoir à elle seule les efforts réunis de tous.

En effet, Messieurs, vingt quatre manuscrits, chiffre inouï dans les annales de ces sortes de joûtes, ont été présentés pour le concours de 1867[1]). Six sont écrits en langue allemande, Son Excellence le Ministre de l'instruction publique ayant voulu, par un acte de haute et libérale courtoisie, que dans une arène ouverte sur les bords du Rhin, nos savants voisins fussent admis à lutter avec les armes qui leur sont propres. Sur les vingt quatre mémoires présentés, neuf, dont six en français, trois en allemand, ont paru, après un premier examen, particulièrement dignes d'être admis à l'honneur de disputer le prix.

Je voudrais bien, Messieurs, pouvoir ne passer sous silence aucun de ces neuf mémoires réservés, dont plusieurs ont un mérite vraiment distingué, et qui tous sont intéressants et instructifs à un degré plus ou moins élevé. Mais les limites du temps dont j'ai pu disposer ainsi que des moments que je puis me permettre de vous dérober, me forcent à me borner rigoureusement au mémoire allemand auquel le jury a, d'une seule voix et sans aucune hésitation, assigné le premier rang.

Le programme proposé portait sur l'art, le premier des objets d'étude énumérés dans le testament de M. Lamey, sur les lois ou règles de l'art. Laissant aux concurrents pleine liberté de se prononcer à leur gré entre les opinions aux prises sur ce sujet si vivement controversé depuis un demi siècle, nous leur demandions d'examiner si, oui ou non, l'art doit se soumettre à des règles ; d'où dériveraient ces règles et quel en serait le fondement; seraient-elles absolues ou relatives, ou en parties absolues, en partie relatives; enfin dans quelle mesure et comment leur autorité pourrait-elle se concilier avec la libre inspiration du génie.

Ce qui plait tout d'abord dans l'œuvre vraiment remarquable, dont je voudrais vous donner un aperçu, c'est la résolution vive et ferme avec laquelle l'auteur s'attaque à la question, allant droit au cœur des difficultés qu'elle embrasse, n'en détournant pas un instant son énergique attention, ne cessant de l'étreindre jusqu'à ce qu'elle ait définitivement cédé aux efforts de son puissant talent d'analyse et de ses vigoureuses déductions. On voit que non-seulement elle l'intéresse, mais qu'elle l'obsède, qu'il est tourmenté des incertitudes qui y règnent et de l'impérieux besoin d'y mettre fin.

Cette déplorable incertitude, si compromettante pour l'avenir d'une des plus hautes puissances de la civilisation, éclate à chaque instant dans

---

[1]) Ce serait trente, en ajoutant six autres manuscrits allemands qui ont dû être exclus du concours, pour avoir été déposés postérieurement au 31 décembre 1866, terme de rigueur.

les contradictions flagrantes de l'opinion vulgaire, dans l'inconsistance des jugements qu'elle porte sur les produits de l'imagination créatrice, le caractère et le mode d'exercice de l'activité qui leur donne naissance.

D'un côté, on trouve, on proclame très-haut que le génie ne mérite jamais autant d'être glorifié que lorsqu'il s'affranchit et nous affranchit avec lui des entraves d'une critique étroite et pédantesque; „nous le célébrons le plus, quand, brisant les barrières imposées par la réglementation et par la routine, il crée des beautés vraies, naturelles, nouvelles, quand, sauveur d'un autre genre, il nous délivre de la forme et de l'école, comme l'ont fait Shakespear, Victor Hugo, Klopstock et Lessing. D'un autre côté cependant nous ne pouvons nous empêcher parfois de lui crier qu'il s'égare, qu'il abuse, qu'il est des barrières qu'on ne doit pas franchir, de répéter au poëte: „Est modus in rebus, sunt certi denique fines", de le rappeler au respect de ces mêmes principes du bon goût dont nous l'avions loué de secouer le joug.

Telle est, pour employer le langage mis à la mode en Allemagne par la philosophie de Kant, l'antinomie dont il faut chercher la solution. Au fond des apparences opposées d'où naissent dans la raison humaine les conflits malheureusement trop fréquents, qu'on exprime par ce mot, se cache le plus souvent quelque confusion d'idée d'où vient presque tout le mal et à laquelle il importe avant tout de remédier, si on veut rétablir la paix dans la pensée et mettre la raison d'accord avec elle-même. De là sans doute le soin que prend tout d'abord notre auteur de distinguer deux sortes de règles, les unes auxquelles conviendrait plus spécialement le nom de lois, fondées sur la nature des choses, déterminant les conditions constitutives de chacunes d'elles, et que la raison déduirait de leur essence, les autres n'ayant d'autre fondement que la tradition ou la routine, d'autre origine qu'une expérience dont les données auraient été plus ou moins bien interprétées et raisonnées. Distinction heureuse et féconde où on entrevoit déjà l'issue de bien des difficultés, la fin de bien des débats.

Afin de nous assurer s'il y a pour l'art des lois véritables, des règles du premier ordre, et quelles seraient ces lois, demandons-nous quelle est l'essence de l'art, puisque c'est de l'essence des choses que les lois se déduisent.

Qu'est-ce donc que l'art? On aurait répondu à cette question en disant que l'art a pour objet la production du beau, si la réponse n'amenait immédiatement sur les lèvres cette autre question aussi pleine d'incertitude, qu'est-ce que le beau? Il y a deux manières de chercher la définition du beau: d'un côté, la métaphysique, avec ses déductions à priori, et les hypothèses qui leur servent de fondement; de l'autre la méthode inductive; qui procède par la comparaison des divers objets, dans lesquels nos regards reconnaissent le divin caractère de la beauté, et s'efforce d'en saisir les traits essentiels dans ce que ces objets ont de commun. L'auteur, moins allemand que français, sur ce point comme sur bien d'autres, préfère résolument la seconde méthode. Pour lui, cela revient à dire qu'il faut plutôt chercher à définir le beau par l'art que l'art par le beau, car dans ses principes c'est surtout, sinon uniquement, dans les œuvres de l'art que resplendit le beau. Nous voilà donc ramenés à notre question. Qu'est-ce que l'art ?

Un trait frappant de l'activité artistique et poétique est le caractère à la fois indépendant et désintéressé de son action, ne se proposant aucun but pratique soit matériel, soit moral, soit religieux, satisfaite du seul fait de l'existence de son œuvre, et du plaisir que nous trouvons à la contempler. Serait-ce là l'essence de l'art ? non, car ce caractère est tout négatif : de plus l'art l'a de commun avec beaucoup d'autres modes de l'activité humaine : la science, la morale ou plutôt la moralité, la vertu, la religion, la piété ont aussi leurs raisons d'être en elles-mêmes et ne se rapportent à aucun but étranger. Comment donc l'art s'en distinguerait-il ? Répondre suivant les formules consacrées en assignant pour domaine à la science et à la morale le vrai et le bien et à l'art le beau, ce serait, à moins qu'on ne veuille se contenter d'une définition purement nominale, retomber dans la question que nous avons dû écarter ou plutôt ajourner : Qu'est-ce que le beau ? Procédons autrement. Analysons l'œuvre d'art.

Elle offre toujours deux parties distinctes. D'une part la matière, le fond, le sujet ou la chose exprimée, représentée, de l'autre l'expression elle-même, la représentation, le mode de représentation et d'expression. Dans la représentation artistique nous remarquons d'abord l'impression agréable qu'elle produit sur nos sens, particulièrement sur la vue et l'ouïe. En second lieu elle flatte aussi l'imagination ; elle l'enchante par la diversité des formes, des couleurs, des sons, et leur arrangement, leur ordre, successif et simultané, rhythme, cadence, proportion etc. C'est ce que l'auteur nomme la satisfaction esthétique qu'il importe, suivant lui, de ne pas confondre avec le plaisir purement sensible. Le troisième „moment formel“ de l'art est l'illusion, la puissance qui lui est propre de nous rendre l'objet présent, ce que ne fait pas le discours didactique avec ses termes abstraits, ni même en général le simple récit historique qui peut, comme la science, atteindre son but sans faire naître dans l'esprit aucune image concrète et vivante des faits qu'il expose. *Ut pictura poesis* avait déjà dit Horace.

Après avoir énuméré ces trois conditions essentielles de l'art, l'auteur a peu de peine à montrer quelles ne sont pas suffisantes. Des sons, des couleurs agréables, des successions même ou des combinaisons ordonnées de sons, de formes, de couleurs, ou bien encore de mouvements, tels que ceux qu'offrent certaines danses, ne sauraient, quelque agrément qu'y trouvent les sens et l'imagination, constituer une œuvre d'art, s'ils n'expriment aucune idée. L'illusion, de son côté, est loin d'exercer exclusivement son empire dans le domaine des beaux arts. Elle se mêle à une foule de jouissances tout à fait étrangères à l'émotion du beau. Peut-être même se mêle-t-elle un peu à toutes, sans en excepter les plus charnelles, celles, par exemple, du sens des saveurs qui, bien souvent, empruntent à l'imagination leur charme le plus délicat.

Mais il y a dans l'art un quatrième élément, ou, comme s'exprime l'auteur, un quatrième moment formel, l'idéalisation. Qu'est-ce que l'idéalisation ? Quel en est l'objet et le but ? Nous touchons ici au point caractéristique de la doctrine, par où elle se sépare profondément de l'idéalisme platonicien, sans tomber pourtant dans l'extrême opposé de ce réalisme outré qui réduirait l'art à une sorte de photographie, et même à une photographie opérée sans discernement et sans choix.

Le propre de l'idéalisation n'est pas d'introduire, dans l'imitation artistique, un élément de beauté qui ne serait pas dans l'objet imité. Il n'est pas non plus, comme on le croit trop souvent, d'amplifier la beauté qui serait déjà dans l'objet. Non, l'œuvre d'art ne s'élève jamais au-dessus de la nature : „le paysagiste, le peintre, le poëte épique, le poëte dramatique, le poëte lyrique, le compositeur, l'acteur, lorsqu'ils veulent représenter la forme, les actions, les sentiments, les passions de l'homme, s'estiment plus qu'heureux, s'ils n'ont imité qu'à peu près la nature."

Mais alors qu'est-ce qu'idéaliser ? C'est tout simplement séparer ce que la réalité nous montre réuni, réunir ce qu'elle tient séparé, opérer d'une part un triage, de l'autre, une composition, une synthèse. Mais quel triage, quelle synthèse ? Le triage du laid d'avec le beau, et la synthèse des divers traits de beauté épars çà et là dans la réalité ? Non : il n'y a point de laid ; c'est-à-dire rien n'est laid en soi, et ce qu'on élimine comme tel, ne l'est en effet que comme contraire au but particulier que se propose l'artiste, parce qu'il troublerait l'harmonie de l'œuvre et en détruirait l'unité. Parmi les objets que nous sommes le plus portés à regarder comme absolument hideux, il n'en est pas un qui, étant mis à sa place, ne puisse concourir puissamment à l'impression du beau. Nous en avons la preuve par exemple, dans *le Mendiant* de Murillo et le tableau *des Pestiférés de Jaffa.* L'art élimine, retranche du tableau offert à nos sens par la réalité, non le laid puisqu'il n'y a pas d'objet laid ; mais ce qu'en élimine, dans une certaine mesure, tout spectateur quelque peu capable de goûter la nature et doué de quelque talent d'observation. Il éloigne tout ce qui est étranger à l'objet qu'il veut nous faire contempler, et ne lui est associé dans la réalité qu'accidentellement, tout ce qui ne rentre pas dans le développement du sujet, action, caractère, passion, affection, qu'il s'agit d'exprimer et nous empêche de le saisir dans toute sa pureté. D'un autre côté, il rapproche et réunit en un faisceau, condence en un seul vivant tableau, tout ce qui rentre réellement sous les lois de l'unité de ce même objet et que la réalité nous présente morcelé, disseminé dans le temps et dans l'espace, et séparé par des intervalles, qui nous empêchent d'en saisir les rapports, à savoir les parties d'une même action, les phases successives d'une même passion, les traits logiquement enchaînés d'un même caractère, les effets divers d'une même cause. C'est qu'en effet, le but de l'art, non-seulement dans l'idéalisation, mais dans tous les moyens qu'il met en œuvre, n'est pas autre que de nous aider à contempler la nature, ses énergies générales, typiques, l'essence, l'absolu, se produisant sous la diversité des phénomènes dont la liaison manifeste son unité. Là est la matière, toute la matière du beau, non dans la réalité mêlée de mille accidents, non dans le fait particulier et passager, mais dans le fait général, dans la réalité conforme à l'idée, dans la vérité du réel, la vérité de la nature. Le beau, sans doute, est dans les choses ; il y est réellement, objectivement et non pas seulement eu égard aux relations qu'elles ont avec notre sensibilité. Peut-être toutes nos idées sont-elles au fond purement subjectives. L'auteur, s'il portait la question sur le terrain de la haute métaphysique, inclinerait assez à adopter sur ce point les conclusions du criticisme kantien, ce dont nous sommes loin de le féliciter. Mais abandonnant promptement, avec une sagesse louable, ce terrain trop élevé, pour se placer sur celui de la pratique, il soutient que la notion du beau est objective au même titre que toutes celles que le sens commun hésite le moins à considérer comme telles. Mais si le beau est dans les choses, il n'y est pas comme une qualité particulière, distincte de ce qui constitue leur essence ; il est l'être même ; l'absolu de l'être se révélant sous la diversité des phénomènes ; il se rencontre partout où il y a de l'être. Le but de l'art n'est pas de le créer, mais de le faire ressortir, d'en rehausser l'effet, de nous aider à le contempler et même de nous y pousser, à quoi il parvient, d'un côté, par les procédés de composition et d'élimination dont nous venons de marquer le but, de l'autre, par les moyens de séduction (plaisir sensible, plaisir esthétique etc.), à l'aide desquels il triomphe, avec une douce violence de nos préoccupations, de nos distractions de toute sorte, ou de la paresse de notre attention. Au fond, son but ne diffère pas essentiellement de celui de la science qui, elle aussi, se propose de nous faire saisir l'unité de la loi sous la multiplicité des phénomènes et leur diversité ; mais il dispose pour l'atteindre de moyens puissants que n'a pas celle-ci. D'ailleurs il y a entre les deux toute la différence qui distingue contempler de connaître.

Pourquoi cette contemplation de la nature provoquée au prix de si grands efforts ? Tout simplement pour le plaisir 'noble, pur et élevé qui en est le fruit. Ce plaisir, cette „jouissance de la nature", l'auteur y attache un tel prix, que, par une sorte d'Épicurisme nouveau, aussi supérieur à l'épicurisme vulgaire que l'activité intellectuelle est supérieure à la passivité du bien-être physique, il en ferait volontiers l'affaire capitale de l'existence humaine. Il voit d'ailleurs dans l'art qui en est la source, le grand stimulant de toutes les puissances de la vie, activité pratique, science, religion, en même temps qu'un moyen terme pacificateur, excellement propre à les unir et à en prévenir les chocs trop fréquents. L'activité pratique, la science et la religion trouveraient en effet dans la haute contemplation commune à laquelle il les convie, la première, le secret de ses agitations et leur dernière fin au sein de l'harmonie universelle ; la seconde, l'intérêt et la poésie de son objet, la religion enfin, le sentiment de la grandeur de Dieu, manifesté par la grandeur de son œuvre, où elle verra avec bonheur se développer l'activité pratique et pour l'intelligence de laquelle elle se sentira de plus en plus portée à invoquer la science au lieu de la maudire ; comme aussi, de leur côté, la science et l'activité trouveront dans la pensée d'une volonté souveraine le complément nécessaire de la conception esthétique et harmonique sous laquelle il importe que l'une et l'autre se représentent le monde.

Telles sont, bien sommairement indiquées, les vues que propose l'auteur sous le nom de *théorie hypothétique de l'art*, évitant, sans doute par modestie, de s'autoriser de ses saines idées sur la méthode, pour leur appliquer la qualification trop favorable de théorie inductive. Quoi qu'il en soit, induction ou hypothèse, cette ingénieuse théorie, incontestablement originale et profonde à beaucoup d'égards, provoquera plus d'une objection, plus d'un doute.

A part ce qui a pu vous paraître excessif dans les idées que vous venez d'entendre émettre sur l'importance souveraine de la jouissance artistique, mais que vous pardonnerez à un ami passionné de l'art, comme on pardonne à chacun de nous de trop sacrifier à l'objet de son culte, on aura bien des réserves à faire sur le point essentiel: la définition de l'art et de son but. On s'étonnera quelque peu, par exemple, de voir réduire l'impression du beau à un sentiment purement intellectuel auquel les grandes affections de notre nature morale n'auraient aucune part. Les interprètes des poëtes, et les poëtes eux-mêmes, admettront difficilement que, comme le veut l'auteur, et comme l'exigent ses principes, l'émotion sympathique produite par le spectacle des agitations de l'âme humaine doive être tenue pour étrangère au but de l'art; ils rappelleront leur *dulcia sunto* et tant d'autres préceptes séculaires du même genre, justifiés par tous les chefs-d'œuvre du premier des arts; ils demanderont comment on explique que tous les grands artistes s'attachent avant tout, non-seulement à peindre l'homme, mais dans l'homme, plus spécialement ses joies, ses désirs, ses douleurs, ses passions, ses affections, en un mot tout ce qui nous émeut parce que, „nous sommes hommes, et que rien de ce qui touche l'homme ne saurait nous être étranger."

Les platoniciens, de leur côté, alléguant le céleste amour qui porte le nom du maître, admettront difficilement qu'on puisse en confondre les transports et les ravissements enthousiastes avec la réelle mais froide satisfaction que l'intelligence peut éprouver à contempler la nature se développant au gré de notre entendement suivant la logique de ses lois. Ils n'accorderont d'ailleurs facilement, ni que le beau se trouve au même degré dans toute les énergies générales de la nature, par exemple, dans les passions naissant de nos instincts les plus bas aussi bien que dans les affections héroïques d'une Chimène et d'un Rodrigue, ni que la réalité en épuise la conception au point que nous ne devions jamais tenter de rien imaginer au-dessus des limites données par l'expérience; et il pourra leur paraître exorbitant, non sans quelque raison, qu'il faille condamner en bloc sous le seul bénéfice de la circonstance atténuante du temps où elles ont pris naissance, les créations les plus admirées des Raphaël, des Michel Ange, des Dante, des Milton, aussi bien que celles qu'enfanta le génie de la Grèce sous l'influence de sa poétique Mythologie.

Peut-être, en effet, y a-t-il à craindre que nous ne soyons ici en présence d'une de ces conceptions systématiques dont le mérite est moins d'embrasser la vérité dans toute son étendue que d'en bien mettre en lumière un des côtés. Toujours est-il que les procédés de l'auteur rappellent rarement les méthodes familières aux esprits qui ambitionnent avant tout la largeur éclectique. Les pensées de ceux qui l'ont précédé dans la carrière, l'occupent fort peu, à ce point que dans tout le cours de son travail il ne trouve pas une seule fois l'occasion de citer un seul des grands noms qui remplissent avec tant d'éclat l'histoire de l'esthétique, pas plus Kant, Schelling ou Hegel, que Platon, Plotin, St. Augustin et les philosophes français. Je me borne à indiquer sans y insister ces sujets de critique et de discussion; j'ai hâte d'arriver à la partie du mémoire où l'auteur s'attache à déduire des principes que nous venons d'exprimer la réponse aux questions posées par le programme.

Oui assurément, y apprenons-nous, il y a des règles: il en est de générales, universelles, absolues, dérivant de la nature de l'art, en exprimant les conditions essentielles. Il en est aussi de relatives aux circonstances variables de temps et de lieu au sein desquelles l'art se développe. D'autres, enfin, qu'on ne mentionne que pour mémoire, sont particulières à telle ou telle branche de l'art, architecture, peinture, musique, poésie etc., résultant de la nature des instruments dont on use dans chacun d'eux et des lois auxquelles ces instruments sont soumis, lois de l'optique, de l'acoustique, de la gravitation, lois psychologiques etc.

La première loi générale, universelle et absolue de l'art est la vérité. Ce serait même, d'après les principes sur lesquels nous avons fait nos réserves, la loi étroite de la vérité empirique, ne permettant pas qu'on dépasse le niveau de la nature, excluant le supra humain, l'idéal absolu et par dessus tout la perfection suprême. Si on ne suit pas l'auteur dans ces conséquences extrêmes de ses définitions, on lui accordera au moins que l'artiste doit toujours respecter la vérité qui est dans l'idée dont il se propose d'exprimer le développement, et qu'alors qu'il représente des êtres qui n'ont pas de modèle dans la nature, „il doit les concevoir tels que la nature les eût façonnés si elle avait jugé à propos de leur donner naissance et d'après les lois que nous connaissons."

La vérité, nous le savons, n'est pas la pure et simple réalité mais la réalité générale, essentielle. Pour cette raison et aussi pour être intelligible, l'art doit s'attacher à l'universel, se garder de tout ce qui est accidentel, individuel, exceptionnel, de ce qui, par exemple, n'aurait d'autre mérite que l'actualité.

Parmi les choses concrètes qui constituent exclusivement le domaine de l'art, l'âme humaine est l'essence universelle par excellence. De là un troisième précepte dont l'école d'Horace et celle de Platon, eussent fourni aisément des démonstrations plus satisfaisantes, mais auquel elles applaudiront avec empressement, à savoir que l'art doit s'attacher surtout à peindre l'âme; ce que font, en effet, tous les grands artistes qui, alors même que leur pinceau s'attache à représenter des déserts de sable et des rochers, s'occupent moins, nous fait-on remarquer avec raison, de ces objets eux-mêmes que des sentiments humains qui s'y rapportent.

Une quatrième loi non moins nécessaire que les précédentes est l'unité, non l'unité très-accessoire de temps et de lieu, mais l'unité du sujet représenté. Là est même le trait caractéristique des créations de l'art, leur raison d'être, ce qui les distingue des tableaux désordonnés, confus et pleins de mélange offerts à nos regards par le monde réel.

Mais l'unité que doit représenter l'art n'est pas une unité morte, abstraite et vide, c'est l'unité d'un tout plus ou moins complexe et varié. Il faut que nous la retrouvions dans la multitude des parties de l'œuvre et dans chacune d'elles. De là la règle de l'*intégralité* à laquelle se joint ce que l'auteur nomme la *nécessité organique*, ce rapport nécessaire des détails à l'ensemble qui a fait dire d'Homère qu'il serait plus difficile de lui arracher un seul vers que d'arracher à Hercule, sa massue.

A ces dernières lois se rattache la *justice poétique*, c'est-à-dire à peu près ce qu'on nomme vulgairement la moralité dans l'art, la satisfaction donnée aux exigences du sens moral, qui ne saurait tolérer la représentation du désordre et du mal qu'à la condition qu'on le montre humilié, impuissant, châtié, réprimé. L'auteur la conçoit, non simplement comme un devoir imposé au poëte par sa conscience d'honnête homme dans un but étranger à l'art, mais comme une des conditions les plus essentielles de la beauté artistique, un des traits les plus constants, les plus invariables de cette vérité générale de la nature à laquelle l'art doit se conformer. Pour qui, en effet, voit de haut en laissant de côté les accidents particuliers et les exceptions, tout, dans l'harmonie universelle des choses, paraît tendre à la répression du désordre et du mal, au triomphe définitif du bien. C'est sous ce jour réel et seul vrai, que l'art, que la scène théâtrale, par exemple, doit nous représenter le monde. Il faut que le vice et le crime n'y paraissent que comme des monstruosités exceptionnelles, et de plus qu'on nous les montre condamnés, combattus par tout l'ordre de la nature, le châtiment marchant fatalement à leur suite, sinon toujours dans les conséquences matérielles de la faute, au moins dans les tortures que s'inflige d'elle même l'âme coupable, dans ses remords, ses craintes, ses défiances, ses inquiétudes de tous genres.

Ces hauts préceptes se rapportent au fond de l'œuvre artistique, au sujet représenté. La représentation, l'expression ou la forme est aussi soumise à des lois. A peine est-il besoin de dire qu'elle doit être fidèle; de plus vivante, concrète, saisissante; mettre en quelque sorte l'objet sous nos yeux et ne pas se borner, comme la pure science, à l'indiquer par les linéaments abstraits, que l'entendement seul pourrait saisir. Elle doit aussi être complète, adéquate à l'idée. Toutefois avec une certaine sobriété. Elle ne doit laisser à deviner ni trop, ni trop peu: d'une part, éviter qu'il faille lui venir en aide par des explications et des commentaires, dont la nécessité démontre toujours que le but de l'art est manqué; de l'autre, se garder d'épuiser les détails du sujet au point de fatiguer l'imagination et de la distraire du point de vue essentiel.

Cette prescription s'applique surtout aux arts qui parlent aux yeux: par exemple, sur la scène tragique, que l'arme reluise, c'est plus que suffisant pour l'imagination; il n'est nullement nécessaire de compléter l'illusion en faisant, à l'aide de quelque ingénieux mécanisme, jaillir l'apparence d'un sang véritable. La forme, l'expression, doit en outre être attrayante; ce n'est qu'à cette condition qu'elle pourra nous arracher à nos préoccupations prosaïques pour nous transporter dans le monde enchanté de la nature poétisée, idéalisée. Qu'elle évite donc, autant qu'elle le pourra sans cesser d'être fidèle à l'idée, tout ce qui pourrait nous choquer, nous déplaire, nous repousser. Sur ce point, comme sur bien d'autres, les Grecs furent des maîtres incomparables: ils savaient à merveille tempérer légèrement les passions extrêmes sans nuire au naturel, ne les représentant jamais à leur dernier degré, mais dans le moment qui le précède ou qui le suit; cachant avec ménagement, reléguant derrière la scène tout ce qui aurait pu être excessif et violent, comme le fait, par exemple, Apelle dans son tableau du sacrifice d'Hyphigénie, en voilant d'un manteau le visage désespéré du père.

Enfin, il ne suffit .pas que la représentation artistique se conforme aux lois générales de l'imagination et de la sensibilité humaine, il faut encore, sous peine de n'être ni goûtée ni comprise, qu'elle tienne compte des dispositions particulières du public auquel elle s'adresse, de son état intellectuel, de ses habitudes, de son génie et de l'éducation que lui ont faite les siècles. C'est pour l'artiste et le poëte une loi absolue de tenir compte de ces conditions relatives et variables, et de s'y soumettre autant qu'il le peut sans manquer à des devoirs plus élevés. Il doit respecter les traditions reçues, le langage admis, les formes conventionnelles et ne s'en départir jamais sans de graves raisons et pour le seul avantage de faire preuve d'originalité; la grande, la véritable originalité consistant non à se mettre en dehors du génie de son temps et de sa nation, mais à en offrir te type le plus accompli.

Ceci nous conduit à la conclusion finale de l'auteur, donnant à la fois le mot de l'antinomie exprimée au début et la réponse à la question posée sur la liberté de l'inspiration et la possibilité de la concilier avec les lois qui lui seraient imposées.

Si, parmi ces lois, il en est de fausses, ou d'arbitraires et sans fondement, nul doute qu'il ne faille s'en affranchir et qu'il n'y eût servitude à les subir. Pour celles qui sont relatives et imposent à l'art des formes d'une valeur simplement temporaires, le génie revendiquera avec raison le droit d'en secouer le joug dès qu'elles auront fait leur temps, et de substituer aux formes vieillies, qu'elles avaient consacrées jusque là, les formes nouvelles dans la création desquelles éclate surtout sa puissance. Mais pour les lois qui résultent de l'essence même de l'art, bien loin qu'elles soient une entrave pour le génie, elles sont la force même de sa liberté, car en elles seules est le moyen sans lequel la liberté ne saurait atteindre son but. S'en affranchir serait impuissance et servitude. Vouloir ne pas les observer serait, dit l'auteur, „ressembler à l'apprenti magicien qui, pour avoir oublié la formule qui doit dompter les esprits élémentaires, se voit entraîné et dominé par eux, au lieu de les dominer". En toutes choses il en est ainsi: la liberté n'est pas l'arbitraire, l'affranchissement de toute loi, mais la possibilité de se conformer aux lois propres de son être. L'homme moralement libre, par exemple, „n'est pas celui dont le caprice flotte au hasard, d'un objet à l'autre, mais celui qui peut toujours suivre la loi constante de sa volonté consciente et développée".

On ne saurait mieux dire: oui, en effet, les lois mauvaises ou arbitraires sont les seules qui entravent la liberté: pour les bonnes et fondées en raison, elles sont la liberté elle-même, son fonds essentiel: ou si l'expression semble trop hyperbolique, disons au moins que la liberé consiste à pouvoir s'y soumettre sans partage, à n'avoir pas d'autre maître. Pour la pensée, n'avoir pas d'autre maître que la vérité; pour la volonté, aucun autre que la conscience; pour les nations, aucun autre que la justice et le bien de tous; pour l'imagination artistique, pas d'autre que la seule idée du beau. Chercher la liberté ailleurs, dans l'affranchissement des lois essentielles du vrai, du bien, du juste et du beau, c'est la chercher dans le néant, l'absurde, l'impossible; c'est vouloir qu'on puisse tendre à un but sans poursuivre ce but, vouloir arriver au port, sans s'astreindre à marcher dans la direction dont le port est le terme.

Il est temps de tirer à mon tour une conclusion, de cette analyse bien longue pour votre patience, mais bien insuffisante encore pour mon dessein, qui eût été de vous faire partager à quelque degré l'estime conçue pour l'œuvre qui en est l'objet, par les juges du concours.

Nous ne dirons pas qu'elle est sans défaut: Elle a nécessairement ceux que devait entraîner la précipitation d'un travail pour lequel nous n'avions donné que le court espace d'une année. Il y a des points faibles et douteux. Elle offre aussi des lacunes, des parties insuffisantes dans leur trop grande concision; on pourra trouver que l'induction n'y repose pas toujours sur des bases suffisamment larges, sur des faits suffisamment „ombreux et variés comme l'exige justement Bacon; on aurait aimé, avons-nous déjà dit, à voir l'auteur se confiner un peu moins exclusivement dans sa propre pensée et se souvenir un peu plus qu'une des premières conditions du progrès est que le travailleur du lendemain prenne le sillon au point où l'ont laissé les travailleurs de la veille. Pour la forme de l'exposition, il est, je crois, permis de trouver qu'elle eût pu sans inconvénient, être, je ne dirai pas moins méthotique, on ne l'est jamais trop, mais moins scholastique et en général sacrifier un peu plus à l'imagination et aux grâces, dans un sujet tout de leur domaine. Peut-être aussi n'est-elle pas toujours suffisamment claire et laisse t-elle trop souvent le lecteur dans le vague et l'indécision sur les points les plus capitaux, faute d'explications suffisamment amples et nourries de faits.

Tout cela n'empêche pas que ce ne soit, à tout prendre, une œuvre d'un incontestable et haut mérite, l'œuvre d'un vrai penseur, d'un esprit à la fois vigoureux et mesuré, qui a su vouer au sujet proposé, avec cette persévérance passionnée à laquelle rien ne résiste, de très-puissantes facultés d'investigation et qui finalement y a jeté un très-grand jour, toujours très-vif, souvent nouveau. Tel a été du moins le sentiment du jury, qui, d'un avis unanime, lui a décerné les honneurs du prix proposé.

L'auteur dont le nom a dû aux termes des règlements rester sous son enveloppe cachetée jusqu'après décision finale est

M. Adolphe HORWICZ,
secrétaire-adjoint de la régence de Magdebourg.

Je n'en doute pas, Messieurs, votre amour propre patriotique eût mieux aimé un nom français. Le nôtre aussi. Mais, comme nous, à l'exemple de ce juste dont parle Plutarque, qui se disait heureux qu'on eût trouvé un plus digne que lui de gérer les intérêts de sa patrie, vous vous réjouirez qu'on ait su faire mieux que nous n'avons fait. Citoyens de cette grande république des esprits qui, ainsi que la vérité qui en est l'unique loi et l'unique but, embrasse tous les lieux aussi bien que tous les temps, comme nous, vous tendrez une main sympathique et reconnaissante à la main qui a su si bien en servir les intérêts; et, en votre qualité de Français de Strasbourg, vous remercierez M. HORWICZ, non d'avoir eu confiance dans l'impartiale justice d'un jury français, nous ne saurions admettre que personne eût pu songer à la mettre en doute; mais d'avoir bien voulu, en nous adressant le précieux hommage du fruit de ses veilles, nous fournir l'occasion d'inaugurer si dignement l'ère du concours Lamey.

Uebersicht des Inhalts.

Erster Haupt-Abschnitt.

Die Frage nach dem Wesen der Kunst.

Erstes Buch.

Vergleichende Betrachtung der Künste.

Zweites Buch.

Untersuchung der einzelnen Momente der Kunst.

Erste Abtheilung. Formale Momente.

Zweite Abtheilung. Die Darstellung.

Zweiter Haupt-Abschnitt.

Eine hypothetische Kunst-Theorie.

A. Historische Betrachtung.

Drittes Buch.

Hypothetischer Werth aller bisherigen ästhetischen Systeme.

B. Psychologische Ableitung des Schönen aus dem Subjekt und aus dem Realen.

Viertes Buch.

Das Schöne als Genuss.

Fünftes Buch.

Stellung des Natur-Genusses (Empfindung des Schönen) im Seelenleben.

Sechstes Buch.

Stellung des Naturgenusses (Empfindungen des Schönen) zu den realen Dingen.

Siebentes Buch.

Das Zustandekommen des Naturgenusses oder vom actuellen Schönen.

C. Die Kunst als bewusste und zweckmässige Beseitigung der Mängel und Hindernisse des Naturgenusses.

Achtes Buch.

Dritter Haupt-Abschnitt.

Die Kunst als Freiheit in der Norm und als Norm in der Freiheit.

Neuntes Buch.

Ueber die Herleitung und Begründung der Kunstregeln.

A. Absolute Kunstregeln.

a. Absolute, allgemeine Regeln.

Zehntes Buch.

Gesetze des Wesens des Realen.

Elftes Buch.

Gesetze der Darstellung und der Form.

b. Absolute particuläre Regeln.

Zwölftes Buch.

B. Relative Kunstregeln.

Dreizehntes Buch.

Schluss.

Einleitung.

I. Widerstreitende Meinungen.

Wenn wir von den Problemen der hohen Metaphysik: Gott, Freiheit, Unsterblichkeit und andrerseits von entschieden praktischen Aufgaben absehen, so bleiben wohl wenige Fragen übrig, die den menschlichen Geist so vielfach beschäftigt und so verschiedene Antworten gefunden haben als die Frage nach der Gesetzmässigkeit der Kunst. Gesetz und Freiheit finden wir als Stichworte einer in allen Lebenskreisen verbreiteten Controverse, einer Streitfrage, um welche alle Welt sich in Parteien gruppirt in dem mehr oder minder deutlichen Bewusstsein, dass es sich damit um den Kern des Wesens der Kunst und der Schönheit selbst handelt. Ja noch darüber hinaus scheint die Tragweite dieser Frage sich zu erstrecken und was dem Streite hier und da eine etwas lebhaftere Färbung giebt — wir erinnern beispielsweise an die Polemik zwischen Schiller und Herder — das dürfte die nicht undeutliche Vorahnung sein, dass in der künstlerischen zugleich die sittliche und bürgerliche Freiheit und in der ästhetischen alle Gesetzmässigkeit und Zucht beschlossen sei.

Sollen wir die Partei-Stellungen in diesem grossen Prinzipienstreite etwas näher charakterisiren, so lassen sich, ähnlich wie Plato im Protagoras drei Stufen der Erkenntniss: sinnliche Empfindung, richtige Meinung und Wissen unterscheidet, drei Anschauungsweisen der Kunst und des Schönen unterscheiden: erstlich die aus einem mehr oder minder beschränkten Umkreise der Kunst-Erfahrung geschöpften Vorstellungen der Laien d. i. der grossen Masse dessen, was man „die gebildeten Stände" nennt, zweitens die auf lebendigem Gefühl und bewusstem Urtheil beruhenden Meinungen der Kunstkenner und der schaffenden Künstler, drittens die methodisch abgeleiteten Theorieen der Aesthetiker von Fach, Kunstphilosophie, Metaphysik des Schönen.

Betrachten wir zunächst die Vorstellungen der Laien, dasjenige, was man vulgo Sprachgebrauch, öffentliche Meinung, gesunder Menschen-

verstand nennt (common sens der Engländer), so finden wir hier in erster
Linie ein starkes Gefühl für die Freiheit der Kunst. Der Künstler ist frei,
das wahre Genie fragt nicht nach Regeln, sein Schaffen ist das ungebun-
denste, das sind Axiome, die so fest stehen wie Glaubensartikel und
daher der Erörterung nicht zu bedürfen scheinen. Das Correlat der Freiheit des schaffenden Künstlers ist die Freiheit des Geschmacks des geniessenden Zuschauers oder Hörers. Die Freiheit des Geschmacks ist
sprichwörtlich und sie wird vermöge eines glücklichen Instincts immer
als das gewichtigste Argument für die Freiheit des künstlerischen Schaffens angeführt — dieser Zusammenhang wird uns später noch näher beschäftigen. — Offenbar aber kann sie ebensowohl als Beweis für die
Geltung von Regeln angeführt werden, welche die Freiheit des Künstlers
einschränken. Die Freiheit, ein Kunstwerk zu billigen, ist unzertrennlich
von derjenigen es zu verwerfen. Ein verwerfendes Urtheil aber spricht
nichts anderes aus, als dass der Künstler sich, sei es in der Wahl, sei
es in der Behandlung des Stoffes, etwas erlaubt habe, was ihm vermöge
der Gesetze seiner Kunst nicht freistand. Und über nichts wird bekanntlich mehr gestritten als über den Geschmack. Nicht bloss unter „den
Gründlingen im Parterre“, sondern mehr noch in den Salons und an den
Theetischen bilden sich Parteien und bisweilen sogar erbitterte über
die Leistungen eines Sängers oder Schauspielers, über den Werth der
Wagner'schen Musik u. dgl. Jeder nun, der da ein Urtheil abgiebt und
der entgegengesetzten Meinung gegenüber aufrecht erhält, ist nicht bloss
von der Richtigkeit desselben überzeugt, sondern auch davon, dass den
Gründen desselben sich Niemand entziehen kann, und wenn er den Streit
mit einem de gustibus non est disputandum oder chacun à son gout ab-
bricht, so ist das eine höfliche Redensart, die in's Grobdeutsche übersetzt
so viel besagt als: „Mit der Dummheit kämpfen Götter selbst vergebens“
oder: „Niemand kann für seine eigne Dummheit“. Die Gegenwart mit
ihrem Ueberwiegen politischer und wirthschaftlicher Interessen hat die
ästhetischen Conversationen mehr in den Hintergrund treten lassen. Doch
mögen deshalb Scenen wie die von Heinrich Heine im „Salon“ geschil-
derte, wo zwei Jünglinge hinterm Stuhle ihrer Dame sich bestritten: „ich
versichere Sie Schiller ist grösser“ und „ich versichere Sie Göthe ist
grösser“ deshalb um nichts seltner sein.

    Von grösserer Bedeutung als solche Discurse der Gebildeten und
Halbgebildeten sind natürlich die Meinungen der Künstler und Kunstkenner, weil diejenigen der ersteren auf lebendiger Bethätigung, die der
letzteren auf verständnissvoller Erfassung beruhen. Aber gerade hier
treten in voller Schärfe und unvermittelter Nacktheit die obigen Gegen-

sätze hervor. Wir Deutschen pflegen viel auf ein treffendes Dichterwort zu geben und eine theoretisch erwiesene Wahrheit erscheint uns doppelt bekräftigt, wenn wir sie im Einklange fanden mit dem, was den Dichter sein von höherer Eingebung geleitetes Gefühl ahnen liess. Aber wenn wir für unser Problem bei Dichtern oder Künstlern überhaupt direkte Belehrung suchen, so stossen wir auf denselben unlösbaren Widerspruch. Dichter alter und neuer Zeit: Homer, Pindar, Sophokles, Shakespeare, Schiller, Göthe und viele Andere haben von jeher das Schaffen des Künstlers als den Ausfluss einer besondern musisch - göttlichen Eingebung verehrt. Shakespeare nennt die dichterische wie Plato die erotische Begeisterung einen schönen Wahnsinn. Der Sänger, sagt Schiller:

> „Er steht in des höheren Herren Pflicht
> Er gehorcht der gebietenden Stunde:
> Wie in den Lüften der Sturmwind saust,
> Man weiss nicht, von wannen er kommt und braust,
> Wie der Quell aus verborgenen Tiefen,
> So des Sängers Lied aus dem Innern schallt — —"

oder:

> „Er hört die Flut vom Felsen brausen,
> Doch weiss er nicht, woher sie rauscht",

und an einer andern Stelle:

> „Und aus Herzens Tiefen quellend
> Spottet er der Regeln Zwang."

Aehnlich Göthe:

> „In ganz gemeinen Dingen
> „Hängt viel von Wahl und Willen ab, das Höchste,
> „Das uns begegnet, kommt wer weiss woher."

Die Zahl solcher für die künstlerische Freiheit sprechenden Belagstellen liesse sich beliebig vermehren. Aber doch findet sich das Bewusstsein unter der Herrschaft des Gesetzes zu stehen nicht minder deutlich ausgeprägt. Horaz fügt unmittelbar, nachdem er mit den Worten:

> „- - '-- Pictoribus atque poetis
> „Quidlibet audendi semper fuit aequa potestas"

für die Sache der Freiheit gezeugt, sogleich die Warnung hinzu:

> „Sed non ut placidis coean timmitia, non ut
> „Serpentes avibus geminentur, tigribus agni."

Auch dem Künstler ruft Horaz zu: „est modus in rebus, sunt certi denique fines." — Die schöne Stelle, in welcher Hamlet die Schauspieler ermahnt, zeigt unsers Bedünkens deutlich genug, dass der von den „regellosen" Genies der Sturm- und Drang-Periode vergötterte Urtypus

1 *

der genialen Freiheit sich sehr wohl unter der Herrschaft des Gesetzes wusste, und dass Herder Recht hatte, wenn er ausruft: „Shakespeare, Shakespeare! ruft man, und was denn Shakespeare? Hatte Shakespeare keinen Geschmack, keine Regeln?" Schiller, der glühendste Freiheits-Apostel, der Schüler Kants, welcher mit seinem Meister die Möglichkeit objektiver Geschmacksregeln läugnen musste, ist doch der subjektiven Willkür nicht minder als dem academischen Regelzwange abgeneigt. Das sieht man nicht nur an der hohen Begeisterung, mit welcher der Dichter das Gesetz, die „heilige Ordnung, segensreiche Himmelstochter, die das Gleiche frei und leicht und freudig bindet", und die Sitte:

„Doch der Mensch in ihrer Mitte
„Soll sich an den Menschen reihen,
„Und, allein durch seine Sitte
„Kann er frei und mächtig sein."

als die Grundbedingung eines wahrhaft menschenwürdigen Daseins feiert. Er lässt auch keinen Zweifel daran, dass Gesetz, Ordnung, Ebenmass nicht minder das Gebiet der Kunst beherrschen:

„Der Leidenschaften wilden Drang,
„Des Glückes regellose Spiele,
„Der Pflichten und Instinkte Zwang
„Stellt Ihr mit prüfendem Gefühle,
„Mit strengem Richtmass nach dem Ziele."

Was er vom Tanz sagt:

„Und ein stilles Gesetz lenkt der Verwandlungen Spiel."

lässt sich gewiss ohne Zwang von jeder Kunst sagen. Dass auch das Genie nicht völlig ungebunden sein dürfe, spricht er geradezu in dem Epigramme: „die schwere Verbindung" aus:

„Warum will sich Geschmack und Genie so selten vereinen?
„Jener fürchtet die Kraft, dieses verachtet den Zaum."

Am treffendsten spricht dies der Altmeister Göthe aus:

„Vergebens werden ungebundne Geister
„Nach der Vollendung wahrer Höhe streben.
„Wer Grosses will, muss sich zusammenraffen.
„In der Beschränkung zeigt sich erst der Meister
„Und das Gesetz nur kann die Freiheit geben."

Es ist gewiss ein wahres Wort: „Ernst ist das Leben, heiter ist die Kunst", aber nicht minder wahr ist es, wenn von der Strenge der Kunst geredet wird, und wenn man den Künstler einen Priester der Kunst nennt. was soviel sagen will als, dass er sich einem Dienste hingegeben und sein

Leben ihm geweiht habe. Noch dazu ist es ein ernster, strenger Dienst, der musische, er erfordert die ganze Arbeit eines mühevollen Menschenlebens und sein ganzer Lohn ist nicht allzu selten:

„Ein Lorbeerkranz auf die erblasste Stirn
„Und auf die kalte Brust ein Marmelstein."

Fast noch schneidender als in den Sentenzen der Dichter zeigt sich der obige Gegensatz in den Meinungen der Kenner und Kritiker. Der Begriff des Genies beruht wesentlich darauf, dass es etwas Freies, ganz und gar Ungebundenes sei. Das Genie ist originell, das ist sein besonderstes Kennzeichen, dadurch unterscheidet es sich vom Talent, welches in achtbarer Tüchtigkeit sich in der Nachahmung und näheren Ausbildung des Ueberlieferten bewegt, während das Genie Regeln und Vorbilder für Andere schafft, statt selbst solchen zu folgen. Das Genie ist bahnbrechend, und als solches hat es sich in der Kunstgeschichte von jeher erwiesen. Ueberall sehen wir dasselbe die von ihm vorgefundenen ausgetretenen Bahnen seiner Vorgänger verlassen, um neue Wege zu gehen. Wir schreiben dem Genius eine Art von erlösender Kraft zu, und so sehr wir ihn bewundern, wenn er das Vorgefundene zu vervollkommnen weiss, am höchsten feiern wir ihn doch dann, wenn er den Zwang der Regeln, das Ansehen des Hergebrachten durchbrechend uns ein neues ungeahntes Schöne in unberechenbarer Naturkraft zugleich frei und befreiend erschafft, wenn er uns von dem Banne der Formel, der Satzung der Schule, ein Heiland in seiner Art, erlöst. So emancipirt sich Phidias bis auf die letzte Spur von dem traditionell-archaischen Styl, welcher noch den äginetischen und peloponnesischen Kunstschulen anhaftet. Ganz unabhängig von seinem götterschaffenden Idealismus, stellt Polyklet seinen Kanon (Doryphoros) auf. So erdrückenden Autoritäten gegenüber erheben sich Scopas und Praxiteles dennoch zu selbständiger Auffassung und zu originalem Styl. Aehnlich wie Apelles die eigenthümlichen Vorzüge der jonischen und sicyonischen Schule in seinen Werken zu einer höheren Einheit erhebt, geht Raphael durch die Einwirkungen der umbrischen und der florentinischen Schule hindurch um die gemüthvolle Auffassung seines Lehrers Perugino mit der mehr naturalistischen Leonardo's und der kühneren Conception des Michel Angelo zu verbinden und die klassische Formen-Strenge der Antike von dem milden Geiste des Christenthums beseelt erscheinen zu lassen: — Den Dante hat man nicht unpassend eine Riesenpflanze genannt, welche sich urplötzlich aus Moosen und Gräsern erhebt, so unbedeutend ist das, was man seine Vorgänger nennen könnte. Shakespeare verlässt die gezwungnen Silbenstechereien und gespreizten Schnörkeleien der Concetti um sich zu einer seit ihm

unerreichten Fülle und Kraft der Naturwahrheit zu erheben, fast so wie
Gluck in der Oper sich von der süsslichen Weichheit und gehaltlosen
Melodik der italienischen Oper losmachte. Göthe in seinem Götz und
Schiller mit den Räubern warfen die Pedanterie verzopfter Regeln unter
dem Jubel der Zeitgenossen mit stürmender Hand zu Boden.
Das sind Genies! Und wer wollte es läugnen, dass gerade dasjenige,
was sie in den Augen des Kenners am Meisten erhebt, das Hinausgehen
über die Vorgänger, die Lossagung von dem, was bis dahin allein muster-
giltig schien, ist, ja dass in der Kunst überhaupt die Originalität, welche
den Meisterwerken der Vorgänger mit Freiheit gegenüber steht, eigentlich allein berechtigt ist, wie Horaz sehr richtig bemerkt, dass in allen
andern Dingen die Durchschnitts-Mittelmässigkeit geachtet werde, wie
z. B. ein tüchtiger Sachwalter, auch ohne ein Messala zu sein, seinen
Werth behalte, während des mittelmässigen Dichters sich weder Menschen, noch Götter, noch Buchläden erbarmen.

Und doch tritt gerade in der Sphäre der Kennerschaft das ästhetische Urtheil mit dem Anspruche unbedingter Evidenz auf, der sich nur
die Urtheilsunfähigkeit entziehen könne, eine Sicherheit des Urtheils,
welche, wie bereits oben erinnert ist, auf das Vorhandensein allgemein
gültiger Kunstregeln schliessen lässt. Wir haben unser Kunsturtheil aus
den Werken genialer Meister gebildet und geschult, aber wir begnügen
uns keineswegs damit, es nur auf ihre talentvollen Nachahmer anzuwenden. Wir legen keck unsere kritische Elle auch an die Heroen der Kunst
und verlangen von ihnen, dass sie bei Strafe gänzlicher oder theilweiser
Verwerfung vor unsren Kriterien bestehen. Wir wagen es, dem alten
Dichtervater Homer, an dessen Schönheit und Grösse Niemand heran-
reicht, zu sagen, dass er bisweilen schläft. Wir finden bei Shakespeare
und zwar nicht bloss in offenbar untergeschobenen oder bloss in solchen
Stücken, die ihn noch im Zeitgeschmack der Concettiemanier befangen
erscheinen lassen, wie „verlorne Liebesmühe" oder in so offenbar
schwachen Stücken wie Heinrich der Sechste, sondern selbst an seinen
echt shakespeareschen Meisterwerken gewichtige Fehler der Composition
und Schwächen der Ausführung, so die doppelte Handlung im Kaufmann
von Venedig, so das unschöne in „Ende gut, Alles gut" gebrauchte, in
„Mass für Mass" wiederholte Motiv, dass eine Frau oder Braut, um die
Zuneigung des Mannes oder des untreuen Geliebten zu gewinnen, seine
Umarmung durch Täuschung erschleicht, so die unverkennbare Schwäche
der Intrigue gegen Malvolio in „Was Ihr wollt" und vieles Andere. An
Michelo Angelo's gewaltigen Schöpfungen tadeln wir die gewagten Ver-
kürzungen und von Raphael wagte Winkelmann zu sagen, er sei mit den

Modernen verglichen ein Engel, im Vergleich mit den Alten aber ein Esel, ein Urtheil, welches wir keineswegs wegen seiner Wahrheit, sondern nur als Beweis dafür hier anführen, bis zu welchem Grade der Zuversicht das kritische Urtheil selbst dem Genie gegenüber sich erhebt. Dass bisweilen die kritische Weisheit in Afterweisheit umschlägt, wie in dem berüchtigten Urtheil Voltaire's über Hamlet, und dass die Kritik durch forcirte Anwendung richtiger Principien in Einseitigkeit und Pedanterie verfällt, ist freilich bekannt genug. Aber dennoch zweifelt kein Kritiker und Kunsthistoriker an seiner Berechtigung auch zu tadelnden Urtheilen. Wie weit auch immer die künstlerische Freiheit gehen möge, auch der begeistertste Verehrer begrüsst es nicht als einen Ausfluss derselben, wenn ein Jean Paul beliebig in seinen Zettelkasten greifend, bald dies bald jenes unerwartet in den Gung der Darstellung hineinwirft, oder Göthe in seinen Romanen immer neue Personen und Sachen, unbekümmert um die lebendige Ausgestaltung der früheren, auf die Bühne bringt. Hier haben wir ächte Künstler, anerkannte Genies, denen wir nicht Bedenken tragen, die Freiheit als unverkümmerbares Erbe zuzusprechen, und doch klagen wir sie der Willkür, des Missbrauchs der Freiheit an, vermissen die Strenge der Kunst an ihnen und legen das Produkt solcher Freiheit höchst unbefriedigt aus der Hand.

Wenden wir uns schliesslich an die Wissenschaft, d. h. an die Philosophen, so begegnen wir denselben Gegensätzen und Streitfragen, wenn auch in andern Formen und unter veränderten Namen. Nicht die Freiheit ist hier das Feldgeschrei auf der einen und Gesetz auf der andern Seite, sondern der Streit dreht sich um Form oder Materie, Idealismus oder Realismus, Subjekt oder Objekt, Monismus oder Individualismus. Denn in dem Begriffe einer Philosophie der Kunst liegt schon die Meinung, dass diese auf das Wesen der Kunst gerichtete Disciplin zu Gesetzen derselben gelangen werde. Wirklich ist auch Kant der einzige, welcher aus Gründen, die aus seiner kritischen Methode folgen, die Möglichkeit objektiver Geschmacksurtheile bestreitet, wodurch indessen die Möglichkeit subjektiv nothwendiger Geschmacks-Regeln selbstverständlich nicht ausgeschlossen ist. Im Uebrigen finden wir von keinem Philosophen weder die Herrschaft der Regel noch das Walten der Freiheit in Zweifel gezogen. Aber man sieht leicht, dass bei diesen gegensätzlichen Streitfragen die Frage der Freiheit oder der Regel allemal in medio liegt. Dem Formalismus, dem Realismus, dem Objektivismus und dem Individualismus macht die Freiheit, dem Materialismus, Idealismus, Subjektivismus und Monismus die Regel mehr oder minder klar empfundene Schwierigkeit, und umgekehrt kann man sagen, dass die Annahme der Freiheit mit

Nothwendigkeit auf Monismus, Idealismus, Materialismus u. s. w. die der
Regel auf die Gegenseite hindrängt. In dem Grade liegt diese Frage im
Centrum der Philosophie. Darin liegt aber auch zugleich die Unmöglichkeit, uns bei der Philosophie über diese Frage Raths zu erholen. Denn
aus der Mitte ihrer Systeme heraus haben die Philosophen über die Kunst
philosophirt, ihre Meinungen über das Wesen derselben, das Schöne aufgestellt und danach sich mit den vorhandenen Thatsachen der Freiheit
und der Regel so gut oder so schlecht, als es gehen wollte, abzufinden
gesucht. Der ausdrückliche oder stillschweigende Consensus aller Philosophen darüber, dass Freiheit und Regel vorhanden sein müssen, nützt
uns daher wenig oder gar nichts, so lange darüber, wie beides mit
einander zu vereinbaren sei, jeder seine ganz besondere von allen andern
abweichende Meinung hat, und so lange die Philosophie und die Aesthetik insbesondere von noch ganz ungelösten Streitfragen bewegt wird,
welche mit der Frage der Freiheit oder Regel im engsten Zusammenhange
stehen.

2. Begriff der Regel, Gesetz und Autorität.

So finden wir denselben Gegensatz einander widersprechender Urtheile in der allgemeinen Meinung der Gebildeten, in den Anschauungen
der Künstler, den Meinungen der Kritiker und in den Systemen der Philosophen; überall denselben quälenden Widerspruch, der dringend eine
Ausgleichung erheischt. Und doch kann die Lösung dieses Problems
nicht in dem Sinne erfolgen, dass eins der Glieder des Gegensatzes aus
der Welt geschafft wird. Denn jedes derselben hat seine unzweifelhaft
tief im Wesen der Kunst wurzelnde und durch die Kunstgeschichte auf
jeder Seite bezeugte Berechtigung. Was nützt die höchste Begabung des
Genies ohne die strenge Zucht der Schule? Und wohin anders als in im-
potenten Schematismus führt die Regel ohne den belebenden Freiheits-
hauch der künstlerischen Begeisterung! Die Lösung des vorliegenden
Problems wird also nur darin gesucht werden können, dass man auf den
gemeinsamen Grund, die höhere Einheit der Freiheit und Gebundenheit
zurück geht. Ist ein solcher gemeinsamer Rechtstitel vorhanden und für
uns erkennbar, so dürfen wir getrost hoffen, in demselben auch die fried-
liche Ausgleichung unsrer streitenden Parteien zu finden.

Präcisiren wir dieses Poblem zunächst noch etwas schärfer. Wir
haben bisher die Ausdrücke „Gesetz" und „Regel" als gleichbedeutend
gebraucht. Das sind sie aber nicht ganz. Das Wort „Regel" bezeichnet

seiner Abstammung wie dem allgemeinen Verständniss nach d a s j e n i g e,
was eine Sache, einen Hergang, ein Sein bestimmt, regiert.
Die Art und Weise dieses Bestimmens und Regierens kann aber eine
doppelte sein.

Beherrscht wird erstlich jedes Ding von seinem Wesen. Wir unterscheiden das Wesen der Sache von ihrer Erscheinung, ihr nothwendiges Sein von der Wirklichkeit. Wesen und Erscheinung stehen
zu einander in dem Verhältnisse von Ursache und Wirkung. Das Wesen
bedingt die Erscheinung und die gleichmässige Wiederkehr ihrer Momente. Da das Wesen der Sache dasjenige ist, was unter allen Umständen
dasselbe bleibt, so muss auch seine Herrschaft über die Erscheinung eine
gleichmässige sein, und dasselbe wird somit zur ausnahmslosen
Regel, zum Gesetz. Dadurch wird nicht ausgeschlossen, dass das in
die Erscheinung-Treten des Gesetzes des Wesens häufig mehr oder minder
modificirt wird, so dass das wirkliche Sein dem Nothwendigen nicht zu
entsprechen scheint. Das bekannte Sprichwort: „Keine Regel ohne Ausnahme" besagt hier aber nur so viel, dass das Gesetz im vorliegenden
Falle auf ein anderes Gesetz stösst, durch welches es näher bestimmt aber
nicht auch nur vorübergehend ausser Kraft gesetzt wird. Um das Gesetz
eines Dinges zu erkennen, scheint das Nächstliegende das zu sein, dass
man auf sein Wesen zurückgeht. Dies pflegt aber gerade das Unbekannte
zu sein, und meistens muss umgekehrt aus der beobachteten regelmässigen Wiederkehr der Erscheinungsmomente auf einen gewissen gesetzmässigen Verlauf und aus diesem erst auf das Wesen der Sache geschlossen werden. So entstehen für uns sämmtliche Natur-Gesetze. Das
Wesen der uns umgebenden Körperwelt ist uns niemals am wenigsten
von vornherein gegeben. Erst aus den von uns beobachteten Erscheinungen, welche ohne besondern Grund des Gegentheils immer zutreffen,
setzen wir uns Gesetze zusammen, die wir als Gesetze des Wesens an-
sprechen, z. B. specifisches Gewicht, chemisches Verhalten u. s. w.

Zweitens aber versteht man unter Regel, und dies ist die gewöhnliche Bedeutung, schlechthin Alles, was mit dem Anspruche auftritt, den Hergang eines Seins zu beherschen, ohne dass dieser
Anspruch auf Gesetze des Wesens gegründet würde. Also eine häufigere
Wiederkehr von Erscheinungsmomenten ohne gesetzmässig erkannten
Zusammenhang wie die s. g. Wetterregeln. Soweit es sich um menschliches Thun und Treiben handelt, gehören hierher die Regeln der Ueberlieferung, der Sitte, der Autorität, der Tradition von Lehrern und Meistern,
ja auch der blossen Moden und Zeitrichtungen.

Gesetz und Regel sollten sich danach zu einander verhalten wie

Wesen und Erscheinung, wie Seele und Leib. Eine wahre Regel ist nur diejenige, welche mit dem Wesen der Sache in nothwendigem Zusammenhange steht, sei uns nun dieses Wesen a priori gegeben oder erst aus der Erfahrung erschlossen. Die wahre Begründung der Regel liegt erst darin, dass sie als in solchem Zusammenhange stehend nachgewiesen wird. Damit soll nicht gesagt sein, dass Regeln, denen dieser Nachweis fehlt, deshalb sofort zu verwerfen seien. Denn wenn der Zusammenhang mit dem Wesen der Sache nicht erwiesen ist, so kann er trotzdem vorhanden sein; die Schwäche und Beschränktheit unsres Wissens mahnt hier zur allergrössten Vorsicht und Bescheidenheit. Um nur Ein Beispiel für Viele anzuführen, so mag der Glaube an die „drei strengen Herrn" im Mai oft genug als dumme Bauernregel verlacht sein — ein solcher Unglaube soll einmal Friedrich den Grossen seine Orangerie gekostet haben — und jetzt hat sich die verspottete Bauernregel in Folge der Beobachtungen der Meteor-Schwärme als wohlbegründetes Naturgesetz entpuppt. Jedenfalls muss die Ableitung der Regel aus Herkommen, Sitte, Autorität u. s. w. dann und so lange als genügender Rechtstitel anerkannt werden, als es an einer Erkenntniss des Wesens der Sache fehlt, wie z. B. der Anfänger ausschliesslich auf die Autorität hingewiesen ist. Dass hinter solchen Regeln der Autorität und Ueberlieferung auch die Schlupfwinkel des bequemen Schlendrians liegen, lässt sich freilich unmöglich verkennen, und nur eine unausgesetzt aufmerksame versuchsthätige Erfahrung kann der für die Cultur sehr schweren Gefahr begegnen, dass Regeln überkommen und weitergegeben werden, die dem Wesen der Sache völlig fremd sind, und nur weil sie einmal vorhanden, mit dem Ansehen wahrer Regeln umkleidet bleiben.

3. Anwendung auf die Kunst.

Wenden wir das Gesagte auf die Kunst an, so ist klar, dass dieselbe gleich jedem andern Dinge den Gesetzen ihres Wesens unterworfen sein muss. Es fragt sich also, was das Wesen der Kunst ist, ob dasselbe von uns erkannt werden kann, sei es a priori oder an der Hand der Erfahrung. Wäre dies geschehen, so müssten sich aus dem Wesen der Kunst leicht ihre Gesetze ableiten lassen, und es wäre klar, dass dieselben für Jedermann verbindlich sein müssten, falls sich nicht etwa das Wesen der Kunst als so unbestimmt und ganz der subjectiven Willkür preisgegeben erwiese, dass es an klaren und constanten Kennzeichen derselben gänzlich fehlte.

Wenn jedoch die Sache so läge, dass uns das Wesen der Kunst in Ermangelung einer allgemein anerkannten Kunsttheorie verschlossen bleibt, dann wäre es freilich nicht zu vermeiden, dass die Regeln für die praktische Kunstübung ebenso wie die Kriterien für das ästhetische Urtheil den Traditionen und der Autorität der Künstler und Kritiker entnommen würden, selbst auf die Gefahr hin, temporelle, nationale oder individuelle Besonderheiten als Kunstregeln angenommen und überliefert zu sehen.

Welcher Fall liegt nun hier vor, der der Erkenntniss aus den Gründen des Wesens, oder der der Befolgung der Autorität oder verhielte sich gar die Kunst ganz abweichend von andern Lebensthätigkeiten. Ganz scharf lässt sich freilich Autorität und Theorie nur in den seltensten Fällen scheiden, nur in den ganz reinen Wissenschaften gilt die Autorität nichts und die Ueberzeugung sei es aus Principien a priori oder aus Thatsachen der Erfahrung Alles. Aber schon in den angewandten Wissenschaften, noch mehr in den praktischen Thätigkeiten, wie Handwerk u. s. w., durchkreuzt sich Autorität und Erfahrung aufs Mannigfachste. In der Heilkunst eben, so wie in der Landwirthschaft, giebt es Autoritätsregeln, deren Geltung nicht beliebig durch die Erfahrung und Experimente geprüft werden kann und die selbst häufigen Fehlschlägen gegenüber aufrecht erhalten werden müssen. Es stossen gewiss jedem Arzt Fälle auf, wo ein Krampf nicht durch Kampfer gestillt wird, trotzdem behält der Kampfer sein Ansehen als krampfstillendes Mittel.

Es giebt nun auch Sphären, die ganz und gar unter der Herrschaft der Autorität stehen, so die Sprache und die Sitte. Hier entscheidet nur die Ueberlieferung und äusserst selten sind die Fälle, wo die Sprachwissenschaft einen allgemeinen Sprachgebrauch als sprachwidrig und die Sittenlehre eine Sitte als unsittlich nachzuweisen im Stande ist. Eine ähnliche Bewandniss könnte es ganz leicht mit der Kunst haben. Dieselbe ist nicht in dem Sinne Werk der Künstler, wie etwa die Medicin das der Mediciner oder die Philosophie der Philosophen. Das Kunstwerk erhält seine Approbation als solches, wird gleichsam perfekt erst durch den Beifall des Publikums, es ist gleichsam eine Willenserklärung, die zu ihrer Rechtsbeständigkeit der Acceptation des andern Theils bedarf. Der Künstler ist im Stande ein Kunstwerk zu schaffen nur dadurch, dass er sich im Verständnisse des Wesens seiner Kunst befindet, und seine Schöpfung wird als Kunstwerk daran erkannt, dass sie in der Brust jedes Menschen den Wiederhall eines billigenden und bestätigenden Urtheils erweckt. Offenbar spielt damit die Autorität in der Kunst eine ganz andere Rolle, als in der angewandten Wissenschaft und im Handwerk. Hier bildet sie nur einen Nothbehelf, der jeden Augenblick durch vervollkommnete Erfahrung widerlegt oder zum Range eines Wissens erhoben werden kann; während in der Kunst die Uebung des Meisters und der Beifall des Publikums (d. h. eines einsichtigen kunstsinnigen Publikums) bei weitem den Vorrang vor der Theorie behauptet, wo nicht gar die einzig sichere Erkenntnissquelle bildet.

Einen bedeutsamen Fingerzeig zur Einsicht in solche Verhältnisse der Autorität finden wir darin, dass man vom Genius der Sprache spricht und die Entstehung der Sitte ähnlich dem Genius des Volkes beimisst. Das soll soviel heissen, als: Dasjenige, was auf unsre Achtung und Befolgung Anspruch macht, ist nicht die Macht der Gewohnheit, die Kraft der Trägheit, sondern das geheimnissvolle, sich selbst halb unbewusste Walten des Genius, gleichsam einer geistigen Personification der Gesammtheit. Nun wohl ein solches Walten des Genius, halb unbewusst, traumhaft, das sich von sich selbst kaum Rechenschaft zu geben weiss, findet sich erst recht in der Kunst und scheint ihr eigentliches Lebens-Element zu bilden. Es lebt im Sinn und Herzen der Tausende, aber gefesselt unter dem Banne irdischer Schwäche und Unvermögens, bis der Genius erscheint und die Zauberformel ausspricht, die den Bann löst und die Fesseln sprengt, und nun herrlich vor aller Augen da steht, was verborgen in Aller Herzen schlief. Es ist dieselbe Macht des Genius, welche den Künstler zum Schaffen begeistert und seinem Werk die Augen und Herzen der Menschen öffnet. Da ist es denn kein Wunder, dass dasjenige, was einmal seine göttliche Herkunft so glänzend, wunderbar, sieghaft dargethan, nun auch alle Zeit heilig und in Ehren gehalten und Norm und Canon für spätere Geschlechter wird.

Wenn es sich nun so mit der Autorität in der Kunst verhält, was noch des Näheren zu erörtern bleibt, so ist die traditionelle Regel sicherlich nicht etwas, das sich so leichthin, am wenigsten im Vertrauen auf irgend eine apriori ausgeheckte Theorie bei Seite schieben lässt. Aber es ist dem Lebenden nicht vergönnt, auf dem Erbe seiner Vorfahren auszuruhen. Auch die Sprache und die Sitte, so sehr sie in der Thatsache ihres Bestehens den Grund ihrer Autorität finden, wachsen und gestalten sich um und empören sich gegen die Fessel academischer Richtigkeit oder philiströsen Schlendrians. Wie Sprache und Sitte, so lange sie einem lebenden Volke angehören, leben und sich fortentwickeln, wenn auch die einzelne Phasen dieser Entwicklung fast unmerklich in einander laufen, so wächst auch der Genius, der über dem Kunstleben waltet, nur dass hier die gleich allmählich sich vollziehende Entwicklung, mit einem Male, wie in einem Krystallisationsprocess zum Abschluss gebracht, durch die Kraft des Genies scheinbar sprung- und stossweise in die Erscheinung tritt.

Darum stellt sich das Kunstleben uns andrerseits dar als ein Kampf, der gekämpft wird von der Freiheit, dem lebendig waltenden Genius gegen die Autorität der Ueberlieferung, den auf das Schaffen der Vorfahren gegründeten Canon. Nennen wir die Begeisterung des Künstlers eine Art von Offenbarung, so zeigt sich doch selbst die Offenbarung des göttlichen Worts immer versetzt mit zeitlicher, menschlischer, irdischer Zuthat, welche die Freiheit und Unmittelbarkeit des reinen Gottesbewusstseins zum Kampfe gegen sich herausfordert. So haftet auch den unvergänglichen Denkmalen der grossen Meister die Marke ihrer Endlichkeit an, als temporelle nationale und individuelle Eigenthümlichkeit, welche für die Kunst theils nur vorübergehende, theils ganz ausserwesentliche Bedeutung hat, und die zum allein mustergiltigen Canon erhoben, zur hemmenden beschwerlichen Fessel für die kommenden Geschlechter wird. Die Kunstgeschichte zeigt manches Beispiel zähen Festhaltens an ausserwesentlichen Autoritätsregeln, und die Gefahr desselben liegt um so näher als die Kunst, wie sich zeigen wird, trotz eines nicht abzuleugnenden idealen Gehalts, dennoch wesentlich der Ueberlieferung menschlicher Kultur angehört.

Darum steht aber auch das Genie, gleichsam der personificirte Genius des Volkes und der Zeit, über diesen Regeln der Ueberlieferung und der Autorität. Er kennt sie und prüft sie, benutzt sie oder benutzt sie nicht, sie sind ihm Mittel für seine Zwecke; er beherrscht sie, nicht sie ihn, aber das nur, weil er seine Regeln tiefer schöpft als aus der Ueberlieferung, nemlich eben daher, woher der Canon geschöpft ward, mit dem man ihn fesseln will, aus dem heiligen, ewigen Born, den der Huf des Hippogryphen öffnete. —

Man sieht, dass die Frage: „Gesetz oder Regel, Theorie oder Autorität?" sich für die Kunst ungleich schwieriger und verwickelter, als für jede andre Lebenssphäre gestaltet. In demselben Masse als hier die Berechtigung der Autorität grösser ist, ist es auch ihre Gefährlichkeit. Es ist einleuchtend, dass nur die Theorie ein Correctiv gegen die Ausschreitungen der Autorität und gegen ihre Ausartung im academischen Schlendrian zu gewähren vermag. Selbst etwas so ganz auf dem Gebrauch beruhendes wie die Sprache kann der Wissenschaft zu ihrer Reinerhaltung nicht entrathen. Um wie viel mehr die Kunst, die doch mit auf der Evidenz des ästhetischen Urtheils beruht, und die gerade· dem Zauber gegenüber, mit welchem uns Namen wie Shakespeare, Göthe, Schiller, Mozart u. A. bestricken, in so hohem Grade der nüchternen

Wägung und Messung, der kritischen Sonderung des Zeitlichen und des Unvergänglichen bedarf.

Und darin liegt nun unser Problem: Was umkleidet einerseits das wahre Kunstwerk mit solchem Ansehen, dass es als Muster anerkannt wird für alle Zeit und verleiht uns gleichwohl die Freiheit, es zu beurtheilen und selbst zu tadeln, was entbindet jetzt das Genie von allem Zwange des Gebrauchs und der Ueberlieferung und führt es gleichwohl in nicht minder strenge Schranken, die es ohne Gefahr sich selbst zu verlieren nicht überschreiten darf. Dies alles zugleich kann offenbar nur eine richtige Einsicht in das Wesen der Kunst leisten. Freilich weder eine Theorie, welche der Philosoph, wie die Spinne ihr Netz, aus sich selbst heraushaspelt, noch ein aus äusserlicher Beobachtung der Künstler und ihrer Werke hie und da zusammengerafftes Erfahrungsaggregat, sondern eine Theorie, die beides, Speculation und Erfahrung, in sich vereinigt, welche gleichzeitig die Freiheit wissenschaftlicher Ueberzeugung für sich in Anspruch nimmt und sich dennoch ganz auf den Boden der Ueberlieferung stellt, die zugleich die Evidenz mathematischer Lehrsätze und Achtung vor der Autorität des Meisters und dem Beifalle des Volkes in sich trägt und beides in der Nothwendigkeit naturwissenschaftlicher Gesetze in sich vereinigt. Das scheint nicht viel leichter, als Feuer und Wasser in einem Sacke nach Hause zu tragen. Gleichwohl wird kein andres System als eins, welches diesen anscheinend ganz unvereinbaren Forderungen genügt, vor der Freiheit des Genius im schaffenden Künstler, wie im empfangenden Publikum, Bestand haben.

4. Zur Methode.

Aber wie nun zu einer solchen Speculation und Erfahrung, Autorität und Freiheit in sich vereinigenden Theorie gelangen? Für die wissenschaftliche Begründung kommen nur zwei Wege in Betracht: Derjenige der Deduktion aus Principien und derjenige der Induktion aus Erfahrungsschlüssen. Der einfachste und vollkommenste wäre offenbar der erstere. Die Frage ist: Was ist das Wesen der Kunst? Die Antwort wäre leicht genug: Die Kunst ist die Darstellung des Schönen; nur dass sofort die weitere Frage entsteht: Was ist das Schöne? Könnte man nun mit Hülfe der Metaphysik den Begriff oder die Idee des Schönen ermitteln, so hätte man daran jedenfalls ein Princip, aus welchem sich das Wesen der Kunst und die Gesetze derselben mit

Leichtigkeit ableiten lassen müssten. Und mit diesen Wesensgesetzen, die an sich so evident wie mathematische Lehrsätze wären, müsste sich die Erfahrung überall im Einklange befinden, wie auch kein Künstler oder Kritiker es wagen dürfte, sich gegen dieselben aufzulehnen. Also nur herbei mit der Idee des Schönen und jede Schwierigkeit ist gehoben. — Freilich müsste man dazu ein philosophisches System bei der Hand haben. Denn eben diese Idee des Schönen, um deren Herbeischaffung es sich jetzt handelt, ist eine der dornigsten Fragen und bildet wegen des nahen Zusammenhangs, in welchem sie mit allen übrigen Ideen steht, gerade den Kern - und Knotenpunkt aller Philosophie. Aber dafür ist ja auch an metaphysischen Bearbeitungen der Aesthetik seit Plato niemals Mangel gewesen. In der That liegt auch das Missliche hiebei nicht sowohl darin, dass es an einem solchen System fehlte, als vielmehr darin, dass es deren soviel giebt, dass die Auswahl in Verlegenheit setzt, und wenn jedes dieser Systeme darauf beruht, dass alle übrigen falsch seien, so ist das ein Umstand, der wenig geeignet ist, die Glaubwürdigkeit irgend eines unter ihnen zu erhöhen. — Wir werden weiter unten den Versuch machen, uns mit den hier einschlägigen Bestrebungen der Philosophen wenigstens flüchtig auseinander zu setzen; hier genügt es, die Thatsache zu constatiren, dass es an einer allgemein anerkannten Philosophie zur Zeit gänzlich fehlt. Alle diese grossen Systeme, die Produkte tiefer genialer Geistesarbeit, emporgetaucht wie stolze Eis-Kathedralen aus dem Meere der Gedanken — nach kurzer Blüthe des Prangens und Glitzerns, des Anstaunens und der Verehrung der Völker, sind sie kläglich zusammengeschmolzen vor den siegenden Strahlen der unendlich hoch und weit über ihnen leuchtenden Sonne der Wahrheit. Unter diesen Umständen kann es für die speculative Behandlung der Aesthetik nichts Gefährlicheres geben, als ihre Anlehnung und Gründung auf ein philosophisches System. Das augenfälligste und niederschlagendste Beispiel bietet in dieser Hinsicht Vischer's Aesthetik, ein Werk, welches durch seine wahrhaft grossartige und tiefe Anlage ebenso, wie durch die Feinheit der Durchführung im Einzeln den gerechtesten Anspruch auf unsre Bewunderung und um den allseitigen Ausbau der Wissenschaft unbestreitbare Verdienste hat, das aber eben an diesem Grundgebrechen leidet, sich mit geringen Modificationen ganz und gar auf das Hegel'sche System zu gründen. Die Hegel'sche Philosophie ist gewiss ein so geniales tiefgründiges Stück Gedankenarbeit, wie je eins zuvor und für die Geschichte der Philosophie, wenn auch mehr in negativem Sinne von nicht leicht zu überschätzendem Werthe, aber die Begriffe wollen sich nun einmal nicht in die dialektische Uniform des Ansich, Aussersich und

Fürsich einkleiden lassen, und wenn sich nicht einmal die Geschichte des Gedankens unter das Gebot des kühnen Autokraten beugen wollte, so ist es um so weniger zu verwundern, wenn so störrige und trotzige Dinge wie die Körperwelt mit ihren eigensinnigen Launen der Schwere, Magnetismus, Elektricität, Chemismus u. A. sich gegen dieses Gesetz geradezu in offener Meuterei auflehnen. Und noch weniger ist es zu verwundern, dass sowohl die Kunst, als auch das Kunstverständniss statt in diesen dialektischen Process einzugehen, sich dadurch vielmehr in ihren beiden Grundrichtungen der Freiheit und der Autorität gleich sehr geschädigt fühlt.

Die reine Speculation befindet sich in der Aesthetik überhaupt in einem Delemma, sie ist genöthigt, ein philosophisches System entweder zu beweisen oder vorauszusetzen. Letzteres, die einfache Anlehnung an ein vorhandenes System fordert die Annahme desselben auf Treu und Glauben. Wenn aber die Kunst einmal der Autorität folgen soll, so wird sie sicher diejenige des Künstlers und Kritikers derjenigen eines Philosophen vorziehen. Ein System beweisen aber heisst, wie die Sachen einmal liegen, nicht viel weniger als eins erfinden. Denn es sind die höchsten Gipfel der Metaphysik, von denen allein sich eine Einsicht in die Idee des Schönen erhoffen lässt; und sollen wir unsre Meinung zur Sache sagen, so sind diese Gipfel wissenschaftlich noch lange nicht erklommen, und bis jetzt ist auch noch nicht einmal eine Aussicht vorhanden, wie es geschehen könne. Vielleicht ist die Zeit solcher aprioristischen Systemschöpfungen überhaupt vorbei, und man wird sich wie in andern Branchen mit der bescheidneren, aber mühevolleren Arbeit des Sammelns und Sichtens des Erfahrungsstoffes begnügen müssen, um darauf gewiss minder weitreichende, aber vielleicht sichrere und allgemeiner anerkannte Schlüsse zu bauen.

Sei dem wie ihm wolle, wir unsres Ortes verzichten sowohl auf die Begründung eines eignen, als auch auf die Adoption eines fremden Systems, und entscheiden uns für den Weg der Induktion. Er ist, wie gesagt, der bescheidnere, er verheisst nicht Systeme absoluter Evidenz. Dafür bietet er den Vortheil, dass er sich an der Seite der Erfahrung hinschlängelnd, beständig durch ihre Wahrscheinlichkeit und die Uebereinstimmung mit der Thatsache controlirt wird. Er führt nie ganz zum Ziele, aber auch nie ganz in die Irre, während die Deduktion, wenn Princip und Methode richtig sind, gerade zu ins Schwarze hineintreffen muss, bei der geringsten Ungenauigkeit des Einen oder Andern aber unrettbar ins Blaue fährt.

Es fragt sich nur, durch welche induktive Procedur man zu einem

Dinge gelangen kann, das gleichzeitig die Evidenz wissenschaftlicher Gesetze und das Ansehen der traditionellen Autorität in sich vereinigt. Wir denken uns die Sache so: den Rohstoff muss uns die Kunst-Erfahrung liefern, d. h. eine Erfahrung, welche die Werke der hervorragenden Meister aller Kunstgattungen und die Urtheile der Kenner darüber als ihr Gegebenes vor sich hat. Wir nennen das Rohstoff, weil es zunächst nur ein buntes unübersichtliches Erfahrungs-Aggregat ist. Es kommt nun darauf an, diese rudis indigestaque moles nach gewissen Gesichtspunkten zu ordnen. Da das Erfahrungsaggregat ganz auf der Autorität beruht, so könnte eine daraus geschöpfte Theorie durch die blosse Manipulation des Ordnens und Sichtens, falls dabei keine Erschleichungen untergelaufen sind, diesen ihren Charakter nicht verlieren. Wenn es gelänge, den ganzen spröden Erfahrungsstoff in einer Gliederung höherer und niederer Gesichtspunkte, um einen obersten Gesichtspunkt einheitlich zu ordnen, so wäre damit die Empirie offenbar zum Range eines wissenschaftlichen Systems und die einzelnen Glieder desselben, soweit sie unter sich und mit dem einheitlichen Mittelpunkt organisch zusammenhängen, zum Range wissenschaftlicher Gesetze und damit allgemein verbindlicher Normen erhoben; und damit wären dann schon zwei der oben angeführten widerstrebenden Erfordernisse vereinigt, wissenschaftliche Evidenz und Achtung vor der Autorität. Was nun das dritte Erforderniss der Freiheit der schaffenden Begeisterung und des beurtheilenden Geschmacks betrifft, so muss dieselbe alsdann gewahrt bleiben, wenn in nüchterner empirischer Weise erwogen wird, in welchen Beziehungen und welchen Gebieten dieselbe bisher gewaltet hat, und in welchen sie auch schon bisher immer eingeschränkt gewesen. Sofern sich auch hiebei gleichmässig zutreffende Gesichtspunkte ergeben, welche sich gleichfalls in den Zusammenhang des Systems organisch einfügen und mit demselben sich gegenseitig bedingen, so wird man nicht Anstand nehmen dürfen, auch ihnen den Rang wissenschaftlicher Gesetze zuzugestehen, durch welche die Freiheit und die Autorität gleichmässig gewahrt werden.

Es kann uns natürlich nicht beikommen, dies als ein neues Verfahren ausgeben zu wollen. Mehr oder weniger auf dem Boden der Kunsterfahrung steht jedes ästhetische System, mindestens sucht die Speculation mit derselben hie und da Fühlung zu nehmen, um sich versichert zu halten, dass sie nicht ganz und gar in der Luft schwebt; nur dass hier aus dem mehr oder weniger problematischen Mittelpunkte der Metaphysik zur Kunsterfahrung herniedergestiegen wird, wobei der Zusammenhang theils zu locker und theils gezwungen ausfällt. Aber es hat auch nicht an Forschungen gefehlt, die ganz vom Gegebenen ausgehend, sich zu allgemeineren Theorieen erheben. Hier ist vor allen als Muster und Meister für alle Zeiten Aristoteles zu nennen, dem unser Lessing am nächsten kommt. Ihre Lehren sind zum grössten Theile mustergültig und normgebend, von Künstlern und Kritikern ohne Murren anerkannt, bisweilen selbst übertrieben, eben dadurch, dass sie ganz nüchtern vom Gegebenen ausgehend, den wichtigen Hebel ihrer Forschertalente auf dem festen Boden der Kunsterfahrung einsetzen, sie irren nur da, wo sie sich von diesem ihrem mütterlichen Boden entfernen oder wo sie das Gebiet ihrer Induktionsschlüsse zu enge begrenzen. Ganz auf dem Boden der Erfahrung bewegen sich die englischen Sensualisten und Intellectualisten, nur besteht ihr Verdienst mehr in gesunder und richtiger Beobachtung im Einzelnen, als in systematischem Zusammenfassen und in tiefer Ergründung ästhetischer Probleme. Hierher gehören auch Hogarth, Raphael Mengs, Göthe, Herder und in gewissem Sinne Diderot und Cousin. Gerade nun der Umstand, dass die genannten Philosophen und Künstler das, was sie leisteten, nur durch ihre empirische Methode leisteten, dass Alles, was die Aesthetik bis auf den heutigen Tag an greif- und haltbaren Resultaten besitzt, nur auf diesem Wege erworben ist, giebt uns eine sichere Gewähr dafür, dass auch dieser Weg der einzige fruchtbare und erfolgversprechende für einen umfassenderen Ausbau der Aesthetik sein werde.

Soll nun unsre Procedur rein induktiv, ganz empirisch sein, so muss sie mit einem ganz Concreten, Gegebenen anfangen, ein solches ist für uns offenbar die Kunst und zwar nicht die Kunst in ihrer Gesammtheit, sondern die einzelne bestimmte Kunst. Es scheint uns ein schwerer methodischer Fehler zu sein, wenn z. B. das im Uebrigen ebenfalls auf der Erfahrung beruhende vortreffliche Werk von Moriz Carriere: „Aesthetik, die Idee des Schönen," Leipzig 1859, mit der Idee des Schönen beginnt. Mit der Idee des Schönen kann nur beginnen, wer von den Voraussetzungen eines fertigen Systems ausgeht, wie es Vischer thut; wer aber wie Carriere „zunächst die ästhetischen Thatsachen in Natur und Kunst zu erfassen, zu begreifen, zu begründen und so aufsteigend zu den allgemeinen Principien zu gelangen, dann aber wieder von diesen, vom Wesen des Geistes und der Dinge aus das Wirkliche zu entwickeln und seine Gesetze abzuleiten sucht," wie es Carriere in der Vorrede zu seinem genannten Werke von sich sagt, der sollte diesem seinem richtigen und natürlichen Entwickelungsgange auch in der Darstellung folgen, denn die Dinge können nur so dargestellt werden, wie

sie sich entwickeln und nur so vermag überall die wissenschaftliche
Evidenz erzielt zu werden. Somit haben wir von der empirischen Betrachtung der Kunst im
Einzelnen auszugehen und zunächst zu untersuchen, was man nach
gewöhnlichem Sprachgebrauch unter Kunst versteht, welcherlei besondre
Bestrebungen unter diesem Gesammtnamen begriffen werden. Sodann
suchen wir festzustellen, wodurch die Künste sich von andern mensch-
lichen Bestrebungen unterscheiden und was ihnen allen gemeinsam ist.
Denn nur in dem, was sie unterscheidet und in dem, was ihnen gemeinsam
ist, kann das Wesen der Kunst bestehen. Was bei der einen Kunst vor-
kommt, bei der andern nicht, das kann die Eigenthümlichkeit dieser
Kunst aber nicht, das Wesen der Kunst sein; und was, ob es sich
zwar in aller Kunst vorfindet, gleichwohl auch ausserhalb derselben
Stehendem zukommt, das kann zwar ein nothwendiges Moment an der
Kunsterscheinung sein, das eigentliche Wesen aber, gleichsam die
Materie der Kunst vermag es gleichwohl nicht zu erschöpfen. Dasjenige
nun, was nach der Aussonderung solcher particulären und accidentiellen
Momente übrig bleibt, müsste das Wesen der Kunst ausmachen. Es
könnte aber auch der Fall eintreten, dass die Analyse einen solchen
Rückstand gar nicht übrig liesse, dass sich in derselben durch die Ausscheidung des Particulären und Accidentiellen alle Kunsterfahrung vollständig verflüchtigt hätte. Das würde vermuthlich darauf schliessen
lassen, dass die Kunst selbst keine Substanz, sondern nur ein Accidenz,
d. i. eine Erscheinungsform eines Andern, sei, und die Untersuchung
würde damit auf ein erweitertes Erfahrungsgebiet verwiesen. Doch statt
uns in weitere Erörterungen über den muthmasslichen Gang der Untersuchung zu verlieren, wollen wir lieber in diese selbst eintreten.

Erster Haupt-Abschnitt.

Die Frage nach dem Wesen der Kunst.

.

Erstes Buch.

Vergleichende Betrachtung der Künste.

5. Sprach-Gebrauch.

Also was versteht man unter Kunst? und zwar zunächst dem Wortsinne nach? Man ist wohl darüber einig, dass Kunst von Können stammt. Herder (Kaligone) will es gleichzeitig auch von Kennen herleiten, und auch dagegen ist Nichts zu erinnern, da ohne Kennen, ohne Kenntniss von Mittel und Wegen, auch kein Können, keine Leistung möglich ist. Aehnliches, nur noch etwas Bedeutsameres drückt der indoeuropäische Stamm ar in ars l'art und den übrigen romanischen Sprachen aus. Derselbe bedeutet eine Ueberlegenheit, (ἀρχεῖν) eine Herrschaft und zwar eine Herrschaft über den Stoff, die Materie. Dasselbe nur etwas specialisirt bezeichnet τέχνη (von τεκτω gebären, weben). In alle dem liegt ein Vermögen, den Stoff seinem Willen dienstbar zu machen, ihn zu gestalten. So nach könnte man dem Wortlaute nach Kunst mit Gestaltungsvermögen übersetzen. Die Kunst bringt etwas hervor und zwar etwas Stoffliches in greifbarer Gestalt. Das wäre der allgemeinste Sinn des Wortes Kunst, aber nicht derjenige, der uns beschäftigt. Dieser, die Kunst im engern Sinne, bezeichnet auch ein Gestaltungsvermögen, die Kunst aus dem Stoffe etwas in greifbarer Gestalt hervorzubringen, aber sie hat noch gewisse besondere Merkmale an sich, vermöge deren man sie von allen andern Künsten durch den Namen der schönen Künste auszeichnet, wobei dann jene sich mit dem Namen der gemeinen begnügen müssen. Fast gleichbedeutend mit der Kunst i. w. S. ist das Wort Fertigkeit nur mit der Nebenbedeutung, dass das Hervorbringen, Vollenden eine durch Uebung leicht gewordene Sache sei, weshalb man dafür auch Kunstfertigkeit sagt. Wir werden nun das Wort Kunst, dem Sprachgebrauch entsprechend,

fortan nur im engeren Sinne für die schönen Künste brauchen, und mit
Fertigkeiten jene übrigen bezeichnen, welche nicht auf den Namen
der Schönen Anspruch machen.

6. Kunst und Fertigkeit.

Kunst und Fertigkeit, die schönen und die gemeinen Künste sind
Schwestern, Glieder eines Begriffes. Die schöne Kunst ist nur etwas
mehr, sie ist eine solche, deren Wesen im Begriffe der Fertigkeit nicht
erschöpft wird, bei welcher diese vielmehr nur eine untergeordnete Vor-
aussetzung bildet. Wenn wir nun erfahren wollen, was das für ein Mehr
sei, durch welches sich die schönen Künste über die gemeinen erheben,
müssen wir uns zunächst umsehen, welche Künste wir mit dem Namen
der schönen vor ihren Schwestern auszeichnen. Da haben wir Malerei,
Bildhauerei, Baukunst, Musik, Tanz, Mimik und Poesie. Bei einigen
der genannten kann man zweifeln und man hat gezweifelt, ob sie den
schönen Künsten mit Recht beizuzählen seien, so beim Tanz und der
Baukunst, weil beide mit gemeinen Lebensverrichtungen (Vergnügen,
Nothdurft) eng verwachsen scheinen, jedoch kann die Frage nach ihrer
Legitimation im Kreise der schönen Künste erst weiter unten erörtert
werden. Ziemlich einig ist man darüber, dass es ausser den genannten
keine andern Künste in unserm Sinne gebe und dass sie den Begriff der
Kunst schlechthin ausmachen. Will man hier über die Grenze der Kunst
zweifelhaft sein, so könnte man allenfalls zweifeln, ob man mit Herbarth
die Kunst- und Landschafts-Gärtnerei aufnehmen solle, insofern
man diese eine Architektur des Pflanzenwuchses nennen könnte. Doch
müssen wir auch die Erörterung dieser Grenzfrage einem späteren Orte
aufbewahren.

Mit dem Vorbehalt einer etwaigen späteren Grenzberichtigung
können wir das Gebiet der Kunst durch die genannten sieben für abgeschlossen ansehen. Man nennt sie die schönen Künste, weil sie sich
auf ein gewisses Etwas beziehen, welches man das Schöne nennt. Was
nun dieses Schöne sei, das wissen wir nicht. Es ist eine unbekannte
Grösse, wenn nicht gar das $\sqrt{-1}$, welches nur dazu dient, die Reflexionen
zu verwirren. Es muss für uns ein noli me tangere bleiben, denn kein
Begriff ist mehr dazu angethan zu Anticipationen und Erschleichungen
zu verführen. Wir müssen es daher durchaus und zwar so lange vermeiden, bis wir im Stande sind, damit einen bestimmten auf Erfahrungs-

thatsachen beruhenden und allgemein anerkannten Begriff zu verbinden.
Den Regeln der Induktion gemäss müssen wir fragen, durch welche
Merkmale unterscheiden sich schöne und gemeine Kunst und zwar können
wir den Unterschied nur aus dem ihnen beiden gemeinsamen Begriffe
herleiten.

Das Gemeinsame aller Künste, der schönen wie der gemeinen, ist
also das, dass sie auf das Hervorbringen eines Erzeugnisses — Kunsterzeugnisses — gerichtet sind. Worin könnte nun der Unterschied
liegen? Das Hervorbringen ist eine Thätigkeit und an einer solchen
kann der Wille, das Mittel und der Stoff, die besondere Art der
Thätigkeit endlich das Ziel oder der Erfolg in Betracht gezogen
werden. Im Mittel und Stoff kann der Unterschied jedenfalls nicht liegen.
Abgesehen davon, dass beides für jede Thätigkeit überhaupt gleichgültig
ist, insofern dieselbe Thätigkeit bei grösster Verschiedenheit beider die
gleiche bleibt, z. B. das Mauern in Steinen, Lehm, Pisée, die Bildnerei in
Thon, Gips, Erz u. s. w., so findet sich beides bei schönen, wie gemeinen
Künsten durchaus gleichartig. Ebenso kann die Art und Weise der
Thätigkeit nicht das Unterscheidende sein, z. B. das Färben von
Flächen, das Behauen oder Formen von Stoffen, das Sprechen und
Schreiben u. s. w., alles das gehört ebenso wie die Kenntniss und An-
wendung von Mitteln und die Benutzung von Stoffen zum Begriff der
blossen Fertigkeit, welcher, wie wir sahen, den schönen und gemeinen
Künsten gemeinsam ist. Somit kann das, was die Kunst über die
Fertigkeit erhebt, nur entweder in dem Ausgangspunkt der
Thätigkeit dem Willen oder in deren Endpunkt dem Produkt liegen.

Aber auch letzteres, das Produkt der Thätigkeit, kann uns kein
unterscheidendes Merkmal an die Hand geben. Denn auch in dem, was
sie hervorbringen, stimmen schöne und gemeine Künste meist überein.
Der Bildhauer und der Steinmetz hauen und formen Figuren von
Menschen und Thieren, der Maler und der Anstreicher machen Bilder
von allerhand Dingen; der Baumeister baut ein Haus, der Maurer auch,
der Schauspieler stellt ihm fremde Charaktere vor, und das thut die
gemeine und die diplomatische Weltklugheit oft genug auch. Ein Hoch-
zeits- oder ein Trauer-Carmen, auf Bestellung gearbeitet und nach der
Elle bezahlt, besteht aus Versen und Reimen, wie nur je eins von Göthe,
Heine oder Beranger, wird deshalb aber doch kein lyrisches Gedicht
genannt. Aristoteles spricht mit Recht dem Empedokles den Namen
eines Dichters ab, obwohl er in Hexametern schrieb wie Homer; und die
Leistung eines zum Tanze aufspielenden Bierfiedlers unterscheidet sich
von der eines Paganini und Ole Bull immer noch weniger in der blossen

Qualität der hervorgebrachten Töne, obwohl auch hier der Unterschied
merklich genug ist, als vielmehr in etwas Andern, was das Eine zum
gemeinen Handwerk herabdrückt, das Andere zur Weihe der Kunst erhebt.

7. Der Kunstzweck.

So bleibt nur der Ausgangspunkt der Kunstthätigkeit, der Wille des
Hervorbringenden als dasjenige übrig, worin allein das eigenthümliche
Kennzeichen der schönen Kunst zu suchen ist. Freilich soll damit nicht
gesagt sein, dass der Wille immer sein Ziel erreichen, der Erfolg immer
der Absicht entsprechen und das gewollte Kunstwerk immer ein wirkliches sein müssen. Alle menschliche Thätigkeit wird von Zwecken
beherrscht. Der Zweck als bewusste Ursache ist das eigentliche Wesen
der Thätigkeit sowohl, die auf den Zweck sich richtet, als auch der Sache,
die bezweckt wird. Kein Wunder daher, dass das Wesen der Kunst
weder in der Art der Thätigkeit, noch in Stoff oder Mittel, noch im End-
resultat liegen kann, sondern allein im Zwecke.

Hier finden wir denn auch allerdings einen in die Augen springenden
Unterschied. Die gemeinen Künste dienen alle bestimmten, leicht in die
Augen fallenden Zwecken, als der Belehrung, der Krankenheilung, dem
Erwerb, oder der Befriedigung einzelner Bedürfnisse; und zwar hat jede
dieser Künste ihren besondern von dem aller andern Künste verschiedenen
Zweck. Bei den schönen Künsten verhält sich dies in beiden Stücken
anders. Wir müssen natürlich davon absehen, dass der Verfertiger eines
Kunsterzeugnisses damit etwas für sich, einerlei ob Ehre oder Geld oder
beides, verdienen will — denn darin sind alle Künste, die schönen wie
die gemeinen, gleich, alle Kunst geht nach Brod, sondern nur das
erwägen, was mit dem Kunsterzeugniss objektiv bezweckt wird, und da
tritt bei den gemeinen Künsten der Unterschied hervor, dass die eine
der Bekleidung, die andere der Ernährung u. s. w. dient, während die
schönen Künste sich unter einander in ihren Zwecken überhaupt nicht
unterscheiden und sich von ihnen auch im Allgemeinen nicht sagen lässt,
dass sie einem bestimmten in die Augen fallenden Zwecke dienen.

Und doch wieder wird man unmöglich sagen können, dass die Kunst
keinen Zweck hätte, sie wäre damit zu etwas Zwecklosem, d. h. zu etwas
des menschlichen Geistes Unwürdigem degradirt. Und wenn es irgend
ein Attribut des Adels menschlicher Thätigkeit ist, von bewussten
Zwecken geleitet zu werden, so wird man dasselbe am wenigsten der-

jenigen Thätigkeit absprechen dürfen, welche im Erzeugen wie im Empfangen die edelsten Kräfte und Fähigkeiten der Menschennatur in Bewegung setzt, die grössten Geister zu ihren Schöpfern und jeden der nicht völlig in Rohheit und Barbarei versunken ist, zu ihren Bewunderern zählt. Also einen Zweck muss die Kunst haben. Aber welches wäre dieser Kunstzweck? Etwa das Vergnügen? Freilich ist es ein Vergnügen, ein wahres Kunstwerk zu sehen. Aber sicher ist nicht Alles, was uns Vergnügen macht, angenehm die Zeit vertreibt, ein Kunstwerk. Sagen wir Bildung, Belehrung, sittliche Veredlung? Gewiss empfangen wir auch diese. Aber Eins wie das Andere können wir nur als Wirkung ansehen, welche das Kunstwerk nebenher an uns hervorbringt. Dass sie nicht den wahren principalen Zweck bilden, sieht man sofort. Diese bloss vergnüglichen, angenehm aufregenden erschütternden Werke in ihrer sinnlichen Farbenpracht, in ihrem spannenden Wechsel, ihren erschütternden Katastrophen, ihrem Thränenjammer und ihrem Freudenübermass, wie kläglich stechen sie ab gegen die in Ernst und Freude, in Styl und Farbe keusch und massvoll gehaltene wahre, echte Kunst. Und diese Moralitäten und lehrhaften Reflexionen um wieviel weniger sind sie im Stande, dem Geiste wahrhafte Lebensnahrung zu geben, als der sprudelnde Uebermuth eines Shakespeare und des sinnlich glühenden Ariost. Das Kunstwerk schafft Vergnügen und Genuss, es bildet und veredelt, aber nicht weil es sich dies vorgesetzt hat — vielmehr ein Künstler, welcher sich das eine oder das andere vorgesetzt, erreicht dies gerade am wenigsten. Aristoteles setzt den Zweck der Kunst in die edle Ergötzung (διαγωγή) Politik VIII. 7. — Wir Modernen sagen dafür: Die Kunst soll gefallen und zwar, wie Kant bestimmt, ohne Interesse gefallen. Im Grunde genommen ist dies weniger ein Zweck, als eine Eigenschaft. Was das heisst gefallen, können wir nicht definiren, es ist das so, als wenn wir sagen, der Zweck der Kunst ist das Schöne.

8. Allgemeinheit des Kunstzwecks.

Das Resultat unsrer bisherigen Untersuchung ist nicht sehr ergiebig. Wir suchten das unterscheidende Merkmal der Kunst und fanden, es könne nur im Zwecke derselben liegen. Fragen wir, worin sich die Zwecke der gemeinen Künste von denen der schönen unterscheiden, so erhalten wir als einzigen Unterschied die Negative, dass erstere bestimmten concreten und unter sich verschiedenen, die schönen Künste aber alle einem gemeinsamen Zwecke dienen, den wir wiederum nicht anders als negativ, d. h. dahin, dass er nicht Vergnügen, nicht Belehrung, Sittlichkeit u. s. w. ist, fassen können. Die Bestimmung, dass der Kunstzweck in der Ergötzung, dem Gefallen liege, verweist uns wieder auf jenen verbotenen Faktor des Schönen zurück, der unsre Rechnung verwirrt, und den wir schlechterdings daraus eliminiren sollten. Lassen wir das Schöne fort, so reducirt sich das gewonnene Merkmal darauf, dass die schönen Künste einen von allen andern Zwecken unabhängigen Zweck habe. Und auch gegen diesen so geschmälerten Gewinnst erhebt sich sofort ein Einwand. Die Baukunst, sie verfolgt doch praktische besondre Zwecke. Ja, und war das nicht eine derjenigen Künste, denen man den Rang einer solchen streitig macht. In der That, die Baukunst schafft nichts, was nicht einem besondern concreten Zwecke dient, Wohnhaus, Stall, Schule, Kirche u. s. w. und danach scheint von Zweien nur Eins möglich zu sein, entweder die Baukunst muss zu den gemeinen Künsten gezählt werden, oder unser Merkmal ist falsch. Doch diese Alternative lässt sich leicht beseitigen. Nicht jedes Bauen ist Kunst. Den Bau eines Hühnerstalls u. s. w. pflegt man nicht zu den Kunstwerken zu zählen. Wohl aber den einer Kirche, einer Universität, eines Industriepalastes? Alsdann läge ja aber das Wesen der Baukunst in ihrem Produkt, eine Annahme, die wir eben erst zurückgewiesen haben. Doch nicht. Eine Kirche, Universität u. s. w. kann ebenso der Kunst in unserm Sinne entbehren als ersterer. Es kommt nicht darauf an, was, sondern wie gebaut wird. Dasjenige Bauen, welches nur dem vorliegenden Zwecke dient, in demselben sein alleiniges Genüge findet, ist und bleibt Handwerk. Es wird zur Kunst erst dadurch und in so weit, als es sich über diesen besondern Zweck erhebt und durch die Erfüllung desselben zugleich höheren allgemeinen, wir wollen sagen, Kunstzwecken dient. Freilich kann man uns hier wieder den sehr scheinbaren Einwand machen, dass auch andre Künste, die unzweifelhaft den gemeinen, d. i. dem Handwerk u. s. w. angehören, sich in ihren Erzeugnissen über den vorliegenden Zweck erheben. Der Schneider z. B. darf sich nicht damit begnügen, den Körper bloss zu bekleiden, er würde damit heutzutage kaum auf dem letzten Dorfe das Salz verdienen. Er muss darauf bedacht sein, ein Kleiderkünstler zu sein, d. h. die Formen des Körpers, je nachdem die Mode ist, entweder in mehr oder minder scharfen Umrissen oder im anmuthigen Spiel lebendigen Faltenwurfs in Ruhe und Bewegung erscheinen zu lassen. Ganz ähnlich wie der Baumeister sucht der Möbeltischler das Geräth in Ornamenten darzustellen, welche nicht nur an sich gefallen, sondern dasselbe seinem Zwecke gleichsam aus eignem

lebendigen Antriebe dienend erscheinen lassen, so wenn ein Sopha von
Löwen getragen wird, eine Fontaine ein speiendes Ungeheuer zeigt und
dergl. In solchen Fällen wird offenbar über den concreten Zweck der
Bekleidung u. s. w. hinausgegangen und der Zweck des Gefälligen
erstrebt.

Wir tragen auch nicht Bedenken dem so über sich hinausgehenden
Handwerk einen gewissen beschränkten Antheil an dem gefälligen Glanze
der Kunst zuzugestehen, dass es sich dabei immer nur um einen sehr
beschränkten Antheil handeln kann, liegt auf der Hand. Um dessen inne
zu werden, darf man nur gleichzeitig an ein tadelloses Kleid und an ein
gutes Gemälde oder Bildwerk denken, ersteres schrumpft sofort zur
völligen Bedeutungslosigkeit zusammen. Auch das kunstvollste Geräth —
wir denken hiebei sogar an die häufig zu Ehrengeschenken ausersehenen
Pokale, Trinkschaalen, kostbaren Vasen, Urnen und dergl. — steht hinter
einem architektonischen Werke bei gleicher Meisterschaft unendlich
zurück. Selbst der berühmte Schild des Achilles bei Homer, von Meister-
hand ausgeführt, würde uns dennoch des vollen Adels der Kunst nicht
theilhaft erscheinen. — Wir befinden uns hier in dem weiten Gebiete des
Geschmacks, welcher bei einem cultivirten Zeitalter alle übrigen Lebens-
beziehungen durchdringt und schmückt, und der gleichsam ein streitiges
Grenzgebiet zwischen der Kunst und der Lebensnothdurft bildet. Es
muss lehrreich sein, recht genau ins Auge zu fassen, worin der Unterschied zwischen Kunst und Geschmack liegt, weshalb wir ein architekto-
nisches Bauwerk unbedenklich zur Kunst und weshalb wir ebenso
unbedenklich ein geschmackvolles Geräth nicht zu derselben rechnen.

Das beiden Gemeinsame ist das, dass beide einem bestimmten
Zwecke dienen, und dass beide ihr Werk diesen Zweck anscheinend aus
freier lebendiger Bewegung erfüllen lassen, die dienende Materie zu
einem scheinbar zweckdenkenden Wesen gestalten. Der Unterschied
beider liegt nicht darin, dass Eins gross, das Andere klein ist, denn es
giebt auch kleine Kunstwerke, sondern darin, dass der Zweck des
Kunstbauwerks, wenn auch ein ganz concreter doch, ein allgemeiner,
bedeutungsvoller, jedem Menschenherzen tief innewohnender ist, Gottes-
verehrung, Dienst der Wahrheit, friedvolle Häuslichkeit, während der
Zweck des Geräths immer ein untergeordneter, minder bedeutender, dem
Einen höher, dem Andern tiefer stehender ist. Daher muss ein Werk,
welches jenem allgemeinen bedeutsamen Zwecke die Materie dienstbar
macht, eine allgemeine monumentale Bedeutung haben, die für Jedermann eine gleich gewichtige ist, während das geschmackvolle Geräth
nach der mehr oder weniger untergeordneten Wichtigkeit seines Werths

nur einer mehr oder weniger beschränkten Bedeutung fähig ist. Gerade die Hoheit und Allgemeinheit des Zweckes erlöst das Kunstbauwerk aus seiner dienenden Stellung eines blossen Mittels und verleiht ihm den Adel eines selbständigen, allgemein bedeutenden Monuments. So fesselt uns ein schönes Bauwerk, noch ehe wir an seinen Zweck denken, durch sich selbst, während wir das schöne Geräth nur immer im Hinblick auf seinen kleinlichen Zweck bewundern. Hier könnte man im Kant'schen Sprachgebrauch von einer bloss adhärirenden d. h. von einer durch die Zweckbeziehung bestimmten Schönheit sprechen, welchen Begriff Kant, wie uns dünkt, sehr mit Unrecht auf die moralische Schönheit des Menschen angewandt wissen will.

Uebrigens sind, wie es bei allen lebendigen Wechselbeziehungen geistigen Schaffens zu gehen pflegt, die Grenzen auch hier nicht haarscharf und unverrückbar gezogen. Denkt man sich alle Bauwerke der Welt nach ihrem Kunstwerthe in eine Reihe gestellt, so möchte es wohl schwer fallen in dieser Reihe den Punkt zu bestimmen, wo die Kunst aufhört und das geschmackvolle Handwerk anfängt; und die Möglichkeit wollen wir nicht läugnen, dass auch ein Geräth an Bedeutsamkeit des Zwecks und an kunstvoller Hineinbildung desselben in die Materie zu monumentaler Bedeutung und somit auf die Höhe der Kunst sich emporheben könne.

Unsre Abschweifung auf das verwandte Gebiet des Geschmacks hat uns zweierlei gezeigt, erstlich, dass der Kunstwerth der Architektur darin besteht, dass das Bauwerk sich über den concreten Zweck erhebt und eine selbständige Geltung anstrebt und zweitens, dass diese selbständige Geltung nur dadurch möglich wird, dass das Bauwerk einem allgemeinen, bedeutungsvollen Zwecke dient. Müssen wir somit Hoheit und allgemeine Bedeutsamkeit des Zweckes als das wesentliche Merkmal der Baukunst im Gegensatz zum Bauhandwerk ansehen, so folgt daraus, wenn es richtig ist, dass die schönen Künste sich in ihrem Zwecke nicht unterscheiden, dass der Zweck der Kunst überhaupt etwas allgemein Bedeutendes und von anderen Zwecken unabhängig sein müsse.

Das ist aber auch Alles, was wir an Kriterien für das Wesen der Kunst gewonnen haben, dass sie nicht einem einzelnen concreten Zwecke dient, dass alle Kunst einen und zwar einen selbständigen Zweck habe und auch das sind noch nicht einmal solche Kriterien, welche die Kunst von allen anderen menschlichen Bestrebungen unterscheiden.

9. Andere allgemeine Zwecke.

Denn wir haben noch andere Bestrebungen, auf welche die angegebenen Kriterien ebenso gut als auf die Kunst passen. Die Wissenschaft und die Religion, welche letztere dasselbe Gebiet umfasst, vielleicht auch dieselbe Methode hat, als die Moral, erheben sich in gleicher Weise über den alltäglichen Nutzen und folgen in gleicher Weise einem hohen allgemeinen und Allen gleich bedeutungsvollen Zwecke. Wir würden uns in sehr gefährlicher Weise der durchaus zu vermeidenden metaphysischen Klippe nähern, wollten wir versuchen, die Kunst gegen diese Bestrebungen durch Definitionen abzugrenzen. Das wäre so schwer nicht, wenn es blos auf Wortdefinitionen ankäme, wir brauchten bloss zu sagen: die Kunst folgt dem Schönen, die Wissenschaft dem Wahren, die Religion und Moral dem Guten; und fragte man uns weiter, so könnten wir antworten, das Wahre, Gute und Schöne seien die drei absoluten Ideen, in deren Dreieinigkeit sich uns das Wesen des absoluten Geistes darstellt. Allein wir wagen uns auf diese schwindelnde Bahn nicht, sondern begnügen uns an dem bescheidenen Leitfaden der Induktion, indem wir fortfahren auf dem sichern Boden der Erfahrung uns nach allgemeinen positiven Merkmalen umzusehen. Allenfalls liesse sich das als ein solches Merkmal, wodurch sich die Kunst von der Religion und Wissenschaft unterscheidet, anführen, dass das Kunstwerk in concreter sinnlicher Form auftritt. So die Malerei, Bildhauerei und die Baukunst. Dagegen ist bei den übrigen die sinnliche Form des Tones und des Wortes um nichts sinnlicher als sie bei jenen andern auch nothwendig ist. Ein erbaulicher oder wissenschaftlicher Vortrag unterscheidet sich darin nicht von einem Gedicht.

Wir sehen, dass die bisherige Untersuchung, welche darauf ausging, das Unterscheidende zwischen der Kunst und allen andern menschlichen Thätigkeiten festzustellen, diese ihre Absicht nur unvollkommen erreicht hat. Wir müssen uns vorläufig mit unbestimmten Merkmalen (Hoheit und Allgemeinheit des Zweckes), theils mit ganz negativen (dass die Kunst nicht vom Nützlichen, Wahren, Guten, Religiösen abhängt) begnügen. Wir machen jetzt den Versuch, ob sich in dem, worin sich die einzelnen Künste unterscheiden und gleichen, ein näheres positives Merkmal, welches gleichzeitig zur Abgrenzung des Kunstgebiets nach Aussen geeignet ist, gewinnen lässt.

10. Das Thun der einzelnen Künste in groben Umrissen.

Betrachten wir also die Künste im Einzelnen. Was thut der Maler? Er färbt Flächen mit Kreide, Oel und andern Substanzen dergestalt, dass der Beschauer glaubt gewisse Dinge zu sehen, die jener ihn sehen lassen will. Der Bildhauer behaut Klötze aus Marmor oder Holz, knetet Klumpen von Thon, giesst Gyps oder Metall, so dass sie ebenfalls für beliebige Gegenstände gehalten werden. Der Musiker bringt hervor oder entwirft Tonreihen und Tongruppen, welche in der Seele des Hörers gewisse Gefühle erregen, auf die jener es abgesehen. Der Dichter spricht oder schreibt Worte, durch welche er in der Phantasie des Hörers oder Lesers nach seiner Absicht die Vorstellung von Ereignissen oder Gefühlen entstehen lässt. Der Schauspieler führt diese Absicht des Dichters noch anschaulicher aus.

Wir sehen auch hier davon ab, ob in Wahrheit ein Kunstwerk oder nur eine Pfuscherei erzielt wird, wie sie Shakespeare so unübertrefflich bezeichnet mit den Worten Hamlet's: „Dass ich glaubte, irgend ein Handlanger der Natur hätte Menschen gemacht, und sie wären ihm nicht gerathen." Das gutgerathene unterscheidet sich von dem misslungenen Kunstwerk nur darin, dass die bemalte Fläche, der behauene Block u. s. w. dem Beschauer nicht dasjenige zeigt, was der Künstler ihn sehen lassen wollte.

Gäbe es keine weitere Kunst als Malerei, Plastik, Musik, Dichtkunst und Mimik, so hätten wir eine greifbare Gemeinsamkeit, die Darstellung. Alle die genannten Künste stellen dar, d. h. sie bringen im Hörer oder Beschauer den Eindruck hervor, dass er etwas höre, sehe, erlebe, was ihn nur der Künstler sehen, hören, erleben lässt. Da kommen aber noch zwei, auf welche dieses Merkmal nicht recht passen will. Der antike Tanz suchte zwar ebenfalls durch Körperbewegungen mimisch, rhythmisch und plastisch darzustellen; der moderne zum Theil gar nicht. Und dann ruht der Schwerpunkt schon bei jenem, noch mehr aber bei diesem weniger in der Darstellung als vielmehr in einer gewissen äussern Schönheit gefälliger Bewegungen. Dem modernen Ballet liegt zwar auch noch meistentheils ein darzustellendes Sujet zu Grunde. Aber es wird von Niemandem verlangt, dass er dasselbe aus dem Tanze errathe. Dem Zuschauer wird daher auch meist durch das Programm die Situation gegeben, auf welcher ein angenehmes Spiel schöner Bewegungen und schöner Körper — was nicht zu vergessen ist — sich erhebt. Es kommt dann — in diesem Sinne fasst wenigstens das Publikum die Sache

auf — weniger darauf an, ob das Sujet wirklich durch den Tanz dargestellt wird, als darauf, dass dieser ein Ensemble angenehmer, wohl-
gefälliger Eindrücke bietet. Damit wären wir wieder auf den obigen
räthselhaften Faktor verwiesen. Nicht besser ergeht es uns mit der Darstellungstheorie bei der Baukunst. Was sollte sie darstellen? Denkt man z. B. an einen Strassburger
Münster, so könnte man sagen, er stelle die Idee der Erhabenheit schlechthin, die Allmacht in der Einheit dar; aber wer vermöchte das darzustellen!
Und dann liefert die Baukunst nicht blos Münster und Dome, sondern
auch Tempel, Theater, Landhäuser und noch kleinere und weltlichere
Dinge. Wie beim Tanz kommen wir auch hier auf ein gewisses unsag-
bares Schöne zurück, welches bei der Baukunst in ansprechenden Formen, in der Gliederung des Ganzen in Theile, in Verhältnissen der Grösse
und des Gleichgewichts von Kraft und Last sich zeigt, während es im
Tanze in lebendigen, anmuthigen, ausdrucksvollen rhythmisch geordneten Bewegungen erscheint.

Liegt die Sache dann etwa so, dass der Zweck jener anderen Künste
in der Darstellung, der der Baukunst und des Tanzes aber in einer
Summe schöner Formen, Verhältnisse, Stellungen, Bewegungen in Harmonie, Rhythmus und Rundung beruht? Offenbar nicht. Denn einerseits
überzeugt man sich leicht, dass das Wesen auch der Architektur und des
Tanzes sich hierin nicht erschöpft. Denn wäre es so, dass eine gewisse
Art von Formen und Verhältnissen das Wesen derselben ausmachte, so
müsste sie ja unter allen Umständen befriedigen. Das ist aber keineswegs der Fall. Wir kennen ein kleines Wohnhäuschen in den Motiven
eines gothischen Domes; und wie stünde es um eine Schneiderwerkstatt
nach dem Modell eines griechischen Tempels? Hier wird nicht der Effekt
des Schönen erreicht sondern des Lächerlichen. Derselbe Effekt ist vorhanden, wenn ein Mann in den Pas des Weibes oder umgekehrt tanzt,
oder fremde Tanzformen mit einander combinirt werden.

Also ist die äussere Schönheit auch hier nicht ein constantes unter
allen Umständen gleich wirkungsvolles Moment. Der Zweck, das Schöne
des Tanzes und der Architektur geht nicht auf in diesem Spiel gefälliger
Formen und Verhältnisse, sondern es muss noch etwas hinzukommen, ein
gewisser Inhalt. Und wenn der moderne Tanz dessen entbehrt, oder
wenn er sich mit einem Inhalt belastet, der ihm fremd ist, und den er
daher nicht aus sich selbst ohne künstliche Hilfsmittel verständlich zu
machen weiss, so werden wir dies als eine Entartung auffassen dürfen.
Der Tanz ist keine selbständige Kunst, er beruht auf der Musik und ist
die Darstellung derselben ähnlich wie die Mimik diejenige der Poesie ist.

Was die Musik in Tönen, soll der Tanz in Bewegungen des menschlichen Körpers darstellen. So könnte er noch heutzutage ein sehr wirksames Mittel musischer Darstellung sein, hätte man es nicht vorgezogen, ihn zu einem fast werthlosen Beiwerk sinnlicher Schaulust zu machen. Die Architektur aber, welche zunächst einem praktischen aber allgemeinen und bedeutungsvollen Zwecke dient, macht diesen ihren besondern Zweck zugleich zu ihrem Inhalt, indem sie denselben in dem zu seiner Befriedigung dienenden Mittel darstellt: Ein Haus, der Andacht darin zu pflegen, ein Haus, den segensvollen Frieden des Heimgefühls darin zu empfinden, ein Haus, der Weisheit darin zu dienen. So erscheint auch die Baukunst auf menschliche Stimmungen berechnet, die sie nur auf andern Wegen, mit andern Mitteln als die bildenden und beschreibenden Künste hervorzubringen sucht. Die künstlerische Aufgabe derselben ist erst gelöst, wenn man dem Gebäude seine Bestimmung ansieht, und dass es sich hiebei nicht um einen bloss zufälligen oder conventionellen Zusammenhang zwischen der Kunstform und dem Kunstzweck handelt, ergiebt sich z. B. daraus, dass die buddhistischen Tempelbauten — ohne dass dabei Nachahmung obwaltete — einen dem Style der christlichen Dombauten, wie versichert wird, ziemlich ähnlichen Typus aufzeigen.

Anderseits haben aber auch jene Künste, welche wir oben als die specifisch darstellenden bezeichneten, jenes Element des unsagbar Schönen in Harmonie, Rhythmus, Conturen u. s. w. Der Zauber der Musik beruht fast eben so sehr wie auf dem durch sie beabsichtigten Gefühlsausdruck auf Schönheit des Tones, auf Harmonie des Zusammenklanges und dem wohlgefälligen Rhythmus. Gerade in der Musik ist dieses Moment der formalen Schönheit von erhöhter Wichtigkeit, es hat Zeiten gegeben, deren musikalische Leistungen ausschliesslich auf demselben beruhten, und es gab zu allen Zeiten und giebt nicht am wenigsten jetzt Leistungen, die weiter nichts sind als „tönende Arabesken". Die Musik als Kunst im wahren Sinne des Worts soll über die formale Schönheit hinaus einen seelischen Inhalt haben; sie darf sich innerhalb gewisser Grenzen sogar eine Art von naturalistischer Tonmalerei gestatten, wofür Carriere im zweiten Theile seiner Aesthetik eine Anzahl treffender Beispiele beibringt. Aber sowohl hierin als auch in der charakterisirenden Darstellung besonderer Gefühlsprocesse ist sie durch das Gesetz ihrer formalen Schönheit in enge Schranken gebannt. Man verwirft mit Recht die Tonmalerei, wenn sie die Naturnachahmung auf Kosten der musikalischen Schönheit pflegt, und man tadelt als „Zukunftsmusik" jene Richtung, welche allzusehr bestrebt ist, durch charakteristische Ton-Gruppen und Klänge die Wiedergabe des Inhalts zur Hauptsache zu machen, wobei wir dahin gestellt lassen, ob man diesen Vorwurf gerade der Wagnerschen Musik ganz allgemein mit Recht macht. — Die Münchener „fliegenden Blätter" bringen bisweilen Zeichnungen, die in geraden Strichen oft höchst charakteristisch Thiere, Menschen u. s. w. wiedergeben. Vom Gesichtspunkte der Deutlichkeit und Erkennbarkeit des Dargestellten liesse sich dagegen nicht viel erinnern, desto mehr von dem der Schönheit; und es zeigt sich hieran recht deutlich, welch ein nothwendiges Moment doch auch für die Malerei und Bildhauerei jene sanfte Abrundung, der wohlgefällige Schwung der Linien und Flächen, die Harmonie der Farben, und die angemessene Gliederung des Ganzen und seiner Theile bildet. Erwägt man endlich, dass die Poesie in dem Rhythmus und Gleichmass glatter klangvoller Verse eine ihr unentbehrliche Schönheitsform hat, so verschwindet der Unterschied, der zwischen Tanz und Baukunst einerseits und den übrigen Künsten andrerseits zu bestehen schien, völlig und reducirt sich wenigstens darauf, dass bei der einen Gruppe das Eine, bei der anderen das Andere mehr überwiegt.

II. Stoff und Form.

Hienach findet sich in aller Kunst ein Zwiefaches vor: erstlich ein Etwas, das wiedergegeben, dargestellt werden soll, ein Gegenstand, ein Gefühl, eine Stimmung, eine Handlung u. s. w., zweitens ein gewisser Reiz, etwas Gefallendes in Farbe, Fläche, Verhältniss, Rhythmus u. s. w. Wir nennen dieses letztere Form, weil es gleichsam das Gewand bildet, in welchem jenes erscheinen, zur Anschauung kommen soll, und jenes nennen wir Stoff (Vorwurf, Sujet), weil es das in dieser Form Erscheinende, den Inhalt derselben bildet.

Beides, der Kunstinhalt und die Kunstform, wird in aller Kunst angetroffen, jedoch unterscheiden sich die einzelnen Künste darin sehr wesentlich von einander, wie Inhalt und Form sich zu einander verhalten und einen wie grossen Antheil an der Gesammtwirkung des Kunstwerkes jedes von Beiden in Anspruch nimmt. Ueberwiegend stofflich ist die Poesie. Hier ist der Inhalt die Hauptsache, daher die grosse Mannigfaltigkeit der Formen, unter denen der Dichter fast unbeschränkt wählen kann. Der Epiker z. B. kann in Hexametern, in Ottavrimen, in Terzinen, im Nibelungen-Versmass, in strophenlosen gereimten oder ungereimten Jamben schreiben, ohne dass man sagen könnte, der eine Stoff erforderte dieses, der andere jenes Versmass. Ja selbst die Versform an sich kann

3 *

kaum als nothwendiges Requisit der Dichtkunst bezeichnet werden. Um von den Jean Paul'schen „Streckversen" abzusehen, die wir lieber didaktische Aphorismen als Poesie nennen möchten, so wird man doch einem Hamlet, Götz, Egmont u. A. den Ehrennamen der Dichtung nicht streitig machen und ebensowenig das grosse und namentlich breite Gebiet des Romans ganz ausscheiden wollen. Zwar wird man nicht vergessen dürfen, dass ein Kritiker von so unbestrittener Autorität wie Gervinus für die höchsten Kunstleistungen die Versform fordert. Jedoch fällt es ihm, der dem Shakespeare unbedenklich den Rang des ersten Dramatikers einräumt, nicht ein, den Vers als Merkmal alleiniger wahrer Kunst bezeichnen zu wollen, vielmehr empfiehlt er ihn mehr als Mittel für den Dichter, um ihn vor dem Versinken in prosaische Alltäglichkeit und Frivolität zu bewahren. Aber auch so wird man die Poesie nicht formlos nennen dürfen. Die Prosa des Dichters, auch da, wo sie in die niedrigsten Sphären des Marktes und selbst des Bordelles hinabsteigt, erweist sich immer noch als mass- und schönheitsvolle Form, die eben deshalb, weil das Gemeine und die wirkliche Alltagsprosa hier so nahe liegen, für den Stümper und selbst für ein nicht verächtliches Talent um vieles schwerer zu handhaben ist, als die des schwungvollsten Verspathos. Ein tüchtiges Talent wird dem unsterblichen Shakespeare vielleicht eher auf den höchsten Höhen seines Kothurn als in den ausgelassensten Soccussprüngen seiner Fallstaffiaden und Aehnlichem nahe kommen.

Die Poesie ist somit die formenloseste oder formenfreieste Kunst. Der Inhalt überwiegt ganz, die Form tritt zurück und geht namentlich in der dichterischen Prosa fast ganz in dem Inhalt auf. Dagegen tritt bei allen übrigen Künsten die Form mehr und mehr als etwas Selbständiges hervor, sodass sie im Tanz und der Architektur fast den Inhalt verdeckt. Am nächsten in der Formenfreiheit steht der Poesie die Mimik. Fast nicht minder als dem Dichter stehen dem Schauspieler alle Formen des Lebens zur Verfügung. Der Schauspieler hat sich, wie es scheint, nur der vollen Natürlichkeit zu überlassen, je natürlicher er spielt, um so wahrer, um so besser, kaum scheint hier von einer besondern Kunstform die Rede sein zu können. Dennoch ist eine solche vorhanden, selbstverständlich zunächst die allgemeine der Poesie, aber auch ausserdem ist noch eine speciell mimische Formenschönheit nicht zu verkennen. Ansprechende körperliche Gestalt, wohlklingendes Organ, nicht nur correkte sondern sogar schöne Aussprache, edle Bewegungen, abgerundete Geberden, ausdrucksvolles Mienenspiel, das sind Anforderungen, die selbst einem mittelmässigen Schauspieler nicht erlassen werden können. Die Komik, namentlich die niedere in der Posse, darf in der Nichtachtung der schönen Form sehr weit gehen, aber wenn sie überhaupt noch Kunstgattung bleiben und nicht vollends zur faden Possenreisserei, zur grinsenden Grimasse herabsinken will — ein Aeusserstes, welches sie leider nicht immer vermeidet — so muss sie sich unzweifelhaft einen guten Theil solcher Formenstrenge bewahren.

In der Malerei tritt das formale Moment in Zeichnung und Colorit als Linie und Farbe in voller Selbständigkeit hervor, aber noch überwiegt der Inhalt. Selbst in Frucht- und Blumen-Stücken, bei welchen auf die Behandlung ein grösseres Gewicht fällt, ist das Gefallende doch immer die Treue der Nachahmung, das Blinken des Weins im Glase u. dgl. Wirkliches Vorwiegen der Form darf hier immer als Fehler bezeichnet werden.

Fast völlig, wo nicht genau im Gleichgewicht stehen Form und Inhalt in der Musik. Man würde in Verlegenheit sein, wenn man sagen sollte, was mehr dazu beiträgt der Musik ihre bekannte die Seele zugleich erregende und beschwichtigende Wirkung zu verleihen: die dem Ohre schmeichelnde Reinheit des Tons, der ins Gefühl fallende Rhythmus, die das Nervensystem befriedigende Harmonie der Accorde einerseits oder andrerseits ein Gefühlsinhalt, von dem man sich nur selten klare Rechenschaft zu geben weiss. Offenbar beruht hier Eins auf dem Andern, was wir Tonform nannten, ist zugleich Toninhalt und umgekehrt. Eine schöne Melodie ist es nur dadurch, dass sie eine bedeutende ist und wir wüssten keine Melodie von Bedeutung, die nicht auch schön wäre. Der einfache isolirte Accord bleibt ein blosser Sinnen- und Phantasie-Genuss. Die Bewegung der Stimmen in fortschreitenden Accorden dagegen kann nur befriedigen als musikalischer Gedanke.

Bei der Bildhauerei beginnt die Form den Stoff deutlich zu überwiegen. Die Charakteristik, das Ausdrucksvolle, welches in Poesie und Mimik die Hauptsache, in der Malerei noch sehr wichtig ist, in der Musik schon sehr zurück tritt, hat hier aufgehört, eine Schönheit zu sein und ist eher ein Tadel. Hier gilt Winkelmann's fast berüchtigt gewordnes Wort, welches für die übrigen Künste geradezu falsch ist, dass die Schönheit sein solle: „wie das vollkommenste Wasser, aus dem Schosse der Quelle geschöpft, welches, je weniger Geschmack es hat, desto gesünder erachtet wird." Der Inhalt ist hier zum Typus verallgemeinert. Selbst der Unterschied der Geschlechter und der Lebensalter erscheint einem so vollendeten Kenner wie Winkelmann für das Schönheits-Ideal noch zu concret und er findet letzteres in höchster Vollendung in einem alle Unterschiede in sich aufhebenden nahezu hermaphroditischen Gattungstypus. Der gleichsam architektonische Bau des jugendlich schwellenden, überall

sanft abgerundeten menschlichen Körpers ist für die Sculptur fast alles.
Zwar sie kann und soll diesen Körperformen Handlung und Gedanken
leihen, sie kann und soll selbst naturalistisch in anatomischer Treue in
der Stellung und Behandlung der Muskulatur den Ausdruck der Seele
zeichnen. Aber sie darf nur solche Stimmung und Handlung zum Vorwurf wählen, der sich in schön gegliedertem Aufbau der Körperformen
getreu darstellen lässt. Der borghesische Fechter stellt schon das äusserste
Mass des zu Wagenden dar.

Dass der Tanz fast nur ein Spiel anmuthiger Bewegungs- und Körperformen ist, haben wir bereits erwähnt. Weit überwiegend hat hierin wohl
zu allen Zeiten der Schwerpunkt seines Kunstwerths beruht. Seine Form
setzt sich zusammen aus der rhythmischen der Musik und der plastischen
der Sculptur und ist daher schwerer und sinnenfälliger als beide. Dass
der Tanz, wofern er überhaupt auf den Rang einer Kunst Anspruch
machen will, sich den Charakter musischer Darstellung bewahren müsse,
ist bereits erwähnt. Immer aber tritt, und zwar noch weit mehr als in
der Bildnerei, die darzustellende Handlung hinter die formale Schönheit
der rhythmisch-plastischen Bewegung zurück.

Die Baukunst endlich, welche man nicht ohne Feinheit „eine ge-
frorne Musik" genannt hat, gleicht der Musik allerdings darin, dass der
Inhalt ganz in der Form aufgegangen ist, aber diese Form ist nicht mehr
die flüssige Form der durch ihr Gefühl auf und ab bewegten Seele, sondern ganz im Material erstarrt. Hier herrscht ganz absolut das Gesetz
der Schwere, die Proportion der Linien und Bogen, die Wechselwirkung
von Kraft und Last. Als Inhalt bleibt nur noch der Zweck, welchem
sich die Materie zwar freiwillig aber doch in voller Autonomie und
Selbständigkeit unterordnet.

12. Materialismus und Formalismus.

Wir haben somit gesehen, dass in aller Kunst sowohl ein Kunstinhalt als auch eine Kunstform angetroffen wird. Stoff und Form stellen
sich danach wie zwei Pole der Kunst dar, zwischen denen die einzelnen
Künste in der von uns angegebenen auf- und absteigenden Reihenfolge
gravitiren. Daraus folgt unzweifelhaft, dass beide der Kunst nothwendig,
es folgt aber nicht, dass beide derselben gleich wesentlich seien. Eins
oder das Andere könnte auch zu demjenigen gehören, was der Logiker
essentialia attributiva, d. h. zu denjenigen Merkmalen, welche ohne

grundwesentlich (essentialia constitutiva) zu sein, mit denselben als ihr nothwendiger Ausfluss verknüpft sind. Es könnte z. B. um das Gesagte auf die Kunst anzuwenden, etwa alle Kunstform die nothwendige Erscheinungsart des Kunststoffes oder aller Kunstinhalt das nothwendige Substrat, an welchem die schöne Form haften müsse, bilden.

Dies ist leider nicht bloss eine spitzfindige Schulfrage, und wir nähern uns mit derselben nicht ohne Zagen Problemen von höchst entscheidender principieller Bedeutung. Ueber die Frage, ob das Wesen der Kunst ausschliesslich oder überwiegend in der Form oder im Inhalt beruhe, haben die grossen Denker und Künstler aller Zeiten im entgegengesetzten Sinne geurtheilt. Der Ariadnefaden dieser Frage, den wir im vorigen Kapitel klar zu legen gesucht, geräth dadurch sofort wieder in Verwirrung, dass man an dem, was wir Inhalt nannten, formale Momente entdeckt und allen Inhalt unter der Herrschaft geistiger Formen gefunden hat, womit sich dann die Herrschaft der Form über das ganze Kunstgebiet erweitert.

Doch das ist bis auf die neueste Zeit Gegenstand einer fast erbitterten Controverse geblieben. Man nennt die Verfechter eines selbständigen, grundwesentlichen Inhalts der Kunst (und des Schönen) Materialisten (natürlich in einem ganz andern als dem gewöhnlichen Sinne dieses Worts) und diejenigen, welche alle Schönheit auf die Form zurückführen, Formalisten. Plato, der Homer der Philosophie, umfasst beide Richtungen oder wenigstens die deutlichen Ansätze derselben und zwar dergestalt, dass er zwischen beiden eine bestimmte Entscheidung nicht getroffen zu haben scheint. Die formalistische Seite vertreten der Hippias, falls er echt ist, der Philebos und der Timäus, die stofflich-ethische der Phädrus, das Gastmahl, die Republik. Die Versuche, die platonischen Lehren in ein einheitliches ästhetisches System zu verschmelzen, haben uns wenigstens nicht zu überzeugen vermocht. Plato's grosser Schüler, Aristoteles, hat überwiegend die formalistische Seite seines Meisters fortgebildet. Ihm ist die Mehrzahl der Aesthetiker gefolgt, darunter Namen von solchem Gewicht und Klang, dass man ihrer Autorität nur schwer sich entziehen kann. Reine Formalisten sind: Augustinus, Baumgarten, Sulzer, Hogarth, Winkelmann, Mengs, Lessing, Kant, Schiller, Herbarth, Hanslik (speciell für die Musik); entschiedene Materialisten dagegen: Plotin, Herder, Schlegel, Schelling, Schopenhauer und die ganze Hegelsche Schule mit ihren bedeutenden Aesthetikern Weisse, Solger, Vischer, Rosenkranz, während Andere wie Horaz, die französischen Aesthetiker Boileau, Batteux, Diderot, Cousin, die englischen Sensualisten und Intellektualisten, Göthe, Schleiermacher

u. A. zwischen beiden Gegensätzen weniger entschieden Stellung genommen haben. Uebrigens haben auch die strengeren Formalisten und Materialisten ihre Theorien nicht immer mit Consequenz aufrecht zu erhalten vermocht, wie z. B. Winkelmann und Mengs ihren fast starren Formalismus mit der platonischen Einheit des Guten und Schönen zu vereinigen suchen. Natürlich kann es nicht unsere Absicht sein, hier des Näheren auf die bezüglichen Lehren der genannten Aesthetiker einzugehen, weil dieselben durchgängig entweder als Consequenzen ihrer ästhetischen und metaphysischen Systeme oder wohl gar als selbstverständliche und an sich einleuchtende Voraussetzungen vorgetragen werden. Einen wirklichen thatsächlichen induktiven Beweis für die eine oder andre Seite der Frage würde man am ehesten von den Engländern der Art ihres Philosophirens nach haben erwarten können, indessen haben sie sich damit begnügt, den subjektiven Grund der Schönheitsempfindungen zu untersuchen, ohne, was hier entscheidend in Betracht kommt, das Verhältniss derselben zum Objekt abschliessend klar zu legen. Da wir weder ein System, an welches wir uns lehnen könnten, zur Hand haben, noch Principien von solcher Tragweite unbesehen für richtig annehmen können, so müssen wir versuchen, durch Vergleichung gegebener Thatsachen für die eine oder andere Seite der Frage uns ein Urtheil zu bilden. Unsrer Methode getreu, werden wir dabei aus dem Vorrath der Thatsachen uns dasjenige auslesen, was allen Künsten gemeinsam ist, und die so gefundenen einzelnen, der gesammten Kunst angehörigen Momente darauf näher ansehen, ob und in wie weit dieselben sich auch ausserhalb der Kunst wiederfinden, in welchem Falle sie offenbar nicht zu den grundwesentlichen Eigenthümlichkeiten sondern nur zu deren nothwendigen Requisiten d. h. zu ihren Erscheinungsformen oder Erscheinungsmitteln gehören könnten.

Zweites Buch.

Untersuchung der einzelnen Momente der Kunst.

Erste Abtheilung.   Formale Momente.

13. Angenehme Sinnlichkeit.

Die Malerei bietet unserm Auge frische, reine, helle und wohlthuend abgedämpfte Farben, die Musik dem Ohre wohlklingende, lebhaft schallende oder sanfte liebliche Töne, die Plastik und die Architektur suchen dem Auge durch saubre Glätte der Flächen, die Dichtkunst dem Ohr durch die Klangfülle des Worts zu gefallen, Tanz und Mimik durch eine mehr combinirte Sinnlichkeit zu reizen. Alles dies fällt unmittelbar befriedigend in die Sinne, reizt dieselben zu einer ihrer natürlichen Organisation entsprechenden Thätigkeit und erweckt dadurch unser Wohlgefallen, wird uns angenehm. Andere Sinnesreize werden den Sinnesorganen nicht unmittelbar, sondern durch die Vermittelung der Vorstellungen unsrer Phantasie vorgeführt, z. B. die dem Tastgefühl wohlthuende weiche warme Glätte der Oberfläche, die zur Betastung reizt, daher die wohlangebrachte Warnung „man bittet, die Kunstgegenstände nicht zu berühren", oder wenn Dichter schöne Gewänder, köstliche Speisen, die Reize körperlicher Schönheit u. dgl. schildern oder Maler und Bildhauer solches zeigen. Alles dieses bildet zusammen genommen die Sphäre des Sinnlichangenehmen, welches, wie wir sehen, somit ein in jeder Kunsterscheinung wiederkehrendes Moment bildet. Man nennt dies das Angenehme. Dasselbe ist in der Kunst von hoher Wirkung und unentbehrlich. Was für einen Unterschied in der Wirkung macht es z. B. ob derselbe Gegenstand von desselben Künstlers Hand gearbeitet sich uns zeigt in der stumpfen Oberfläche des Thonmodells oder des todten Gipsabgusses, wo fast nur der Eingeweihte sich der Vollendung der Formen und der Ausgestaltung des Inhalts in demselben bewusst zu werden vermag, oder ob uns dasselbe Werk entgegentritt in dem milchigen Schimmer des Marmors oder dem Metallglanze des Erzes. — In der Malerei ist die rein sinnliche Wirkung der Farbe von bedeutendem Effekt. In glühender Pracht und Frische der Farben fand z. B. die venetianische Schule, namentlich in den Werken ihrer Hauptvertreter: Giorgione, Tizian, ihre eigenthümlichen Vorzüge. In der Gegenwart ist diese Richtung durch den Vorgang der Franzosen zu erhöhter Geltung gekommen. Eine Musikaufführung ist um soviel gelungener, je vollkommener, unter übrigens gleichen Umständen, die Tonbildung ist. — Mit welcher Vorliebe verweilt doch selbst ein Homer bei reichlichen Opferschmäusen, funkelndem Weine, erquickenden Bädern, schönen Gewändern? Und wer wollte läugnen, dass die Schilderung dieser sinnlichen Wohlgefühle erheblich mit dazu beiträgt, über die einzelnen Scenen jenen Zauber der Behaglichkeit auszugiessen. Umgekehrt, was ist z. B. ein Bild, und sei die Darstellung im Uebrigen noch so gelungen, in verschwommenen schmutzigen Farben oder eine Beethovensche Symphonie auf verstimmten Instrumenten in unreinen Tönen.

Trotz alledem liegt es auf der Hand, dass die angenehme Sinnlichkeit der Kunst keineswegs eigenthümlich ist, da wir dieselbe ausserhalb der Kunst sowohl in viel reicherer Mannigfaltigkeit als auch von viel einschneidenderer Wirkung wieder finden. Ueberdies werden solche Werke, die ausschliesslich oder überwiegend auf solche sinnliche Wirkung berechnet sind, nach allgemeinem Einverständnisse verworfen; es wird die Würde der Kunst ihnen aberkannt. Es braucht hier bloss an die coloristische Ausartung der französischen Schule erinnert zu werden. Es leuchtet ein, dass die angenehme Sinnlichkeit, so unentbehrlich sie für die Kunsterscheinung sein mag, an dem eigentlichen Wesen der Kunst dennoch keinen oder doch nur einen untergeordneten Antheil haben kann.

14. Aesthetisches Wohlgefallen.

Schon deshalb kann die angenehme Sinnlichkeit nicht wesentlich sein, weil sie abgesondert für sich wenigstens nicht dauernd befriedigen kann. Wenn wir uns auch für den Augenblick an einer einzelnen Farbe, dem einzelnen Tone erfreuen, so bezeichnet doch gerade der Begriff des Eintönigen das Ungenügende und Langweilige solcher einfachen Empfindung. Die sinnliche Empfindung kann nur gefallen, indem sie in Combinationen zusammen tritt. So bilden sich Reihen von Tönen, Zusammenstellungen von Farben, ein Fluss von Linien und Flächen, Wechsel und Abstufung von Licht und Schatten, Gliederung des Ganzen in Theile u. s. w. So hat die Musik den Rhythmus, den Takt und die Harmonie der Töne, die Malerei sanfte, geschwungene Contouren, Verhältniss von Licht und Schatten und die Harmonie der Farben, die Poesie den rhythmischen Fluss und gleichmässigen Fall der Verse, die Bildhauerei die Rundung der Flächen, die ebenmässige Gliederung der Theile zum Ganzen, die Architektur, eben diese und das Gleichgewicht von Kraft und Last. Ueberall haben wir es hier nicht mit einzelnen sinnlichen Vorstellungen sondern mit Combinationen derselben zu thun, wie sie der vorstellenden Seele, Phantasie, zusagen, dem vorstellenden Vermögen der Seele angemessen sind. Der einfache sinnliche Empfindungsreiz ist, gegen diese anmuthende Combination, zur blossen Form herabgesunken, die erst an jener ihren Inhalt erhält.

Dieses ästhetische Wohlgefallen nun, welches unsre sinnliche Anschauung ($\alpha i\sigma\vartheta\eta\sigma\iota\varsigma$) aus solchen Verhältnissen und Combinationen angenehmer Sinnesreize entnimmt, bildet gewiss ein sehr nothwendiges Moment aller Kunst, was wohl nicht erst des Beweises bedarf. Es bildet dies recht eigentlich die Sphäre der rein formalen Schönheit, welche wir oben durch die Reihenfolge der verschiedenen Künste in ihrer mehr oder minder hervorragenden Bedeutung verfolgt haben, weshalb wir hier nicht weiter darauf eingehen. Aber als eine Wesenseigenthümlichkeit derselben kann es ebenso wenig gelten als die angenehme Sinnlichkeit. Denn ebenso wie diese finden wir es ausserhalb nicht minder als in der Kunst. In einem Rhythmus fallen die Hammer des Schmieds, der Hobel des Tischlers, der Flegel des Dreschers, ebenso wie der spielende Finger des Gedankenlosen oder Gedankenvollen. Symmetrie beherrscht in gleicher Weise jedes Thun, die Ordnung der Sächelchen auf einem Nippestische und die Aufstellung der Schüsseln auf einer Tafel. Die Harmonie der Farben bildet für die Toilette und die Ausstattung unsrer Zimmer ein wichtiges Gebiet des Geschmacks.

Wir haben auch Kunstformen, welche sich lediglich auf diesem Gebiete des Aesthetischen bewegen: in der Malerei und Bildhauerei, die Arabeske, sofern man sie, wie bisweilen geschieht, nicht als ornamentales Hilfsmittel sondern als selbständiges Werk behandelt, eine Reihe anmuthig geschwungener Linien und Formen, die nach einer gewissen mannichfaltigen Regel fortlaufen. Etwas Aehnliches ist der Tanz, wenn er, wie heutzutage so oft, nur eine Gruppe graziöser Bewegungen zeigen soll, und die Musik, wenn sie nur in Wohllaut und Harmonie sich ergeht. Aber gerade hieran sehen wir recht deutlich, dass das blosse ästhetische Wohlgefallen das Essentiale der Kunst nicht ausmacht. Denn kein einsichtiger Kritiker wird ein solches Machwerk für Musik, Tanz, Bildwerk oder Gemälde im wahren Sinne des Worts erklären. Im Gegentheil bedeutet die Bezeichnung des Arabeskenhaften auch in andern Kunst-Gattungen, dass das wahre Wesen der Kunst nicht erreicht sei, wie z. B.

wenn ein dichterisches Werk in eine Reihe einander ausserwesentlicher
Scenen und Figuren zerfällt, z. B. ein sogenanntes Schubladenstück.
Wie der angenehme Sinnesreiz nur die Form bildet für das ästhetisch Wohlgefällige, so bildet auch dieses wiederum keinen selbständigen
Kunstzweck, sondern ist gleichfalls eine blosse Form die auf einen Inhalt
angewiesen ist, durch den sie allein künstlerischen Werth erhält. Dasjenige nun, was zu der anmuthigen ästhetischen Form hinzukommen
muss, um sie zur Kunstform, zum Kunstwerk zu machen, ist die Darstellung.

Zweite Abtheilung.   Die Darstellung.

15. Gemeine und künstlerische Darstellung.

Wenn alle Kunst darstellt, ist dann jede Darstellung Kunst? Ist das
schon ein charakteristisches Merkmal der Kunst, dass sie darstellt, ist es
die Kunst allein, welche darstellt? Gewiss nicht. Darstellen heisst, durch
sinnliche Mittel die Vorstellung eines den Sinnen nicht Gegenwärtigen
erwecken. Das ist aber ein sehr allgemeines Thun. Die Wissenschaft,
der Portraitist, der gewöhnlichste Erzähler, sie alle stellen Dinge, Personen, Zeiten, Ereignisse dar. Die Darstellung kann geschehen durch
das Wort — geschrieben oder gesprochen — Mienen, Geberden, Zeichnung, geformte Bilder u. s. w. Darin ist kein Unterschied zwischen der
künstlerischen und der gemeinen Darstellung; und jedes Mittel der einen
kann auch für die andere verwendet werden. Gemeinsam aller Darstellung ist ferner das, dass das Darzustellende gewissermassen geordnet,
unter einheitliche Gesichtspunkte gebracht und von allem Uebrigen abgesondert werde. Auch das würde nicht hinreichen, beide von einander
zu unterscheiden, dass die Kunst in die Form angenehmer Sinnlichkeit
und ästhetischen Wohlgefallens gekleidet wird; denn auch diese Formen
können z. B. guten Bauzeichnungen, wissenschaftlichen Abhandlungen
zukommen, ohne dass man dieselbe deshalb Kunstwerke nennen könnte.
In dem sogenannten Lehrgedicht haben wir ja sogar eine Darstellung
lehrhafter Stoffe, welche jene formalen Kunstmomente durchaus für sich
in Anspruch nimmt; und doch glauben wir mit unserm Urtheil nicht allein
zu stehen, wenn wir dasselbe als Kunstgattung im strengen Sinne des
Worts nicht anzuerkennen vermögen.

Trotz so vieler Gemeinsamkeiten — denn auch im Gegenstande werden wir keinen Unterschied ausfindig machen — besteht in der Art und Weise des Darstellens zwischen beiden ein so schneidender Unterschied, dass, was für die eine gut, für die andere schlecht ist und umgekehrt. Zwar die französischen Kritiker des vorigen Jahrhunderts wussten für eine poetische Diktion kein höheres Lob als: c'est beau comme une belle prose. Aber wir zweifeln, ob die heutigen Franzosen diese Phrase noch unterschreiben möchten. Es mag sein, dass dieselbe für die ältere französische Literatur berechtigt war, für die romantische ist sie es schwerlich, doch sind wir zu wenig Kenner in der Sache. Gewiss ist aber, dass, wenn ein Engländer, Italiener oder Deutscher in der Sprache Shakespeare's, Dante's, oder Schiller's Glocke schriebe, man ihn für alles Andere eher, als für einen guten Prosaiker halten würde; und wenn Lessing's Dichtungen ein Tadel trifft, so ist es sicherlich der, dass seine Verse bisweilen zu sehr an seine brillante Prosa erinnern.

16. Die Illusion.

Diese Besonderheit der künstlerischen Darstellung besteht hauptsächlich in dem, was man gemeinhin Illusion nennt. Denn das ist etwas, was unstreitig allein der Kunstdarstellung zukommt, dass sie auf Täuschung berechnet ist, dass sie mit dem Anspruche auftritt, nicht eine Phantasievorstellung, sondern ein wirkliches Erleben, eine unmittelbar vom Gegenstande ausgehende Vorstellung zu geben, also den Sinn des Empfängers durch eine Täuschung gefangen zu nehmen. Der Gelehrte sagt uns: Ihr kennt jenes Ding nicht, gut, ich will es Euch beschreiben, so dass Ihr eine deutliche Vorstellung davon bekommen sollt; und dann giebt er uns Begriffe und Merkmale, weist uns eine Zeichnung, die uns Formen, Farbe und Grösse zeigt u. s. w. und aus alle dem setzen wir uns ein Bild des Gegenstandes nach und nach zusammen.

Der Künstler sagt: Wollt Ihr das und das sehen? Seht her, hier ist es. Und damit zieht er den Vorhang weg. — Ja wahrhaftig, da ist es, da liegt es vor uns, das schauerlich majestätische Eis der Gletscher, die hehre Einsamkeit des Waldes mit seinem geheimnissvollen Rauschen über der duftigen Moosdecke. Dort grast eine Rinderheerde, wie behaglich hier jedes Maulvoll des saftigen Grases gerupft, mit welcher Gemüthsruhe dort wiedergekäut wird. — Hier die Schlacht. Wie diese Reiterschaar heranbraust, die geschwungenen Säbel, die fliegenden

Mähnen, die funkelnden Augen, die todtenfahle Wange! Und was ist das für ein Gerüst? Ist das wirklich bloss ein Bretterhaufen? Sind das bloss bemalte Comödianten? Nein, da tobt wirklich ein wahnsinniger König, schleicht ein Mörder mit Gift und Dolch, hier verleumdet die Missgunst, dort leidet die Unschuld. Jener englische Pächter, der dem Burbadge, nach der Vorstellung Richards des Dritten, als dem ausgemachtesten Schuft von England und Wales eine herzhafte Prügelsuppe zugedacht hatte und Zwickauer im Theater seine Rührung mit der Erwägung bemeisternd: „Im Grunde genommen, was geht die ganze Sache mir an?" sind nur etwas frappantere Beweise für die fesselnde Macht der Täuschung, welche die Kunst, wie nichts anderes besitzt.

Diese wohlgefällige Täuschung treffen wir in jedem Kunstwerk an; es ist in dem Grade mehr Kunstwerk, als es ihm gelingt, den Beschauer ganz und gar aus sich und seiner Umgebung heraus und in eine ihm fremde Atmosphäre zu versetzen, ihn alles Andere für den Augenblick rein vergessen zu machen. Nach dem, was von den Alten überliefert wird, dürfen wir glauben, dass auch der Tanz als mimisches Hülfsmittel musischer Darstellung diese Wirkung erreichte, den Zuschauer im Geiste ganz und gar in die dargestellte Situation hineinzuversetzen. Und wenn wir von dem Eindrucke eines schönen Bauwerkes sagen: „es packt uns," so meinen wir damit eben dies, dass wir von ihm gefesselt und uns selbst entrückt dastehen. Es ist nicht der Marmor oder Granit, nicht die so oder so angeordnete Gestaltung, vor der wir uns selbst verlieren, sondern es ist das, dass wir etwas wahr und wahrhaftig erleben, etwas, das mehr ist, als das todte Material.

Dennoch kann diese Art täuschender fesselnder Darstellung, wie werthvoll und unentbehrlich sie auch der Kunstdarstellung ist, nicht dasjenige sein, was wir das Schöne nennen, das Wesen, die Materie der Kunst. Wir wenigstens gestehen, dass solche lobpreisende Ueberlieferungen, wie die von der Kuh des Myron, die so natürlich aussah, dass ein Tiger sie anfiel, oder von dem Vorhange, den Zeuxis über ein Gemälde des Parrhasius malte und dieser wegziehen wollte, uns wenig imponiren. Auf die blosse Nachahmung, die nur auf Täuschung berechnet ist, passt offenbar der Laconismus des Königs Agesilaus, der einem Künstler, der sich vermass, die Stimme der Nachtigall ganz natürlich nachzuahmen, zur Antwort gab: „Mein Freund, ich habe die Nachtigall selbst gehört." Der blosse Umstand, dass wir getäuscht werden, genügt offenbar nicht den Eindruck hervorzubringen, den ein wahrhafter Kunstgenuss bietet. Getäuscht werden wir z. B. durch die Taschenspielerei noch viel mehr, als durch die Kunst. Die eigentliche Wirkung der

Illusion kann nicht auf der Täuschung beruhen, sondern nur darauf, dass sie das Schöne, welches wir zu erleben glauben, dadurch unserm Gefühle näher bringt. Aber der eigentliche Kunstgenuss kann nur von dem scheinbar Erlebten ausgehen.

Dazu kommt, dass wir eine solche Täuschung nicht bloss in dem Kunstgenusse, sondern in jedem Genusse wiederfinden. Dasjenige, was wir geniessen, ist niemals ganz das, was wir zu geniessen glauben, und der Genuss hört auf, sobald das Genussmittel in seine wirklichen Bestandtheile zergliedert wird. Es wäre leicht, dies durch alle möglichen Arten des Genusses zu verfolgen. Der Hausfrau oder Köchin, welche eine Speise bereitet, schmeckt dieselbe bei weitem nicht so, als demjenigen, der sie fertig angerichtet und appetitlich auf dem Tische sieht, und wie leicht es ist, durch Analyse Jemanden den Appetit zu verderben, ist bekannt. Ein junger Mediciner rühmte sich im Besitze eines Heilmittels gegen die Liebe zu sein; das Specificum bestand darin, dass er seinen Patienten rieth, sich den Gegenstand ihrer Seufzer in gewissen natürlichen Verrichtungen vorzustellen. Solchem platten Cynismus liegt doch auch ein Körnchen Wahrheit zu Grunde, und die Frauen wissen sehr wohl, wieviel sie dem Manne gegenüber verloren haben, sobald sie „die Illusion zerstören". — Wer ferner jede Handlung auf ihre Motive mikroscopisch untersuchte, würde an dem Menschen nicht viel Bewunderungs- und Liebenswürdiges finden. — Denn es ruht überhaupt auf allen Dingen, an denen unser Herz Freude hat, ein zarter geheimer Duft, wie der Farbenstaub auf dem Flügel des Schmetterlings, wie die Blume auf dem Wein; man thue sie hinweg, und was übrig bleibt, ist schal, gemein, nüchtern. Für unsre Phantasie ist eine gewisse Nöthigung vorhanden, die Dinge, denen wir Werth beilegen, mit einer Art von Nimbus zu umkleiden, diejenigen Eigenschaften, welche sie haben sollen, an ihnen vorauszusetzen und ihnen hinzuzudichten.

Die Täuschung durch die Kunst ist allerdings handgreiflicher, absichtlicher als diejenige, welche wir unmerklich und unwillkürlich im beschaulichen Genusse uns bereiten. Aber ihrem innern Grunde und ihrer wesentlichen Wirkung nach sind beide durchaus gleich. Wir werden das weiter unten noch näher zu erörtern haben.

17. Das Idealisiren.

Wenn nach dem Bisherigen klar ist, dass weder das Geschäft des Darstellens an sich, noch die besondere Art der Kunstdarstellung, die

Illusion die Materie, den Inhalt der Kunst ausmacht, und da wir nach
dem Wesen der Kunst unter den formalen Momenten vergeblich uns
umsehen, so bleibt Nichts übrig, als jetzt den Kunststoff (Sujet, Vorwurf, Fabel) des Näheren zu untersuchen. Aus unsrer obigen Bestimmung
des Zweckes der Kunst als einer Darstellung folgt, dass das Darzustellende, der Kunststoff etwas ausserhalb der Kunst liegendes sein
müsse. Denn offenbar müsste, wenn die Kunst einen besondern, ihr
allein zukommenden Inhalt hätte, den sie in sich selbst fände und aus
sich selbst hervorbrächte, unsere Definition des Darstellens falsch sein.
Das wäre nun freilich nicht undenkbar, weil irren menschlich ist; auch
ging unsre frühere Aufstellung eigentlich nicht weiter als dahin, dass
alle Kunst ausser der wohlgefälligen Form einen Inhalt habe, und, wenn
wir diesen Inhalt vorläufig Darstellung nannten, so ist damit eigentlich
noch nicht einmal ausgeschlossen, dass das Darzustellende etwas der
Kunst allein angehöriges sein könne. Wir haben daher der Frage näher
zu treten, ob es einen besonderen Kunstinhalt giebt. Im Gegensatz zur
Kunst nennen wir dasjenige, was nicht Kunst ist, Wirklichkeit oder
besser Natur. Die Frage spitzt sich daher dahin zu, ob die Kunst die
Natur darstelle oder etwas Anderes. Da finden wir denn wiederum
einen ähnlichen Widerstreit der Meinungen, wie bei den uns beschäfti-
genden Hauptfragen: Gesetz oder Freiheit, Materialismus oder Formalismus, deren Beantwortung wir einstweilen vertagt haben; die jetzige
Antithese lautet: Idealismus oder Naturalismus.

Dass der Künstler Idealen folgen müsse, ist einer jener sprichwört-
lichen Grundsätze, deren Wahrheit nicht mehr bezweifelt zu werden
pflegt. Unter Ideal versteht man aber gerade ein Etwas, das in der
Natur nicht anzutreffen ist. Und doch wiederum erhebt sich von Alters
her die Forderung, die Kunst solle die Natur nachahmen. Schon Plato
und Aristoteles bestimmen das Wesen der Kunst als μίμησις. Seitdem
hat es wohl keinen Aesthetiker gegeben, der das Gebot der Naturnachahmung gänzlich verworfen hätte, wenngleich es nicht zwei giebt, die
ihm gleichen Werth und gleiche Bedeutung beimessen. Offenbar stehen
wir hier abermals vor einem Widerspruche. Einerseits soll die Kunst
dem Ideal nachstreben, d. h. einem Etwas, das in der wirklichen Natur
nicht anzutreffen ist, während sie andrerseits nach Treue der Nachahmung Natur-Wahrheit streben soll. Und doch liegt auch hier wieder
die Sache so, dass es nicht thunlich erscheint, eins der Glieder des
Gegensatzes ganz aus der Welt zu schaffen.

Denn wenn auch alle Welt darin einig ist, dass die Kunst nachahme,
so sind doch wenigstens alle auch nur halbwegs einsichtigen Kritiker

darüber eins, dass die blosse Nachbildung der Wirklichkeit erst recht nicht Kunst sei. In einem gewissen Lustspiel werden uns, um einen Gasthof recht natürlich darzustellen, Handlungsreisende vorgeführt, welche eine Auswahl gerade solcher Spässe, wie sie die Jünger Mercurs in einem Gasthofe aufladen, um sie im andern abzulagern, zum Besten geben. Dies nennt man nicht Naturtreue, sondern pfuscherhafte Copisterei. — Eine Erzählung, die ein gewisses Ereigniss haarklein wiedergiebt, ist ist darum noch keine Ilias oder Mahabarata. Shakespeare hat seinen Hamlet dem Saxo Grammatikus, seinen Julius Cäsar dem Plutarch nacherzählt; aber wir sind nicht zweifelhaft, auf wessen Rechnung allein das Kunstwerk zu setzen sei. Dante mochte hinsichtlich der Anlage und des Inhalts seiner göttlichen Comödie manches dem Tresoretto, seines Lehrers Brunetto, entlehnt haben und doch ist er ausser aller Gefahr, als Plagiarius angesehen zu werden. Schiller ging bekanntlich mit seinen Stoffen nichts weniger als ängstlich um. Von ihm ist auch der Ausspruch, dass für den Künstler der Stoff gar nichts, die Art der Darstellung alles sei. Dass die Photographie das Portrait-Gemälde nicht verdrängt hat, wie hie und da befürchtet wurde, hat die neueste Erfahrung gezeigt, ebenso weiss Jedermann, dass eine photographirte Aussicht keine Landschaft giebt. Man könnte vielleicht einen Menschen mit Haut und Haar in Gips oder Wachs abformen. Das wäre schwierig, aber es müsste die pünktlichste Treue der Nachahmung dadurch erzielt werden. Kein vernünftiger Mensch denkt daran, denn ein solches Ding würde niemals eine Bildsäule werden. Das alles sind Thatsachen, welche dafür sprechen, dass die blosse Reproduktion einer gegebenen Wirklichkeit nicht das Wesen der Kunst ausmacht, dass der Künstler etwas dabei thut, was die blosse Nachahmung erst zur Kunstdarstellung erhebt.

Auf der andern Seite sieht es mit dem Ideal nicht minder misslich aus, als mit der Nachahmung. Ideal! das klingt so schwärmerisch. Welcher Jüngling, welche Jungfrau hätte, nicht Ideale. Wie sollte der Künstler, der ewig jugendliche Genius nicht in Idealen leben, nach ihnen streben. Aber hier handelt es sich nicht um jugendliche Schwärmerei, sondern darum den Dingen und Begriffen hübsch nüchtern in's Gesicht zu sehen. Was heisst das Ideal? Im gewöhnlichen Sprachgebrauch meint man damit wohl die Vorstellung einer Welt, die edler und vollkommner ist als diejenige, in der wir leben. Aber man sieht sofort, dass von Idealen solcher Art in der Kunst nicht die Rede sein kann. Est ist nicht nur möglich, sondern auch glaublich, dass es noch vollkommnere Welten als „dieses irdische Jammerthal" geben könne. Dieses letztere hat nur für den darstellenden Künstler den einen grossen Vorzug, dass

er es einigermassen kennt, während auch die kühnste Schwärmerei der
Phantasie sich keine Idealwelt vorzustellen vermag. Der Phantast kann
weiter nichts thun, als die irdischen Dinge solcher Eigenschaften, die
ihm nicht gefallen, zu entkleiden, und die übrigen zu erhöhen, und das
nennt er dann Ideal. Sieht man aber näher zu, so findet man ein Nichts,
ein Unding. Mit den schädlichen, bösen Eigenschaften, den Unvollkommenheiten sind die Lebensbedingungen zerstört, wie wenn man
Menschen ohne Begierden darstellen wollte, während doch selbst der
Gottmensch Christus ihren Versuchungen ausgesetzt war. Durch die
Erhöhung guter Eigenschaften entstehen vollends Zerrbilder, die auch
nicht einmal dem angestrebten idealen Zweck entsprechen, wozu z. B.
Eugen Sue's Helden lehrreiche Beispiele geben.

Wenn also davon die Rede ist, dass die Kunst idealisiren müsse, so
kann damit augenscheinlich nicht gemeint sein, der Natur Schönheiten,
die sie nicht hat, hinzuzusetzen oder solche, die sie hat, intensiv zu
steigern. Daran denkt kein Künstler, der und solange er diesen Namen
verdient. Der Landschaftsmaler, der die Reize der Natur, der Geschichts-
und Figurenmaler, der Epiker, Dramatiker, Lyriker, der Componist und
Schauspieler — alle diese, wenn sie menschliche Gestalt, Handlung,
Gefühl, Leidenschaft darstellen wollen, schätzen sich gewiss schon
glücklich, wenn sie der Natur auch nur ungefähr nahe kommen; dass
sie die Natur erreichten, dahin schwindelt sich auch nicht einmal die
anmassendste Künstlereitelkeit hinauf; und wer der Natur am nächsten
kam, der fühlt am lebendigsten, wie weit er dahinter zurückblieb. Also
wie ist daran zu denken, der Natur Schönheiten hinzuzusetzen, die sie
nicht hat oder Schönheiten, die sie hat, zu verschönern. Welcher
Künstler strebt wohl danach, den Himmel lichter, den Hochwald duftiger,
den Schmerz rührender, die Freude erhebender darzustellen, als sie
wirklich sind. Jeder Strich zuviel ist hier widerliche Carricatur; und die
Natur in ihrer heiligen Einfachheit ist und bleibt für den wahrhaften
Künstler stets das unerreichbare Ideal.

Auch hat kein Aesthetiker von irgend einer Bedeutung den Beruf
der Kunst zu idealisiren in dem Sinne einer zusätzlichen oder intensiven
Verschönerung der Natur verstanden. Den Begriff des Ideals verdanken
wir demjenigen Philosophen, welcher von der Kunst am geringsten
dachte, nemlich dem Plato. Die platonischen Ideen sind die personi-
ficirten Begriffe, die Ur- und Vorbilder der Dinge. Nach der Ideenwelt
schafft der Schöpfer (Demiurges) die wirkliche Welt, der Weise erkennt
über diese hinaus die reine Idee, der Handwerker wiederholt die vom
Demiurg gebildeten Copieen, der Künstler steht noch hinter demselben,

er strebt nach dem Scheine des Scheins. So degradirt der idealistische Plato die Kunst zur mechanischen Wiederholung der Natur, welche nur ein schwacher Wiederschein der Ideenwelt ist. Anders dachte Aristoteles von der Würde der Kunst. Nach ihm soll die Kunst die Natur nicht nur nachahmen, sondern vollenden, was die Natur nicht zu vollbringen vermag. Aehnlich drückt Lessing diesen Aristotelischen Gedanken aus, wenn er sagt: der Maler solle malen, wie die schaffende Natur sich das Bild gedacht. Der schöpferische Gedanke der Natur bildete sonach das Ideal. So hat fast jeder Aesthetiker sein besonderes Ideal, welches immer darauf beruht, wie er das Verhältniss zwischen Wesen und Erscheinung auffasst. Die Frage ist daher ganz metaphysisch, d. h. für uns zur Zeit noch nicht vorhanden. Wir beschränken uns auf die allgemeine Bemerkung, dass der Gegensatz des Formalismus und Materialismus sich hier am meisten zuspitzt. Die Formalisten haben entweder ein eklektisches Gattungs-Ideal wie Mengs und Winkelmann oder ein individuelles wie Lessing, oder ein auf gewissen Verhältnissen des Subjekts zum Objekt beruhendes wie Kant, Schiller, Herbarth u. A. Das Ideal der Materialisten ist das Absolute in seiner Ausprägung in die Form einer bestimmten Idee, wie es die Hegel'sche Schule ausdrückt oder die gegenseitige vollständige Durchdringung von geistigem Gehalt und stofflicher Form, wie es Plotin und Neuere nennen.

Diese theils ziemlich vag, unklar und unerwiesen, theils unter einander gar nicht zu vereinbarenden Aufstellungen der Gelehrten zeigen, dass wir mit dem Ideal wiederum an der Grenze des sichern Bodens der Kunsterfahrung angelangt sind und bereits das trügerische und imaginäre Gebiet der Metaphysik berühren. Nur einen Gewinn nehmen wir aus diesem Widerstreit der Meinungen mit, nemlich das negative Resultat, dass, so getheilt die Wissenschaft in diesem, wie in manchem andern Hauptpunkte der Aesthetik ist, kein wahrhafter Denker ein der Natur fremdartiges, über sie hinausgehendes (transcendentes) Ideal aufgestellt hat.

Hienach muss also die Annahme, dass die Kunst der unschönen Wirklichkeit das Schöne erst hinzusetze oder die vorhandene Schönheit derselben erhöhe, als ungereimt verworfen werden. Wenn also die Kunst das Schöne nur nachzuahmen, nicht zu schaffen hat, gleichwohl aber idealisiren, d. h. irgend etwas thun soll, was über die reine Nachahmung hinausgeht, da ja auch diese, wie wir sahen, keineswegs genügt, so fragt sich, was das sein kann. Hier steckt offenbar wieder ein Kern- oder Kardinalpunkt des Problems. Die blosse Nachahmung der Natur ist keine Kunst, sondern Pfuscherei. Andererseits findet die Kunst das

Schöne ganz und voll in der Natur. Diese beiden Seiten des Gegensatzes müssen wir festhalten, wie sie ja auch unseres Wissens für Jedermann feststehen. Die einzige Möglichkeit, diese beiden streitenden Theile zu vereinigen, ist, dünkt uns, die, dass das Schöne allerdings ganz und voll in der Natur vorhanden, aber durch gewisse Umstände verhüllt, unwirksam, gleichsam latent gemacht sei, und dass es daher erst eines gewissen Etwas bedürfe, um es, in der Sprache der Chemiker zu sprechen, wieder frei werden zu lassen. Ein solches gewisses Etwas, das im Stande ist, das latente Naturschöne frei werden zu lassen, ist dann die Kunst, eine gewisse Manipulation mit der Natur, welche bewirkt, dass das in derselben vorhandene Schöne zur Wirkung kommt. Anders lässt sich die Sache nicht füglich erklären. Fragen wir nun weiter, was das für eine Manipulation sei, so müssen wir, um nicht von der sichern Fährte der Induktion abzukommen, zunächst zusehen, ob etwa die Kunst die einzige Manipulation ist, welche uns das Schöne in der Natur vermittelt. Wenn dies nun nicht der Fall ist, es vielmehr noch andres giebt, was dieselbe Wirkung hat, also ein Schönes ausserhalb der Kunst (ein Fall, der offenbar vorliegt, wir brauchen nur an schöne Gegenden und dergl. zu denken), so ist damit offenbar der am Schlusse der Einleitung 3 vorausgesehene Fall eingetreten, dass nemlich nach Ausscheidung des Particulären und Accidentiellen kein Rückstand verbleibt, den man als Wesen der Kunst aussprechen könnte, dass vielmehr das Wesen der Kunst ausserhalb derselben liegt, diese keine Substanz, sondern eine blosse Erscheinungsform, nemlich des Schönen, ist. Wir müssen daher das unserer bisherigen Untersuchung zu Grunde liegende Erfahrungsgebiet erweitern, und unsre induktive Vergleichung und Unterscheidung auf das weite Feld des Naturschönen ausdehnen.

Dabei lässt sich schon von vornherein vermuthen, dass das Schöne, wenn es irgend, wie doch Jedermann annimmt, eine Einheit sein soll, in der Natur nicht anders als in der Kunst zur Geltung kommen kann, dass der Künstler bei der Darstellung des Schönen im Kunstwerk ebenso operirt, wie es der Beschauer irgend einer als schön empfundenen Wirklichkeit thut. Wenn diese Vermuthung sich bestätigen sollte, so würden wir damit einen werthvollen Einblick in das Wesen der künstlerischen Darstellung gewinnen.

18. Die Kunst und das Natur-Schöne. Das Componiren.

Wie machen wir es denn wohl, wenn wir das Schöne in der Natur empfinden und geniessen wollen? Das Nächstliegende ist die Körperwelt, die Natur im engeren Sinne. Stellen wir uns etwa, um eine Landschaft so recht auf uns einwirken zu lassen, mitten in dieselbe hinein, oder gehen darin von einem zum andern, um alles in der Nähe, aus voller breiter Wirklichkeit zu betrachten? Das hiesse sich den Wald hinter Bäumen verstecken! Im Gegentheil, wir suchen einen ziemlich entfernten und möglichst erhöhten Standpunkt, welcher dadurch, dass er gleichgiltige Dinge verbirgt, Flächen und Linien verkürzt, Winkel verändert, Curven biegt oder streckt, die Einzelheiten aus ihrem wirren Durcheinander in ein einheitliches, wohlgruppirtes Bild ordnet und vereinigt. Es ist klar, dass wir die Dinge so ganz anders sehen, als sie in der Wirklichkeit sind, dass wir namentlich weniger, gleichsam einen gedrängten Auszug aus der Wirklichkeit geniessen, und dass wir uns durch die Wahl des Standpunktes die Wirklichkeit geordnet, zurecht gelegt, zu einem Gegenstande des Genusses für uns componirt haben.

Etwas anderes ist die componirende Thätigkeit des Landschaftsmalers auch nicht. Seine Methode bleibt dieselbe, nur dass er sie ungleich strenger, summarischer anwendet. Das Gesammtbild, mit welchem sich der Beschauer begnügen durfte, kann der Maler als Gemälde noch nicht brauchen, er muss es noch einmal umcomponiren. Denn trotz des verkürzenden und verschränkenden Standpunktes bietet es noch immer eine so ungeheure Mannigfaltigkeit und Breite, dass es auf die Leinwand übertragen, eine decorative Galerie, ein Monstrum gäbe. Wenn der Betrachter mit dem blossen Rollen des Auges — des beweglichsten aller Dinge — ein grosses Panorama durchfliegt, ohne auch nur daran zu denken, dass er fort und fort neue Theilbilder sieht, so kann der Maler, welcher seinem Bilde nur einen Augenpunkt geben darf, mit dem Griffel nicht ebenso gut folgen. Und bei weitem nicht so leicht, als in dem weiten Bogen des schnellen Rundblicks, wo das Auge nur sieht, was es sehen will, vertragen sich die Dinge auf dem engen Raum des Gemäldes, wo nichts übersehen werden kann, jedes vielmehr der Enge wegen eine unverhältnissmässige Wirkung ausübt. Der Maler geht daher nicht nur in der Auswahl des Standpunktes sorgfältiger, sondern auch in der Ausschaltung ganzer Partien viel rücksichtsloser zu Werke. Wenn der Beschauer schon bloss einen Auszug aus der Wirklichkeit geniesst, so sieht der Maler denselben noch einmal durch und

liefert gleichsam einen Index des Auszuges und wenn der Beschauer das
Störende, Disharmonische dadurch beseitigt, dass er es gar nicht oder
minder beachtet, so hilft sich der Maler damit, dass er hier stärker
markirt, dort abschwächt, Töne herabdämpft, temperirt. Für diese eine
Seite des Schönen, die landschaftliche, dürfen wir es damit wohl als
erwiesen ansehen, dass Kunst- und Naturgenuss hier nicht auseinander gehen, dass hier nicht von einem Idealisiren, sondern nur von
einem Componiren die Rede sein kann. Das pflegen auch die crassesten
Idealisten zuzugeben, dass bei der Darstellung der Landschaft die Kunst
ihrem Vorbilde nur getreulich, wenn auch mit künstlerischer Weisheit
zu folgen brauche, um ihres Erfolges gewiss zu sein. Allenfalls hilft
man sich damit, wie Winkelmann und Lessing, der Landschaft eigentlichen Kunstwerth abzusprechen. Aber an eine besondere verschönernde
Zuthat denkt hier im Ernste Niemand.

Es fragt sich nun, ob im Bereiche der Schönheit der menschlichen
Gestalt und menschlichen Seele zwischen Kunst und Natur dasselbe Verhältniss obwaltet. Hier hat die Sache ein etwas anderes Aussehen, und
scheinen die Einwürfe der Idealisten erheblicher zu sein, hier, wenden
sie nemlich ein, hält die Natur kein ideales Muster vor, irrt die Wirklichkeit in Zufall und unübersichtlicher Breite auseinander, und das Ideal
kann allein von der Kunst kommen. Und das ist ja richtig, dass das
Schöne in der leblosen Natur offenbarer, greifbarer, gleichsam fertiger
vor unsern Augen liegt, als das in der sittlichen Welt. Das hat aber
seinen Grund nicht in der geringeren Schönheit der letzteren, sondern
allein in der Schwäche und Beschränktheit des Betrachters. Das
Störende, Zufällige, Ueberflüssige, welches dort das Auge so leicht über-
flog, um am Bedeutenden, Harmonischen zu haften, tritt hier in Gestalt
uns empfindlich berührender, praktischer und Gefühls-Interessen auf; und
die Zerstreutheit und Entlegenheit, welche dort durch einen etwas bessern
Standpunkt sich so leicht in Harmonie und Einheit ordnen lässt, wird
hier durch Länder und Meere, Monate und Jahre repräsentirt, Schranken
des Raumes und der Zeit, in welche die volle Flut des Lebens mit dem
ganzen Schwergewicht unserer Zwecke und Interessen, unserer Affekte
und Leidenschaften immer von Neuem sich hineindrängt. Ferner wenn
wir in der Natur den Vorwurf höchster künstlerischer Leistung im
Zustande vollkommenster beschaulicher Gemüthsruhe sehen und studiren,
so begegnen wir im Leben den hochpoetischen und tieftragischen Stoffen
nicht in gleicher Stimmung, sondern wir treffen sie fast nur in den uns
am meisten berührenden Lebenskreisen und selten anders, als wenn wir
mithandelnd oder mitleidend eine Rolle spielen. Den dämonischen Zug

der Leidenschaft mit ihrem katastrophischen Abschluss können wir, wenn sie uns selbst oder einen der Unserigen erfasst hat, nicht so rein ästhetisch durchempfinden, als wenn wir dies im Bilde vor uns sehen oder dem Dichter nach erleben. Alle unsre Begierden, Leidenschaften, Interessen, Zwecke, Bestrebungen treten als ebenso viele Hemmnisse und Störungen verstimmend, zerstreuend zwischen uns und den harmonischen Zusammenhang, die einheitliche Anschauung.

Zieht man nun alle diese Hemmnisse ab, welche aus unserer subjektiven Schwäche hervorgehen und, welche uns hindern, unser und Anderer Leben stets aus der gehörigen Perspektive zu sehen, und fragen wir, ob die Dinge an sich, was man so den Lauf der Welt und das Treiben der Leute nennt, uns nicht so etwas ähnliches von Schönheit gewährt, wie Landschaft und Wasser und dergl., so muss die Annahme ungereimt erscheinen, dass das Leben in der Mannigfaltigkeit seiner Seelenzustände, dass die titanischen Kämpfe menschlicher Freiheit mit menschlicher Leidenschaft jenes Interesses entbehren sollen, welches wir leblosen Dingen, Bäumen, Steinen, Wassern so bereitwillig zu erkennen, nämlich die Fähigkeit, uns auch, abgesehen von persönlichem Nutzen oder Schaden, durch sich selbst zu fesseln. Hier ist in der That eine reiche, nie versiegende Quelle des edelsten Genusses, wenngleich es nicht Jedermanns Sache und zu jeder Zeit ist, daraus zu schöpfen. Wir werden von dieser Art des Naturgenusses noch weitläufig genug zu handeln haben. Für jetzt genügt es festzuhalten, dass ähnlich, wie im Bereiche der äussern Natur, die schöne Landschaft der Kunst des Landschaftsmalers als Stoff gegenüber steht, so auch im Gebiete unseres menschlichen Lebens die Natur als schöner Stoff den übrigen Künsten entspricht. Schwerer zwar als jene leicht in die Augen fallende Schönheit offenbart sich diese, aber sie ist dennoch unter einigermassen günstigen Umständen für Jeden und für hochgestimmte Seelen immer leicht erkennbar; und wenn wir genauer hinsehen, werden wir finden, dass es eigentlich nur diese Schönheit ist, welche uns aus der leblosen Natur wiederscheint, dass es nur sie ist, welche der letzteren ihren Reiz verleiht. Der Künstler nun, welcher diese höhere menschlich-sittlich-geistige Schönheit, wie sie sich im Leben und Treiben der Menschen offenbart, in voller Reinheit zur Anschauung und Geltung bringen will, hat daher der Natur ebenso wenig etwas hinzuzusetzen oder fremde Reize zu leihen, als der Landschaftsmaler, welcher eine vor ihm liegende Landschaft zu einem Gemälde verwerthen will. Auch hier ist nur zu componiren, das Bedeutende zusammenzurücken, das Gleichgiltige fern zu halten und die Einheit der geniessenden Betrachtung herzustellen.

Dritte Abtheilung. Die Materie des Schönen.

19. Gegenstände der Darstellung.

Blicken wir einen Augenblick zurück. Wohin gehen wir eigentlich? Wir suchen unter den einzelnen Momenten der Kunsterscheinung nach deren Wesen. Angenehme Sinnlichkeit, ästhetisches Wohlgefallen, das war die Erscheinungsform, als deren Inhalt wir die Darstellung ansahen. Nun haben wir diese näher betrachtet, zunächst in ihrer allgemeinen Form, sodann in ihrer künstlerischen als Illusion, als Idealisiren und Componiren und es ergab sich hier weiter nichts, als ebenfalls eine Reihe formaler Momente, deren keines der Kunst wesentlich und allein zukam. Die allgemeine Form der Darstellung theilt sie mit der Wissenschaft und Anderem, die Illusion mit jedem Genusse, endlich das Idealisiren und Componiren mit allem Naturgenusse. Immer von Neuem drängt sich die Frage nach dem eigentlichen Inhalt und Wesen der Kunst, der Materie des Schönen hervor. Das Nächstliegende scheint zu sein, diesen Inhalt und diese Materie in der Natur aufzusuchen und näher zu bestimmen. Aber wir sahen eben, dass das Schöne in der Natur schwer zu finden ist, dass es sich nur dem geweihten Blicke des Künstlers und uns andern armen Menschenkindern nur in den seltenen lichten Zwischenräumen weihevoller Begeisterung darbietet. Zu dem wissen wir ja nicht, was das Schöne sei, wir wissen nur, dass es ein Schönes giebt, welches die Kunst darstellt, und dass die Kunst es aus der Natur, wie der Bergmann das Erz aus dem tauben Gesteine hervorholt. Wir werden uns daher wieder an die Kunst zu halten haben, welche das Schöne in Jedermann zugänglicher, leicht erkennbarer Form darstellt. Versuchen wir es wenigstens damit. Also was stellt die Kunst dar.

Welche sinnverwirrende Mannigfaltigkeit! Wir stellen dar Thiere, Pflanzen, Früchte, Bäume, Wälder, Steine, Berge, Himmel, Luft, Wasser, Wolken, Winde, den Menschen in allen Stellungen, Lebenslagen und Altern, wir stellen dar die Armut der Hütte, den prunkenden Palast, den Pomp der Grossen, die Lumpen des Bettlers und alles, was zwischen beiden liegt, wir stellen dar die Tugend und das Verbrechen, das Ausserordentliche und das Gewöhnliche, die Tüchtigkeit und die Gesunkenheit, Gesundheit, Krankheit und Tod, Lustiges und Trauriges, was das Zwergfell erschüttert und die letzte Nervenfaser beben lässt. Mit einem Worte, wir stellen alles dar.

Worin mag nun das Schöne liegen, und welche Möglichkeiten sind
hier denkbar? Die Sache liegt so, dass es viele schöne Dinge aber nur
ein Schönes geben soll. Dann müssten, wenn wir richtig calculiren, nur
drei Fälle möglich sein. Entweder das Schöne liegt in der Summe aller
schönen Dinge oder in ihrer Gesammtheit oder in ihrer Einzelnheit.
Welches dieser dreie ist das Richtige?

20. Die Summe und die Gesammtheit der schönen Dinge.

Setzen wir zunächst den ersten Fall. Alsdann muss wohl die
Summe alles dessen, was die Kunst darstellt und was wir in der Natur
schön finden, den Inbegriff des Schönen geben oder doch wenigstens
etwas dem Ideal mehr Angenähertes. Jedes Kunstwerk wäre ein kleines
Bruchstück, ein Abglanz dieses Schönen, alle Kunst zusammen genommen,
wenn auch noch nicht das ganze Schöne, so doch ein grösseres Bruchstück. Weit gefehlt. Das einzelne Kunstwerk ist wenigstens ein Ganzes
in sich, die Gesammtheit aller wirklichen und möglichen Kunstwerke,
gäbe ein sinnloses Conglomerat, einen Wirrwarr, wie er grösser nicht
gedacht werden kann. Eher könnte man hoffen, aus den Trümmern des
zerschlagenen Demanten das strahlende Ganze wiederherzustellen, als
aus der Summe des Darstellbaren die Einheit des Schönen. Nicht besser
sieht es mit dem zweiten Fall aus. Denn sagt man; dasjenige, woraus
die Kunst ihren Darstellungsstoff entnehme, die Natur in ihrer Gesammtheit sei das Schöne, so mag davon so viel zugegeben werden, dass diese
Gesammtheit der Natur schön sei, insofern wir sie für den Ausdruck
geistiger Harmonie, den Typus einer höheren Ordnung und Zier (κόσμος)
ansehen, nicht als Aggregat so und so vieler Naturgegenstände. Aber
dieser Kosmos ist für uns nur etwas gedanklich, begrifflich, ethisch Ver-
mitteltes, das wir niemals in sinnlicher anschaulicher Wahrnehmung vor
uns haben, das wir daher auch niemals darzustellen unternehmen
können. Was uns in der Natur ergreift und entzückt, alles, was die
Kunst darstellt, sind immer Einzelnheiten, Gestalten, scharf begrenzte
Realitäten. Es mag sein, dass diese Einzelnheiten uns in der Natur
deshalb fesseln und dass wir sie deshalb in der Kunst darzustellen
suchen, weil wir an ihnen den Stempel jener höheren kosmischen Ordnung erkennen. Das mag sein, die weitere Untersuchung wird darüber
vielleicht Aufschluss gaben. Thatsächlich steht soviel fest, dass es nur
Einzelnheiten, concrete Dinge sind, die uns im Naturgenusse erfreuen

und die wir in der Kunst darstellen. Jede Allgemeinheit, alles Generalisiren ist dem Wesen der Kunst zuwider. Alles, was sie darstellt, will
sie greifbar, sinnlich, anschaulich hinstellen. Und wir sahen ja eben,
wie sehr aussondernd und sichtend, sowohl wir selbst im Genusse, als
auch die Künstler in der Darstellung der Natur verfahren müssen. Wie
ist also daran zu denken, den Inhalt der Kunst, die Materie des Schönen
in einer Summe, in einer Gesammtheit der Dinge zu suchen.

21. Die Schönheit des Einzelnen.

Da alle Kunst nur im Concreten, Fasslichen weilt, so könnte man
viel eher darauf verfallen, dass die einzelnen Dinge, die Dinge in ihrer
Einzelnheit schön seien. Zwar die Dichter und Philosophen sagen, das
Schöne sei eine Einheit, eine absolute Idee. Aber wer weiss, ob sie
Recht haben. Kann nicht auch, wie die Realisten wollen, alles bloss ein
vom Einzelnen abstrahirter Begriff sein; und es gäbe kein Schönes,
sondern nur Schönheiten, nur einzelne schöne Dinge? Aber wie wäre
das? Wären dann alle Dinge schön? Das wird Niemand behaupten
wollen. Denn es hat noch einen Sinn, alles für schön anzunehmen, wenn
das Schöne eine allgemeine Idee wäre, die gleich dem Licht alle Dinge
mehr oder weniger durchleuchtete. In diesem Falle käme allen Dingen
dieselbe Schönheit zu und es wäre denkbar, dass nur durch besondere
Umstände sie in einem mehr, im andern weniger hervorträte. Aber dieses
ideelle Band verworfen, die Schönheit ganz in's Einzelne verlegt, und
dann auch noch alle Dinge für gleich schön annehmen, das ist schlechterdings unmöglich. Also wären dann wohl einige Dinge schön, andere
hässlich. Aber welches wären die einen und welches die andern? Wäre
das Meer schön in seiner unbegrenzten Erhabenheit und allenfalls der
rauschende Strom in seiner gewaltigen Fülle? und der kleine stille Dorf-
weiher mit darum spielenden barfüssigen Flachsköpfen, daran zur
Tränke geführten Rindern wäre es nicht? Ein Apoll von Belvedere ist
schön, aber ein Hirtenjunge auf einem Esel reitend kann es auch sein.
Die Kunst stellt nicht bloss Götter, Helden und Liebhaber, sondern auch
Krämer, Wucherer, Weinsäufer und Don Juans dar; der Grundsatz nihil
humani a me alienum findet, wenn irgendwo, auf sie Anwendung.
Welches ist denn nun das specifisch Kunstschöne und welches das
specifisch Hässliche? Eine schlecht gemalte Madonna, ein gepfuschter
Antinoos sind hässlich, ein aus der Natur herausgegriffener Bauerjunge,

eine Sandscholle mit spärlichen Zwergkiefern bedeckt, ein schäbiger Geizhals, ein polnischer Jude können höchst wirksame Kunstsujets abgeben. Es ist wirklich schlechterdings nicht zu sagen oder zu beschreiben, welche Dinge zum Schönen gehören, welche nicht. Hier fehlt es an jedem Merkmal, an jeder Regel: Klassificirt, rubricirt und subdividirt soviel Ihr wollt, es wird Euch nie gelingen, einen Katalog oder ein Inventarium des Schönen zu Stande zu bringen und das Einzige, was hier einen Halt gewährt, ist das Dichterwort: „Greif nur hinein in's volle Menschenleben, und wo du's packst, da ist es schön."

22. Schön ist hässlich, hässlich ist schön.

Immer quälender wird die Frage nach dem Wesen des Schönen. Es war nicht die leuchtende Farbe, der helle Ton, nicht die Anmuth in Rhythmus, Harmonie und Verhältniss, es war nicht die Form der Darstellung, die fesselnde Täuschung der Phantasie; es gab kein Ideal über der Natur, und diese selbst, ist sie ein formloses Aggregat, ist sie eine Mehrheit schöner Einzelnheiten oder ist sie gar ein Nichts, ein blosses Gedankending? Denn unsre Verlegenheit um die Materie des Schönen wird noch rathloser, wenn wir zusehen, was es eigentlich mit demjenigen für eine Bewandniss hat, was man hässlich nennt und was die Kunst aus der Natur als unbrauchbar aussondert.

Denn das, was oben von der ordnenden und sichtenden Thätigkeit des geniessenden Laien und des componirenden Künstlers gesagt wurde, macht nicht den Eindruck, als ob sie damit das Ausgesonderte mit dem Stempel des schlechthin Verworfenen, specifisch Hässlichen haben bezeichnen wollen. Eine weite Wiesenfläche kann uns, wenn wir Stunden oder Tage lang darin umherziehen, einförmig und langweilig erscheinen; ebenso eine Haide oder Wüste; aber aus der Ferne und im Ueberblick genossen, wird gewiss sowohl die grüne Sammetfläche der ersteren; als auch die braune dunstige Tafel der letzteren einen wunderbaren Effekt machen. Sehen wir einen Jüngling sich in ein Mädchen verlieben, so wollen wir sofort wissen, ob sie ihn wieder liebt und wenn wir dies erfahren, plagt uns die Neugier, ob sie sich „kriegen" werden u. s. w. Gleichgiltig ist es uns in dem Moment, ob der junge Mann einen Onkel besitzt, der sich aus Verzweiflung über die Untreue seiner Frau den Hals aufgeschnitten, oder ob der Vater der jungen Dame durch Fleiss und Redlichkeit aus tiefster Armut zum Wohlstande sich emporgearbeitet hat, Umstände, die uns in einem andern Moment vielleicht höchst interessant wären. Ebenso der Künstler, wenn er etwas aussondert, herabmindert u. s. w., so thut er das nicht deshalb, weil jenes unschön ist, sondern weil es für den vorliegenden Zweck nicht passt. Wer ein Gebirgsmotiv will, kann im Augenblicke vielleicht ein blühendes Rappsfeld nicht brauchen, aber deshalb braucht er dieses nicht für weniger schön, als jenes zu halten; und wenn ein Romanschreiber, der die Schicksale obiger Liebenden darstellen will, sich nicht um diejenigen des Onkels oder des Vaters bekümmert, so kann doch der tragische Untergang des Onkels ein dankbarer Stoff für den zweiten und der ehrenwerthe Lebensgang des Vaters ein solcher für den dritten Novellisten sein.

Danach stände es mit dem Schönen so, dass alles schön oder nichtschön wird, je nachdem es von diesem oder jenem Standpunkt, unter diesen oder jenen Umständen angeschaut oder hiemit oder damit in Verbindung gebracht wird.

Wir unsererseits wenigstens können nicht denjenigen Aesthetikern beifallen, welche dem Hässlichen eine bestimmte absolute Sphäre einräumen, mögen sie nun dasselbe auf gut Hegel'sche Manier in dialektischem Fortschritt aus dem Begriff des Schönen sich entwickeln oder das Schöne und das Hässliche in einem festen Gegensatz sich bestreiten lassen. Hässlich wäre es, wie Lessing richtig bemerkt, wenn der plastische Laokoon laut aufschrie, aber nicht, wenn es der gedichtete thut. Hässlich ist der Schmutz, aber doch ist es denkbar, dass ein schmutziger Junge oder einer, der sein Taschentuch verloren hat, gemalt wird, wofern nur die Grenze des Ekelhaften vermieden wird. Blutige Wunden, eiternde Geschwüre sind Grauen und Ekel erregend und deshalb schwer künstlerisch darzustellen; aber nicht, weil sie an sich hässlich sind, sondern weil das Gefühl des Ekels den ästhetischen Genuss aufhebt. Versteht es der Künstler, eiternde Geschwüre zu zeigen, ohne Ekel zu erregen, warum sollte er nicht einen Lazarus malen, wie Murillo die schmutzigen Lumpen eines Bettlers oder Gros die Pestkranken zu Jaffa? Und was der Maler oder Bildhauer nicht kann, vermag meist der Dichter. Weshalb? Haben jene eine andere Schönheit als dieser? schwerlich, wenn von Schönen als einer Einheit irgend geredet werden darf. Nur die Wirkung ist im verschiedenen Material verschieden, drastischer und die Sinne packender auf der Leinwand und im Marmor, geistiger und mehr reflektirt im geschriebenen oder gesprochenen Wort. Daher kann dort das den Sinnen Widrige allzu leicht alle andern Empfindungen störend überwiegen, während es hier weit

leichter hinter dem höheren Gehalt zurücktritt. Hässlich nennt man mit
Recht die Unnatur, die Gespreiztheit, Ziererei, Ostentation und wie oft
sind sie Gegenstand wahrhaft künstlerischer Darstellung geworden. Wir
brauchen nur an Shakespeare, Walter Scott, Dickens zu denken, die
gerade an solchen Objekten die köstlichsten Blüthen ihres Humors
entwickelt haben. Hässlich ist vor allen Dingen die unkünstlerische,
pfuscherhafte Kunstübung, aber sie ist es und bleibt es, auch wenn sie
alles vermeidet, was man specifisch hässlich nennt, und wenn sie die
zartesten und schönsten Objekte behandelt. — Schön ist hässlich und
hässlich ist schön. Die schönste Frau ist hässlich, wenn sie nach durch-
tanzter Nacht hohläugig, übernächtig den Ballsaal verlässt, noch häss-
licher im unordentlichen schlampigen Negligée. Anderseits ist keine
Frau so hässlich, dass nicht in dem Augenblick, wo sie ihr Kind säugt,
ein Abglanz von Madonnenschönheit auf sie hernieder schwebte. —
Schön ist hässlich, hässlich ist schön. Es giebt keine Schönheit für ein
verbittertes, vergälltes, verstocktes Gemüth, und keine Hässlichkeit für
ein liebevolles, glückliches, frommes Herz.

23. Idealismus.

So ist uns das Schöne aus der Reihe des Existirenden ganz heraus-
gefallen und zu einer blossen Sache des Standpunktes und der Perspective
herabgesunken. Ein Ding so angesehen ist schön und so angesehen hässlich, im Zusammenhange hiermit fesselnd interessant, im Zusammenhange
damit langweilig abstossend. Das heisst denn aber doch soviel als, es
giebt gar kein reales Schöne, und was wir so nennen, ist lediglich ein
Scheinen, eine subjektive Vorstellung des Menschen. In der That steht
diese Ansicht durchaus nicht isolirt, und es lässt sich manches dafür anführen. Schon der sprachliche Zusammenhang des „Schön" und „Scheinen" weist darauf hin. Dass das Schöne auf der Erscheinung beruhe,
scheint daraus unmittelbar zu folgen. Auch ist es ja richtig, dass es ohne
Erscheinung überall kein Schönes giebt. Erwägt man nun noch, dass die
Erscheinung des Schönen uns nur durch die Sinne vermittelt wird, dass
alle unsere Sinnesempfindungen an sich uns nur eine subjektive Empfindung aber keine reelle Eigenschaft der Dinge geben und dass eine Reihe
namhafter Philosophen — Kant, Jacobi, Fichte, Herbarth — in der Subjektivität des menschlichen Ich die einzige Quelle, den einzigen Grund
alles Erkennens, Fühlens und Wollens setzen, so kann man sich nicht

wundern, wenn damit auch das Schöne lediglich in die Selbstgewissheit des Subjekts gesetzt und für eine Idee angesehen wird, die mit dem Dinge an sich, dem Realen in einem ausserwesentlichen oder wenigstens uns unbekannten Verhältnisse stehe.

Wissenschaftlich und metaphysisch lässt sich diese Ansicht auch nicht widerlegen. Wir besitzen zur Zeit noch keine Philosophie, die an die Stelle der gestürzten Subjektivitätssysteme etwas Haltbares gesetzt hätte. Man hat versucht, die schreckliche Kluft zwischen Subjekt und Objekt zu überbrücken. Aber der kühne Bogen, durch den Schelling und Hegel die beiden Ufer verbinden wollten, stürzte nach jedem Versuche nicht minder hoffnungslos zusammen als die hohe Säule, welche Fichte auf das winzige Pünktchen der Subjektivität gründete. Metaphysisch liegt die Sache noch immer so, dass von der selbstgewissen Evidenz des Ich zu dem realen, sinnenfälligen Nichtich kein Weg, kein Steg und keine Brücke führt.

24. Realismus.

Der Idealismus ist darin vollkommen in seinem Recht, dass der Grund des Schönen eine Empfindung, eine Eigenschaft des Geistes und zwar zunächst des menschlichen Geistes sei. Daraus, dass es ein so durchaus Selbstempfundenes ist, vermag es auch allein jene Evidenz und Nothwendigkeit herzuleiten, welche, wie Kant sehr wahr erinnert, immer das Merkmal der Apriorität und Subjektivität ist. Aber wenn die Metaphysik ihrem gegenwärtigen Stande nach unvermögend ist, die Realität unsrer Vorstellungen nachzuweisen, so ist es doch eine allzuharte Zumuthung für den gesunden Menschenverstand, etwa mit Fichte annehmen zu sollen, dass alle Objekte nur subjektiver Schein seien, oder selbst mit Kant, dass unsere Vorstellungen mit den Dingen nichts zu thun haben. Der gesunde Menschenverstand lässt es sich nun einmal nicht ausreden, dass die Dinge gerade so sind, wie er sie sieht. Und er thut ganz recht daran, da es für ihn schlechterdings eine Existenzfrage ist. Uebrigens geht die oben erwähnte subjektive Scepsis, d. h. der Zweifel an der Realität der Dinge, nicht weiter als dahin, dass diese Realität oder vielmehr der Zusammenhang zwischen unsern Vorstellungen und der Realität wissenschaftlich, d. h. metaphysisch, bisher nicht erwiesen ist. Es ist aber wohl zu beachten, dass das Gegentheil eben so wenig erwiesen ist. Thatsächlich ist es eine Forderung (Postulat) unsres Verstandes (derselbe vermöchte ohne dies schlechterdings nicht zu operiren), dass die Dinge im

Wesentlichen so sind, wie sie uns erscheinen; sie müssen so sein, obwohl wir das Wie und Warum nicht einzusehen vermögen. Es ist das ein Punkt, wo Glauben und Wissen sich recht innig berühren. Wenn wir demnach nicht nur annehmen können, sondern annehmen müssen, dass die Dinge real und so sind, wie sie uns erscheinen, so gelten alle vorhin für die Subjektivität des Schönen angeführten Argumente nicht weiter als dahin, dass das Schöne ein Schein, ein uns Erscheinen, von uns empfunden worden sei, nicht aber dahin, dass diese Erscheinung eines ihr adäquaten Wesens entbehren müsse. Dieses letztere, die Realität des Schönen, bleibt nicht nur möglich, sondern unsere empirischen Wahrnehmungen lassen dies als das Annehmbarere erscheinen.

Denn wenn ich urtheile: dieser Charakter, diese Handstellung, dieser Faltenwurf ist verfehlt, so urtheile ich damit weder so: dieser Charakter, Handstellung, Faltenwurf gefällt m i r nicht, noch so: erfahrungsgemäss werden Charaktere, Hände, Faltenwurf von bewährten Künstlern so nicht dargestellt, sondern so: es ist unmöglich, dass ein Charakter u. s. w. in der Natur so beschaffen sei. Dies lässt darauf schliessen, dass der Grund des Schönen etwas mehr sein müsse als bloss eine Reflexion der Seele. Denn das Urtheil geht nicht dahin, dass es mir oder Jedem so scheinen, sondern dass es in der realen Natur wirklich so sein müsse. Eine solche auf's Objekt überspringende Evidenz, in welcher das Subjekt des Objekts eben so gewiss als seiner selbst ist, findet sich denn auch wirklich bei jedem Schönen.

Der Grund z. B. weshalb eine schöne Natur uns fesselt, liegt freilich zunächst in gewissen sinnlichen und ästhetischen Verhältnissen, Licht- und Schattenwirkungen, Farben und Dufttönen, Perspectiven u. s. w., die allerdings mit dem Standpunkte wechseln. Aber dennoch ist die Totalwirkung keine bloss subjektive, sondern sie bleibt für jeden Standpunkt eine und dieselbe. Ungünstige Gemüthsstimmung kann den Eindruck stören, günstige ihn erhöhen. Aber wir können uns ihm nicht entziehen, und wenn wir von Allem absehen, was mit der Gemüthsstimmung und mit der individuellen Empfänglichkeit des Beobachters wechselt, so bleibt noch immer etwas Constantes, sich gleich Bleibendes, was wir nicht umhin können, als ein reales Moment anzuerkennen. Im gewöhnlichen Sprachgebrauch bezeichnet man dies damit, dass man jeder Landschaft einen bestimmt ausgeprägten Charakter beimisst, womit man so viel sagen will, als dass die Stimmung, die wir aus der Betrachtung der Natur entnehmen, auch wirklich in derselben gleichsam in architektonischer Weise ausgedrückt ist.

Noch deutlicher als in der Form lebloser Wasser- und Felsmassen, weiter Flächen u. s. w. spricht sich das in der Betrachtung des organischen Lebens aus. Wir sehen hier die Materie unter der Herrschaft eines Gesetzes, einer Idee gestaltet, die sich uns handgreiflich und augenfällig aufdrängt, und finden eine solche Summe von harmonischen Formen und Verhältnissen, dass wir die Schönheit des kleinsten Grases bewundern müssen. Hier kann gar nicht mehr die Rede davon sein, dasjenige, was wir mit Recht schön nennen, als ein bloss Subjektives anzusehen.

Vollends wenn wir unsern Blick auf psychisches und geistiges Leben richten. Was uns da fesselt und ergötzt, ist doch keineswegs etwas bloss Subjektives. Was uns am Thiere mit Bewunderung oder gemüthlichem Behagen erfüllt, Stärke, Schnelligkeit, Stolz, harmonischer Bau, anmuthige Bewegungsformen, Muth, Feuer, Treue u. s. w., das sind alles Eigenschaften, die wir an uns selbst finden oder uns anzueignen wünschen; und jene drolligen Züge von Schlauheit, Einfalt, Humor u. s. w., welche uns an klugen Hunden, Füchsen u. A. so innig ergötzen, was sind sie anders als ein übertragenes aber getreues Abbild menschlicher Natürlichkeit. Aber nicht so als trügen wir etwas aus uns in die Welt ausser uns hinein, sondern im Gegentheil, der Grund unsrer Freude ist die Ueberraschung, in uns ganz fern stehenden Sphären verwandte Züge, Züge menschlichen Wesens wiederzufinden, eine Freude ähnlich derjenigen, mit der wir in der Fremde einen Landsmann begrüssen. Gerade hier sehen wir recht deutlich, wie Subjektivität und Objektivität einander durchdringen. Die Welt ausser uns zeigt uns ein getreues Gegenbild unsres eigenen Innern und Eines dient dem Andern als Bürge seiner Realität.

Am meisten springt dies bei Betrachtung rein menschlicher Verhältnisse in die Augen. Was uns in dem sinnigen Beschauen des Welt- und Menschenlebens, des Dichtens und Trachtens, des Treibens und Bleibens fesselt, jenes uninteressirte Wohlgefallen einflösst, das ist immer und immer wieder der Wiederklang unsers Ich in dem fremden Ich, das unabweisliche Gefühl, dass dasjenige, was Andere erleben, thun, leiden, geniessen, wir mit erleben, mitthun, mitleiden und mitgeniessen. Das Leben Anderer ist somit für uns ein interessantes Problem, dessen Pointe darin besteht, dass wir unser Ich an die Stelle des fremden und umgekehrt versetzen. Und immer ist die Grundvoraussetzung die, dass die fremden Ichs denselben Gefühlen unterworfen sind und denselben Antrieben folgen als unser eigenes. Noch weniger als irgendwo anders können wir hier zweifeln, dass das allen Ichs Gemeinsame objektiv und real sei.

Wenn dasjenige also, was den Inhalt und Zweck der Kunst bildet und, woran wir uns in der Natur der körperlichen sowohl wie der geistig sittlichen erfreuen, das Schöne weder in den angenehmen Sinnesreizen noch in den ästhetischen Formen, und wenn es auch nicht in den Formen der künstlerischen Darstellung als Illusion, Idealisiren und Componiren beruht; wenn wir vielmehr für festgestellt erachten müssen, dass es im dargestellten Objekt liegen muss, gleichwohl aber weder die Summe der Objekte noch diese einzeln genommen als das Schöne bezeichnen, und wenn wir dasselbe endlich auch nicht für eine bloss subjektive oder relative Empfindung halten können, sondern darauf bestehen müssen, dass es ein Reales zugleich subjektives und objektives sein müsse: was haben wir alsdann als das wahrscheinlichste Resultat der voraufgegangenen Untersuchungen anzunehmen? Welche Möglichkeit bliebe noch übrig? Wir können uns irren, können andere Auswege übersehen, aber uns scheint nur noch der eine offen, nämlich der, dass dieses Schöne, welches in den Objekten, in den realen Dingen durchaus stecken, aber weder das Ganze noch einen Theil oder einzelne Theile der Natur ausmachen soll, sowohl das Ganze als auch die Theile bildet, dass es nicht ein Reales sondern das Reale, dass es das den Dingen immanente, ihre Wesenheit und Realität ausmachende Gesetz sei, welches man schlechthin als das Wesen der Dinge oder als das Absolute bezeichnet. Es ist ein nothwendiges und angeborenes Postulat des Denkens, dass jedes Ding den Gesetzen seines Wesens unterworfen sei, dass jedes Ding ausserdem, was es seiner Erscheinung nach ist, noch etwas mehr sei, was es seinem Wesen nach ist. Was dieses sei, das Wesen der Dinge, bleibt Sache der Wissenschaft, falls es nicht ganz unbekannt bleibt. Ein weiteres Postulat unsrer Phantasie ist, dass das Wesen der Dinge sich auch in einem gesetzmässigen Verlauf der Erscheinung darstelle und mit diesem gesetzmässigen Verlauf der Erscheinungen hätte es dann die Kunst zu thun.

Zweiter Haupt-Abschnitt.

Eine hypothetische Kunst-Theorie.

A. Historische Betrachtung.

Drittes Buch.

Hypothetischer Werth aller bisherigen ästhetischen Systeme.

25. Bedeutung und Werth der Hypothese in der Philosophie und insbesondere für die Aesthetik.

Wir legen unsern bisherigen Deductionen keinen allzuhohen Werth bei und namentlich geben wir uns nicht der Illusion hin, mit denselben einen bündigen Beweis für unsere Meinung über das Wesen des Schönen geliefert zu haben. Wir haben das Wesen des Schönen zu ergründen uns bemüht, indem wir der Reihe nach alle diejenigen Momente betrachteten, in denen es möglicherweise gesucht werden könnte, und es blieb uns, nachdem gegen alle übrigen Annahmen sich erhebliche Bedenken ergeben hatten, nur noch die eine übrig, dass das s. g. Schöne zwar etwas Reales aber nicht eine besondere specifische Eigenschaft der Dinge, sondern das Wesen, d. h. das herrschende Gesetz der Dinge selbst, wie sich dasselbe in dem gesetzmässigen Verlauf ihrer Erscheinungen darstellt, sein möchte. Diese Annahme ist damit nicht erwiesen, sondern nur mehr oder weniger wahrscheinlich gemacht. Es bleibt immer noch der Zweifel, ob nicht noch irgend eine andere ganz unberechenbare Annahme möglich ist. Es ist mit einem Worte nur eine Hypothese.

Damit wird, fürchten wir, unsere Meinung und die Methode, welche zu derselben geführt hat, in den Augen der Philosophen von Fach sofort allen Werth verlieren. Man ist in der Philosophie an evidentere Methoden gewöhnt, an Deductionen aus selbstgewissen Principien, an direkte Beweise mit mathematischer Consequenz der Syllogismen. Zwar für alle übrigen Wissenschaften ist man längst überzeugt, in der Hypothese das wichtigste und wirksamste Werkzeug zur Erforschung der Wahrheit gefunden zu haben und Niemand verkennt die unermesslichen Dienste, welche dasselbe der Astronomie, Geologie, Physiologie, Alterthumskunde,

Geschichte, Geographie u. s. w. erwiesen hat und täglich noch erweist.
Nur die Philosophie als Königin der Wissenschaft soll zu vornehm sein,
sich eines so einfachen Werkzeuges zu bedienen, sie verschmäht es, die
Wege ihrer Schwestern zu gehen und in mühsamer Wanderung auf Erden
die Wahrheit stückweise wie der Bergmann das edle Erz zu gewinnen,
sie will mit der Kraft des Adlerblickes direkt in die Sonne der Wahrheit
schauen und wie ein anderer Zeus die Minerva ganz und voll gestiefelt
und gespornt aus dem gedankenschwangeren Haupte gebären. Und doch
wäre es, wenn hier der Ort dazu wäre, nicht allzuschwer nachzuweisen,
dass die Herren Philosophen der Reihe nach recht stark mit Hypothesen
gearbeitet haben, nur dass sie zu stolz waren, dies einzugestehen und
dass sie in Folge dessen, sehr zum Schaden ihrer Wissenschaft, es ver-
schmähten, sich dabei desjenigen Verfahrens und derjenigen Vorsichts-
massregeln zu bedienen, welche in den andern Wissenschaften die Hypothese zu einem so segensreichen Förderungsmittel machten. Aber wir
haben schon gesagt, dass wir einen so kühnen Flug nicht wagen wollen
und wir haben auch schon die Gründe angegeben, welche uns namentlich für die Aesthetik davon nur sehr geringen Nutzen erhoffen lassen.

Die Bedeutung der Hypothese in den andern Wissenschaften besteht
nun nicht bloss darin, dass sie in Ermangelung einer zweifellosen Gewissheit eine mehr oder minder wahrscheinliche Vermuthung gewährt, sondern vornehmlich darin, dass sie an der Hand der Erfahrung geprüft,
berichtigt und schliesslich zum Range eines vollgültigen wissenschaftlichen Gesetzes erhoben werden kann. Eine Hypothese, welche die bekannten Erscheinungsthatsachen auf leichte und ungezwungene Weise
erklärt, gilt nicht nur für probabel so lange, bis es gelingt, eine noch
einfachere Erklärung aufzufinden oder bis neue Thatsachen widersprechen,
sondern sie wird Gewissheit, wissenschaftliches Gesetz, sobald man sich
überzeugt hat, dass alle möglichen Erfahrungsthatsachen sich mit ihr im
Einklange befinden und sobald es gelungen ist, die Summe aller Erfahrungen in eine einfache einheitliche Theorie zu gestalten. Warum ein
solches Verfahren für die Philosophie weniger nutzbringend als für alle
andern Wissenschaften sein solle, ist nicht abzusehen. In der That haben
neuerdings namhafte Denker, wie Lotze, Fechner u. A., diesen Weg bereits betreten, und es liegt wohl nur an der Ungunst, in die zur Zeit alle
Philosophie gefallen, dass ihre Versuche weniger Beachtung finden als
sie verdienten. Für die Aesthetik insbesondere kommt hinzu, dass in der
Kunst die Thatsache eine ungleich höhere Bedeutung als in jeder andern
Sphäre einnimmt, dass wir hier nicht mit todten Materien und mit mechanischen Kräften sondern mit den lebensvollen Schöpfungen der grossen

Geister der Erde und dem begeisterten Beifalle von Millionen zu rechnen haben. Alles was wir in Betreff der Autorität in der Kunst und der Impotenz einer abstracten Speculation in der Einleitung sagten, findet hier seine Anwendung und weist mit erhöhtem Nachdruck darauf hin, jede Theorie für eine unerwiesene Annahme zu halten, bis sie sich in vollem leichtem ungezwungenem Einklange mit allen Thatsachen der Kunst erwiesen hat. — Sehr mit Unrecht daher hat unsrer Ansicht nach die Mehrzahl der Aesthetiker ihr System auf die Metaphysik zu gründen gesucht und sich damit die Sache sowohl zu schwer als auch zu leicht gemacht. Zu leicht, weil eine sichere Basis durch die Adoption eines metaphysischen Theorems nicht gewonnen wird und zu schwer, als es einer solchen Basis durch die Metaphysik glücklicher Weise nicht bedarf. Im Gegentheil, wenn es gelänge, im Wege unbefangener Prüfung der Kunstsachen zu einer befriedigenden Hypothese und damit zu einer gesicherten Theorie des Schönen zu gelangen, so wäre damit vielleicht ein nicht ganz werthloser Baustein für das erst noch aufzurichtende Gebäude einer künftigen Metaphysik gewonnen.

Es liegt uns daher jetzt der Versuch ob, unsere Hypothese an der Hand der Thatsachen des Schönen in Kunst und Natur zu einer Theorie des Schönen auszubreiten. Der Versuch ist gelungen, die Hypothese zum Range einer wissenschaftlichen Theorie erhoben, wenn die aus der Zahl der möglichen als allein annehmbar übrig gebliebene Vermuthung sich nicht nur als genügend erweist, die Thatsachen der Kunsterscheinung sowie der Erscheinung des Schönen in der Natur auf leichte und ungezwungene Weise zu erklären, sondern auch im Stande ist, diese Thatsachen in einer einfachen und einheitlichen Lehre zusammen zu begreifen und zu umfassen. Bevor wir aber diesen Versuch anstellen, erscheint es nöthig, einen Blick auf die Lehrsysteme der hervorragendsten Philosophen und Aesthetiker zu werfen, um zu prüfen, ob und wieviel durch dieselben wissenschaftlich unantastbar festgestellt worden ist und ob es danach der Aufstellung von Hypothesen überhaupt noch bedarf.

Wenn wir unsere Aufstellung, dass das Schöne identisch mit dem Realen sei, eine Hypothese genannt haben, so soll dieselbe damit nicht für einen neuen hiermit zum erstenmale ausgesprochenen Gedanken ausgegeben werden. Wir wollen weder das Verdienst noch das Odium einer solchen Neuerung auf uns nehmen. Vielmehr ist so oder ähnlich das Wesen des Schönen schon oft bestimmt worden. Alle diejenigen Philosophen, welche wie Plato das Schöne seiner objektiven Bedeutung nach mit dem Wahren und Guten identificiren, müssen dasselbe in ähnlicher Weise als eine Erscheinungsart des herrschenden Realen bezeichnen,

mag man dieses nun Idee, höchstes Gut, Substanz, Geist oder wie man
sonst wolle nennen. Damit, dass diese Aufstellung eine Hypothese genannt wird, soll gesagt werden, dass dieselbe bisher wissenschaftlich
nicht erwiesen ist und dass, wenn sie als Behauptung im Gewande wissenschaftlicher Autorität aufgetreten ist, dies im Verfolg philosophischer
Systeme geschah, denen die allgemeine Anerkennung versagt wird. —
Man wird es, fürchten wir, vermessen finden, dass wir gegenüber einer
Reihe von Denkern, die mit einem Plato beginnt und mit einem so gewaltigen Werke wie Vischer's Aesthetik schliesst und die Namen von solchem
Klange wie Aristoteles, Plotin, Augustinus, Lessing, Winkelmann, Göthe,
Kant, Schiller und Hegel in sich birgt, man wird es, wie gesagt, als Ver-
messenheit tadeln, dass wir nach solchen Vorgängern gleichsam tabula
rasa vorfinden wollen. Allein man vergesse nicht, dass es sich um ein
und zwar eins der höchsten Probleme der Philosophie handelt und dass
dies gerade diejenige Wissenschaft ist, von welcher noch Kant, ohne
durch Autorität beirrt zu werden, die Klage erhebt, dass sie den Königs-
weg der Wissenschaft noch nicht gefunden habe, sondern immer nach
verzweifelten Hin- und Her-Sprüngen jedesmal wieder in's Stocken gerathen sei. Seitdem haben tiefe Denker gelebt und gearbeitet, mit tita-
nischem Eifer den Pelion auf den Ossa gebaut, um den Himmel der Wahrheit mit stürmender Hand zu gewinnen. Doch schon wir, die zweite
Generation nach diesem kühnen Denkergeschlecht, haben ihre Systeme
in Trümmer fallen sehen müssen und irren in dem Chaos ihrer Bruch-
stücke rathlos umher. Diese allgemein verbreitete klare Erkenntniss der
Erfolglosigkeit aller bisherigen philosophischen Bemühungen, welche sich
in der landläufigen Redensart ausspricht, dass man mit der Philosophie
keinen Hund vom Ofen locken könne, muss natürlich auch auf die Aesthetik zurückwirken und den Lehrmeinungen der Philosophen auch auf diesem Gebiete jede Autorität nehmen. Dabei bedarf es jedoch wohl kaum
der Erinnerung, dass da wo im grossen Ganzen und Allgemeinen im
Zusammenschlusse des Systems geirrt worden ist, deshalb dennoch im
Einzelnen werthvolle Wahrheiten und für alle Zeit fruchtbare Theorieen
geliefert worden sein können. Dies letztere bestreiten und die grossen
Verdienste aller der genannten und noch vieler anderer Philosophen um
das Verständniss des Schönen in Kunst und Natur ignoriren wollen, wäre
mehr als Anmassung, wäre albern. Sondern nur das soll behauptet werden, dass da, wo die einzelnen richtig erkannten und oft mit so viel Feinheit und Scharfsinn geschöpften Wahrheiten gleichsam im Schlussstein
des Gewölbes in eine einzige beherrschende Grundwahrheit zusammen-
stossen sollen, immer noch Irrthum, Zweifel und Unsicherheit herrscht

und dass es da die Wissenschaft bisher nur zu unerwiesenen Voraussetzungen oder mehr oder minder wahrscheinlich gemachten Vermuthungen gebracht hat. Wir gedenken deshalb auch nicht eine, wenn auch noch so gedrängte Geschichte der Aesthetik zu geben, wozu uns auch durchaus die Kräfte fehlen, sondern nur eine ganz flüchtige Rundschau der Meinungen der Philosophen über das Wesen des Schönen nur zu dem einen Zwecke, daran zu sehen, inwieweit wir es dabei mit erwiesenen Wahrheiten oder mit beweislosen Vermuthungen zu thun haben. Und auch dabei müssen wir im Voraus die Nachsicht der Fachmänner für die Ansichten eines Dilettanten anrufen, der sich mit dem Gegenstande zwar mit einiger Vorliebe beschäftigt hat, dem es jedoch nicht vergönnt war, an den Quellen selbst zu schöpfen und der daher sich damit begnügen muss, sich auf die Resultate anerkannter Forscher zu stützen.

26. Die ältesten Aesthetiker vor Baumgarten.

Die Grundpfeiler aller Aesthetik bilden noch bis auf den heutigen Tag Plato und Aristoteles. Man pflegt Baumgarten den Vater und Begründer der Aesthetik zu nennen. Mit weit mehr Recht kommt aber dem Plato dieser Ehrenname zu, weil in ihm in der That mehr oder weniger entwickelt die Keime und Ansätze aller späteren Aesthetiken vorgebildet sind. Der doppelten Strömung in seinen ästhetischen Lehrmeinungen haben wir bereits gedacht. Die eine ist die subjektive, auf den einfachen (ungemischten) Lust-Gefühlen beruhende Bestimmung des Schönen als Mass, Symmetrie, Schicklichkeit, Zweckmässigkeit, Vollkommenheit (μέτριον, ξυμμέτριον, καίριον, ἱκανὸν, τέλεον) im Philebos, Hippias, Timäos. Dieselbe erscheint ganz formalistisch und führt nicht nur alle Schönheit sondern auch selbst das Gute und Wahre auf Mass- und Form-Verhältnisse zurück. Die Gegenströmung hingegen, welche im Phädros, im Gastmahl und der Republik vertreten ist, setzt das Schöne in die reine Idee d. h. das wahrhafte Sein τὰ ὄντως ὄντα und bezeichnet dasselbe zwar auch als strahlend und augenfällig λαμπρον und εκφανες, so doch ausdrücklich als form- und gestaltlos. Bekanntlich sind zahlreiche Versuche gemacht, diese mit einander streitenden Bestimmungen in eine Einheit des Systems zu verschmelzen. Wir müssen es competenteren Beurtheilern überlassen, inwieweit diese Versuche geglückt sind. Wechselseitige Beziehungen zwischen der stofflichen Idee des höchsten Guts und den formalen Lust-Gefühlen des Masses und der Symmetrie sind wohl nicht zu verkennen.

Im Ganzen jedoch will es verdächtig scheinen, dass die Interpreten, welche sich die einheitliche Verschmelzung beider so sehr sauer werden lassen, ihn je nach ihrer eigenen Richtung bald zum Formalisten bald zum Materialisten stempeln. Vielleicht verdiente Plato dadurch nicht am wenigsten den Beinamen des Göttlichen, dass er die beiden von ihm klar unterschiedenen Seiten des Problems lieber unvermittelt neben einander bestehen lassen als der systematischen Einheit zu Liebe eine der beiden Seiten, wie nach ihm so mancher gethan, gewaltsam unterdrücken wollte.

Fragen wir nun, ob Plato die eine oder andere Seite dieses Gegensatzes wissenschaftlich begründet habe, so müssen wir das verneinen. Die Bestimmung des Schönen als das wahrhaft seiende Sein ist ihm nur der consequente Ausdruck oder die Anwendung seiner Ideenlehre und unterliegt mit dieser allen den gewichtigen Einwürfen, mit welchen schon Aristoteles das Ansehen derselben erschüttert hat. Besser könnte die formalistische Seite begründet erscheinen, da hier wenigstens eine gewisse inductive Ableitung, um von schönen Einzelheiten auf das Schöne an sich zu gelangen, ersichtlich ist. Aber Plato's Kunstanschauungen waren zu einseitig und zu ethisch-rigoristisch, als dass sie ihn hätten befähigen können, auf diesem Wege zu einer richtigen Induktion zu gelangen. Man denke nur, wie er das Tragische und das Komische aus dem Gebiete des Schönen ganz verweist, wie er den Dichter aus seiner Republik verbannen und auch die von ihm statuirte Kunst, welche er obenein mit den beschränkendsten Fesseln beladet, auf eine sehr niedrige Stufe seiner Güterfolge stellen will. So ist es denn freilich nicht zu verwundern, dass er von einer so beschränkten Kunstanschauung aus den Weg zu dem wahrhaft seienden Sein, dem Kern- und Gipfel-Punkte des Schönen nicht hat finden und denselben mehr in mythisch-dichterischem Schwunge ahnen als im Wege nüchterner Forschung hat erreichen können.

Glücklicher war auf dem inductiven Wege Aristoteles. Er ist es eigentlich, der allen Aesthetikern nach ihm die allein erfolgreiche Methode gezeigt hat, sowie Kant derjenige ist, der das richtige Princip fand. Aristoteles war bemüht, durch Betrachtung und Vergleichung der Künste im Einzelnen zu allgemeinen Regeln zu gelangen und mit welcher Einsicht er dabei verfuhr, zeigt sich daran, dass Lessing mit Recht seine Poetik für ein ebenso vollkommenes Werk erklärt wie die Elemente des Euklid. So vollkommen und unerreichbar dieses Werk, so unfehlbar es in der Beschreibung der Kunst und in der Aufzeigung ihrer unvergänglichen Gesetze in der That ist, so wenig ist es doch andrerseits genügend, über das Wesen der Kunst und des Schönen die letzte erschöpfende Auskunft zu geben. Gerade die empirisch nüchterne Art seines Philosophirens, welche ihn vor Erschleichungen und Anticipationen bewahrt, musste ihn auch zurückhalten, sich ein allzuhohes, für damalige Zeit überhaupt schwerlich erreichbares Ziel zu stecken. Wie er immer vom Gegebenen ausgeht und auch in der Metaphysik sich hütet, ein allumfassendes System aufzustellen, so vermeidet er es auch, über die Kunst und das Schöne mehr zu sagen, als er mit induktiver Sicherheit thun konnte. Dies ist aber für unsere abstrakteren Bedürfnisse zu wenig geblieben. Denn er sagt über das Schöne wenig mehr als, dass es auf einer gewissen Grösse und Ordnung, einer Einheit in der Mannigfaltigkeit beruhe; und Vischer bemerkt dazu sehr richtig, dass diese Bestimmung sowohl zu enge als auch zu weit gefasst sei. Zu enge, denn sie enthält nichts von dem eigentlichen Was, dem Inhalte, der Natur der Schönheits-Empfindung, und zu weit, denn es giebt viele Dinge, die auf Ordnung, Grösse und Einheit in der Mannigfaltigkeit beruhen. Ganz seiner Art entsprechend, versenkt Aristoteles sich in das Wesen des Schönen am tiefsten, kommt der Wahrheit am nächsten gelegentlich eines ganz speciellen Anlasses. Seine vielberufene und vielgedeutete Katharsis-Theorie, d. h. Lehre von der Reinigung der Leidenschaften durch natürlichen Ablauf, ist wunderbar tief gefasst, so tief, dass es wohl nur ihrer allgemeineren Anwendung auf andere Arten des Schönen bedurft hätte, um zu ungleich fruchtbareren Aufschlüssen über das Wesen des Schönen zu gelangen. Aber dazu wäre freilich eine Psychologie erforderlich gewesen, wie sie erst heutzutage durch die grossen Eroberungen in der Physiologie und andern Disciplinen möglich geworden ist.

Als Dritter neben diesem Dioskurenpaar kann im Alterthum nur noch Plotin in Betracht kommen. Plotin sucht den platonischen Dualismus zu überwinden. Er verlässt den Gegensatz des nicht seienden Stoffes und der ewig unveränderlichen Ideenwelt. Ihm ist der Stoff ein herabgekommenes Geistige (Abfall von der Idee), der Geist die Vollendung der Materie. Das Schöne ist die Herrschaft der geistigen Idee über den Stoff, die vollkommene Durchdringung und Sättigung des letzteren durch ersteren. Recht bündig polemisirt Plotin gegen die formalistische Theorie, dass das Schöne nur auf Mass- u. s. w. Verhältnissen beruhe. Aber was seine eigene Schönheitstheorie betrifft, so ist dieselbe die unmittelbare Consequenz und Anwendung seiner übrigen Philosophie. Bekanntlich sucht der Neuplatonismus, ähnlich einem neueren grossen System, seine Stärke mehr in der systematischen Ausbildung und Ableitung seiner Lehre aus einem Princip als in der nüchternen und sicheren Begründung dieses Princips. Dieses letztere ist einmal gegeben durch Offenbarung, im Zustande der Extase gefunden und steht unerschütterlich fest. Sieht man von diesem principalen Mangel ab, so ist alles in Ordnung, alles in imponirender Folgerichtigkeit, Einheit und selbst Klarheit. Wir gehen sogar noch einen Schritt weiter. Plotin's Lehre scheint uns die richtige zu sein oder der Wahrheit wenigstens nahe zu kommen, allein sie ist gänzlich unbewiesen, eine ziemlich wahrscheinliche selbst nahe liegende Vermuthung, die durch die Polemik gegen andere Theorieen, ähnlich wie wir es im ersten Abschnitt versucht haben, als Hypothese legalisirt wird, aber es fehlt alles, sie zum Range eines wissenschaftlichen Gesetzes zu erheben. Dass der Neuplatonismus, trotzdem er sehr vornehm über die Achsel angesehen wird, dennoch nur ein wenig modern aufgeputzt vielfach wiederholt wird, ist öfter bemerkt worden.

Wir übergehen die beiden Philostrate und das Fragment des Longinus, weil dieselben sich nur mit einzelnen ästhetischen Begriffen nicht mit der Idee des Schönen an sich beschäftigen, sowie endlich auch den heiligen Augustinus, welcher das Schöne in die Einheit und das Mass setzt und sich gegen alle Einwürfe dadurch schützt, dass er es schlechthin mit Gott identificirt, wodurch freilich der Streit zwischen Form und Materie überhaupt aber auch alle andern Scrupel begraben werden. Es tritt jetzt eine lange Pause des ästhetischen Philosophirens ein, indem andere allgemeinere Probleme, scholastische Kirchenphilosophie, Streit um Nominalismus und Realismus u. A., auf lange hinaus in den Vordergrund treten. Erst nachdem in neuerer Zeit mit Cartesius, Spinoza und Leibnitz die Philosophie wieder zu einer gewissen Selbständigkeit und zur Systembildung gelangt war und namentlich in dem Leibnitz-Wolff'schen System es zu einer gewissen Vollständigkeit gebracht hatte, war wieder Raum und Musse für ästhetische Studien gewonnen, zumal inzwischen auch durch die Wiederbelebung der Antike und durch die dadurch zu hoher Blüthe gelangte moderne Kunst eine ungleich reichere aesthetische Erfahrung gegeben war.

27. Von Baumgarten bis Kant.

Baumgarten ist derjenige, welcher nach dieser tausendjährigen Pause zuerst wieder die ästhetischen Studien aufnahm. Zwei wichtige Verdienste hat Baumgarten sich um die Aesthetik erworben, erstlich dass er dieselbe zum Range einer selbständigen Wissenschaft erhob und ihr den Namen gab, den sie noch heute führt; es gereicht ihm dabei nicht wenig zum Lobe, dass er dies that unbekümmert um die Vorwürfe, die ihm aus solcher Verherrlichung der Sinnlichkeit erwachsen mochten. Sein zweites Verdienst ist das, dass er zuerst in bewussterer Weise seine Aesthetik auf die Psychologie zu gründen suchte. Denn inzwischen war man durch Wolff auch zu einer eigenen Disciplin der Psychologie gelangt. Baumgarten's Lehrmeinungen selbst sind, weil ganz auf dem veralteten Wolff'schen System beruhend, völlig antiquirt. Die Wolff'sche Psychologie mit ihren fächerartig abgetheilten höheren und niederen Vermögen ist nun längst verlassen und damit auch die Baumgarten'sche Aesthetik. Letztere läuft in der Kürze darauf hinaus, dass die Schönheit dem niedern Erkenntnissvermögen angehört, sie ist sinnliche d. h. verworrene Erkenntniss des Vollkommenen, während dessen durch das obere Erkenntnissvermögen erlangte deutliche Kenntniss die Wahrheit giebt. So ist ihm das Schöne rein Sache der Form, dennoch aber identisch mit dem Guten und Wahren und von demselben nur phänomenologisch unterschieden.

Auf so unvollkommener Grundlage war nichts zu erreichen, wir übergehen daher auch die Versuche der Schüler Baumgarten's. Eschenburg, Eberhardt und Sulzer, welcher letztere von der sinnlichen Formschönheit seines Meisters eine höhere materielle Schönheit des Guten und Wahren unterscheidet, und Mendelssohn, welcher in der Erklärung, dass Vollkommenheit sinnlich erkannt Schönheit, deutlich Wahrheit sei, sich zwar wiederum näher an Baumgarten anschliesst, damit aber zugleich, indem er die Vollkommenheit als höheren Zweck über die Schönheit setzt, diese zu etwas Unvollkommenen herabsetzt, welches jenem höheren Zwecke zu dienen verbunden sei.

Hatten sich die letztgenannten Anhänger Baumgarten's auf einen Abweg verirrt, indem sie allzunahe daran waren, das Schöne unter den Gesichtspunkt des Guten und Nützlichen zu stellen, so traten dieser Verirrung eine Reihe von Künstlern und Kunstkennern gegenüber, welche aus einer lebhafteren Kunsterfahrung und Anschauung heraus wiederum die Autonomie und Unabhängigkeit des Schönheitsbegriffes feststellten. Lessing, Winkelmann, Raphael Mengs und Göthe mit seiner Umgebung. Dazu bei den Engländern Hogarth und in der Kant'schen Zeit Schiller und Herder. Man sieht, die Kunsterfahrung ist bei den Bemühungen, das Wesen des Schönen festzustellen, keineswegs unvertreten geblieben. Aber wieviel Geistvolles und Wahres auch immer diese Männer gesprochen und geschrieben haben, wie werthvolle Bereicherungen für alle Zeit wir ihnen für unsere Disciplin zu verdanken haben da, wo sie sich streng und nüchtern an die Thatsachen ihrer reichen Erfahrung hielten und sich lediglich auf dem Gebiete ihrer erleuchteten Anschauungen bewegten:

über den eigentlichen Kern der Aesthetik, das Wesen des Schönen selbst werden wir von ihnen nicht unterrichtet. Sobald sie sich über ihren mütterlichen Boden, das praktische Kunstgebiet, zu allgemeineren Theorieen erheben, verfallen sie in Unselbständigkeit oder Willkür. — Lessing hält sich streng an Aristoteles und kommt über ihn nicht hinaus. Der Zweck der Kunst soll nur die Schönheit sein. Dies war den Verirrungen der Baumgarten'schen Schule, welche theils das Nützliche theils das Vergnügliche zu substituiren geneigt schien, gegenüber gewiss sehr am Platze. Aber was ist die Schönheit? Fast noch schärfer und ausdrücklicher als Aristoteles setzt er das Wesen derselben nur in die Form, die vis plastica der Natur, d. h. ihre Form gebende Schöpferkraft, das Gesetz, nach welchem sie schafft. Das Ideal ist ihm, wie wir bereits erwähnt, die Absicht der Natur, welche sie bei jeder einzelnen Schöpfung gehabt, diejenige Form, welche sie hat hervorbringen wollen, aber wegen des widerstrebenden Stoffes und anderer ungünstigen Umstände nicht hat erreichen können. Gewiss lässt diese Bestimmung manche Frage von principaler Wichtigkeit offen und in ihre Consequenzen verfolgt, würde sie mit der reinen Formenschönheit, die vom Ausdruck ganz verschieden sein und bleiben sollte, wohl schwerlich zusammen bestehen können. Aber Lessing wollte keine Metaphysik des Schönen geben; er wollte in diese letzten Fragen nicht weiter eindringen, als er es behufs der ihm gerade vorliegenden Anlässe brauchte. Dass seine Ansicht von der Sache eine einseitige war, zeigt seine Geringschätzung des Colorits und der Landschaftsmalerei; eine Einseitigkeit der Anschauung, welche wir übrigens bei Winkelmann und Mengs in ganz ähnlicher Weise finden. Auch diese beiden finden ihre Grösse mehr im concreten Kunsturtheil und praktischer Kennerschaft, als in der Theorie des Schönen. Was sich bei beiden an ästhetischer Theorie findet, gründet sich auf Plato ganz so wenig selbständig, als Lessing's theoretische Unterlage sich auf Aristoteles stützt. „Die höchste Schönheit ist in Gott," sagt Winkelmann und ganz ähnlich bestimmt sein Freund Mengs die Schönheit als sichtbare Vollkommenheit. Mit diesen platonisirenden Vorbegriffen stimmen aber die praktischen Kunstanschauungen nicht überein. Diese sind rein und streng formalistisch und gipfeln in dem vielberufenen Satze Winkelmann's, die Schönheit solle sein, „wie das vollkommenste Wasser aus dem Schoosse der Quelle geschöpft, welches, je weniger Geschmack es hat, desto gesunder erachtet wird".

Dieses extreme Gleichniss, welches in Betreff des Wassers nicht minder irrthümlich als in Betreff des Schönen ist (geschmackloses Wasser ist fade und gutes Wasser schmeckt nach Kohlensäure, Kalk, Kiesel und

anderen Mineralien), hat dann zu dem durch Hirth angeschürten Streit
um das Charakteristische Anlass gegeben, in welchem Göthe zwischen
dem Bedeutenden und Anmuthigen in nüchterner verständiger Weise
eine Vermittelung sucht und findet. An eine wissenschaftlich-methodische
Ableitung des Schönheitsbegriffes ist aber bei ihm ebensowenig, als bei
den Vorigen zu denken.

Ehe wir uns jetzt zu den grossen deutschen Philosophen und
Philosophenschulen wenden, haben wir noch einen Augenblick bei den
französischen und englischen Aesthetikern zu verweilen. In Frankreich,
wo schon gegen Ende des siebzehnten Jahrhunderts Boileau im Anschluss
an die Horazische ars poetica jenes strenge Gesetz academischer Regeln
predigte, welches in Deutschland später eine so stürmische Reaction
seiner Zeit hervorrufen sollte, und wo die Theorie des heiligen Augustinus
durch Père André zu hohem Ansehen gebracht war, hatten später Dubos
und Batteux die aristotelische Lehre von der Katharsis und von der
Nachahmung der schönen Natur zu erneueren gesucht, ohne sich zu
einer begrifflichen Bestimmung des Schönen zu erheben. Auf demselben
Boden der Naturnachahmung fusst Diderot, welcher gegen den academischen Regelnzwang so energisch Front macht. Ihm ist das Schöne
geradezu einerlei mit dem „Natürlichen“, jedoch vermag er den Grund,
weshalb dasselbe gefällt, nicht zu erklären.

Von höherem Interesse sind uns die englischen Aesthetiker, nicht
wegen der von ihnen erlangten materiellen Resultate, in denen sie die
Franzosen und deutschen Zeitgenossen kaum übertreffen dürften, sondern
hauptsächlich wegen ihrer Methode, welche die besten Aussichten zu
erwecken geeignet schien. Sie fassen nämlich durchweg die Sache subjektiv, psychologisch und induktiv auf und haben damit Kant den Weg
gezeigt, den dieser nur ungleich methodischer und strenger verfolgt hat.
Auch die Engländer sind durch diesen Weg zu vielen treffenden Wahrnehmungen geführt worden, aber dabei ist es auch geblieben und es war
ihnen nicht gegeben, eine Summe solcher Wahrnehmungen speculativ zu
verwerthen, oder auch nur, ohne in Willkür zu verfallen, zu einer einheitlichen Theorie zu verschmelzen. Ein Kunstkritiker von so scharf-
sinnigem und gesundem Urtheil wie Home hat es doch nur zu äusserst
dürftigen Ansätzen einer Kunstphilosophie gebracht. Seine Bestimmungen
und Unterscheidungen des Schönen, deren er allzu viele macht, indem
er jede Regung der Seele auf einen besondern Sinn zurückführt, haften
zu sehr an der Oberfläche der Sache, und von der Vermischung mit dem
Nützlichen weiss er sich nicht überall frei zu halten. Hogarth's geist-
reiche Theorie besteht darin, dass er das Schöne ganz und gar auf die

Schlangenlinie zurückführen will, und ist eigentlich nur eine nähere
Ausführung der Lehre, die Michel Angelo einem Schüler gegeben: er
solle seine Figuren allezeit pyramidenförmig, schlangenförmig und mit
Eins, Zwei und Drei (soll wohl soviel sagen als in einfachen Verhältnissen) mannigfaltig machen. Diese Lehre, sowie die Hogarth'sche
Schlangenlinie mögen für Malerei, Bildhauerei und Tanz eine gewisse
formale Berechtigung haben, eine erschöpfende gewiss auch nicht, was
soll man aber in der Musik und Poesie damit machen. Zudem giebt es,
wie Hogarth zugiebt, viele Schlangenlinien, unter denen nur eine die
wahre Schönheitslinie ist, welches aber diese sei und an welchen Kennzeichen sie sich von den übrigen unterscheidet, erfahren wir nicht. —
Burke sucht, ähnlich wie Home, das Schöne auf Grundtriebe der Seele
zurückzuführen. Er unterscheidet das Schöne vom Erhabenen und weist
letzteres dem Selbsterhaltungs-, ersteres dem Geselligkeitstriebe zu. Die
ästhetischen Empfindungen des Erhabenen und des Schönen selbst
werden physiologisch erklärt und zwar soll das Erhabene durch plötzlichen Schreck die verstopften Capillargefässe reinigen, das Schöne aber
eine wohlthätige Herabstimmung der Fibern bewirken. Bestimmungen,
die offenbar ebenso willkürlich als unfruchtbar sind. Das Gemeinsame
aller dieser Philosopheme lag darin, dass das Schöne auf sinnliche Reize
zurückgeführt werden sollte, eine Einseitigkeit, welche die Sphäre des
Schönen offenbar nicht erschöpfen konnte und daher zu einseitigen willkürlichen Bestimmungen führen musste.

Die Ergänzung oder die natürliche Reaction bilden die Intellektualisten, welche zwar gleichfalls auf subjektiv empirische Weise argumen-
tiren, aber ihren Ausgang nicht in den Sinnesreizen, sondern in der
Vernunft, dem geistigen Intellekt, welcher zugleich allgemeiner Weltgeist ist. Ihr Führer ist Shaftesbury, der als ein etwas bequemer vor-
nehmer Praktiker mit einiger Feinheit im Einzelnen, aber ohne Strenge
im Ganzen über das Schöne philosophirt und nicht ohne Anklänge an
Augustin und Plotin das Schöne als Einheit in der Form des Mannigfaltigen bestimmt, und gleichzeitig als Urschönheit mit Gott oder dem
Weltgeist identificirt. Auf derselben Bahn folgen ihm Clarke, Wollaston
Cudworth, sowie Hutcheson und Thomas Reid, welche letztere nur das
Besondere für sich haben, dass sie das Schöne mit dem Guten und Nützlichen verwechseln, ersterer, indem er alles Gefallen als ein Produkt der
Ideen-Association ansieht, letzterer, indem er das Schöne als Produkt
des common sense betrachtet.

28. Neuere Aesthetik von Kant an.

Wir haben schon wiederholt erwähnt, was wir für Kant's wichtigstes Verdienst sowohl um die Philosophie, überhaupt als insbesondere um die Aesthetik halten; es ist das Erkennen des richtigen, allein fruchtbaren Princips. Kant's Princip ist die Seele. Alle Erkenntniss muss mit Selbsterkenntniss beginnen. Das war eigentlich nichts Neues. Socrates, Cartesius, Baumgarten, die Engländer hatten es vor ihm damit versucht. Aber Keiner hat mit solcher Consequenz und Energie es nach allen Seiten hin durchzuführen versucht. Aber ebenso wie seinen Vorgängern, war es ihm schädlich, dass er sich dabei auf keine geläuterte Psychologie stützen konnte. Wie Baumgarten adoptirt auch Kant für seine kritischen Unternehmungen lediglich die ganz äusserliche und oberflächliche Wolff'sche Psychologie, mit ihren verschiedenen Vermögen, deren Zahl und Art er nach dem jeweiligen Bedürfniss vermehrt oder modificirt. Gerade für Kant, der es unternahm, das theoretische und praktische · Vermögen der Seele kritisch festzustellen, musste die vorgängige Untersuchung der Art und Funktionen der Seele, wie die Prüfung des Baugrundes vor dem Bau, wenn auch eine mehr subalterne, so doch eine Arbeit von der entscheidensten Wichtigkeit sein. Und diese Arbeit blieb ungethan. Der Baugrund, der auf Wolff's Autorität als gut hingenommen wurde, erwies sich als durchbrüchig. Daher bei aller Grösse und Genialität das überall Ungenügende der Kant'schen Philosophie. Daher gleich zunächst das rein äusserliche assertorische Aufraffen der Kategorieen, daher das unklare unvermittelte Verhältniss zwischen der theoretischen Negation und dem praktischen Postulat, wodurch es geschah, dass dasjenige, was leicht der grösste Gedanke Kant's war, der aller erfolgloseste und heutzutage fast als Sonderbarkeit halb vergessene geworden ist. Daher endlich das halbe negative Resultat, bei dem er stehen bleibt, indem er zu der ihm zugekehrten subjektiv-negativen Seite die objektive reale nicht aufzufinden vermochte.

Diese Mängel theilt nun auch die Kant'sche Aesthetik. Sie ist auf ein besonderes Seelenvermögen die Urtheilskraft basirt. Dieses Vermögen, welches als Vermögen zu subsumiren, oder als Vermögen der Gefühle, der Lust und Unlust unseres Erachtens eine fehlerhafte Vermischung theoretischer und praktischer Momente bildet, und dessen Vorhandensein von Kant mehr teleologisch (als nothwendig, um zwischen Vernunft und Verstand zu vermitteln) gefordert, als thatsächlich erwiesen wird, bildet die alleinige Quelle des Schönen, d. i. des ästhetischen

Urtheils. Dieses ästhetische Urtheil ist nämlich weiter nichts, als eine Billigung oder Verwerfung der Vorstellungen von Gegenständen (Gegenstände selbst giebt es nicht), je nachdem dieselben unserm Erkenntnissvermögen angemessen sind oder nicht. Das Schöne ruht daher ganz und gar im Subjekt, hat mit dem Objekt nicht das mindeste gemein. Das Schöne ist also das unserm Seelenvermögen entsprechende Verhalten der Vorstellungen und ist daher nach den vier Kategorieen: 1) ein Gefallen ohne Interesse (Qualität), 2) was allgemein gefällt (Quantität), 3) was in der Form der Zweckmässigkeit ohne bestimmten Zweck gefällt (Relation), 4) was nothwendig gefällt (Modalität). Diese Bestimmungen führen den grossen Denker zu der bedauerlichen Consequenz, dass da, wo das wohlgefällige Urtheil der Zweckvorstellung bedürfe, wie bei der Schönheit des Menschen und der Thiere, sowie bei aller geistigen und sittlichen Schönheit, keine freie Schönheit, sondern nur eine adhärirende Schönheit vorhanden sei und es kommt darauf hinaus, dass das Gebiet der wahren Schönheit sich nur auf Blumen, weil sie nichts ausdrücken, Zeichnungen à la grecque und dergl. beschränkt. Eine nicht minder harte Consequenz ist die, dass das Geschmacksurtheil, obwohl nothwendig und allgemein, doch lediglich subjektiv und streng formal ist, dass es nicht gelehrt werden kann und keine objektive Geschmacksregel ergiebt. — Ebenso wie das Schöne ist auch das Erhabene lediglich ein Gefallen seiner Selbst. Kant unterscheidet das mathematisch Erhabene und das dynamisch Erhabene, ersteres ist die Wahrnehmung der Raumgrösse, letzteres der Kraftgrösse. In beiden zeigt sich die Natur als unüberwindliche Gewalt, der aber die Seele in selbstbewusstem Stolze gegenübersteht. Das Gefühl des Erhabenen besteht also darin, dass sich die Seele der rohen Naturmacht gegenüber in ihrer Freiheit behauptet, und sich über diesen ihren Sieg erfreut. Dies aber will uns als eine kümmerliche pedantische Theorie erscheinen, an welcher mehr als irgendwo die Schwäche dieser subjektivistischen Aesthetik in voller Nacktheit zu Tage tritt. Welche Zumuthung, dass wir beim Anblicke des Meeres, der Alpen oder des Niagarra-Falles nur uns selbst erhaben finden, nur uns selbst bewundern sollen, während die Thatsache doch die ist, dass wir unser liebes Selbst vor solchen redenden Beweisen göttlicher Allmacht in ein winziges Atom zusammenschnurren sehen.

Die Schwäche des Kant'schen Kriticismus liegt darin, dass er mit dem „Ding an sich" nichts anzufangen weiss, dass dieses ihm, wie Hegel treffend bemerkt, zum caput mortuum herabsinkt. Zum Verdienst aber rechnen wir es ihm an, dass er sich von der Fichte'schen Consequenzmacherei nicht zu dem Extrem verleiten liess, dieses Ding an sich ganz fallen zu lassen. In der Aesthetik aber scheint er zu diesem Extrem allerdings fortgeschritten zu sein, indem er das Schöne ganz und gar in das Subjekt hineinnimmt. Die Signatur der Aesthetik Kant's sowohl als seiner Schule ist daher unbedingte Subjektivität, Formalität und Regellosigkeit des Schönen, indem dieses ebenso wie das Erhabene nur auf einer innern Harmonie der Seelenvermögen beruht. Das ist denn auch das Wesen der Schiller'schen Aesthetik, nur dass Schiller das Schöne auf Triebe zurückführt, während Kant den Trieb als etwas Individuelles, Willkürliches, daher nicht Allgemeingiltiges, sondern Verwerfliches bezeichnet, ein Unterschied, der uns von keiner Erheblichkeit für die Aesthetik erscheint. Schiller's Theorie complicirt sich in eine Menge von Trieben als Spieltrieb, Formtrieb und Stofftrieb, die wir als ohne psychologischen Werth hier übergehen.

Gegen diesen extremen Subjektivismus erhebt sich Herder mit fast leidenschaftlichem Eifer, indem er Objektivität und Gesetzlichkeit proclamirt und gegen die Trennung des Schönen vom theoretischen und praktischen Gehalt mit Heftigkeit eifert. In diesem energischen Protest, in dem überzeugungsvollen Hinweis auf die Einheit aller unserer idealen Triebe liegt Herder's Verdienst, seine eigenen systematischen Bestrebungen sind minder glücklich, sie enthalten die Wahrheit in der Form richtiger Meinung ohne methodische Begründung. Dass der Grund der Schönheitsempfindung im „Wohlsein" liegt, ist ein richtiger und wichtiger Gedanke, den wir in etwas veränderter Form, statt Wohlsein, Wohlgefühl gesetzt, des Breiteren ausführen werden.

Mit der nachkantischen Philosophie können und müssen wir uns noch kürzer als bisher fassen. Sie will uns mit der alleinigen Ausnahme Herbart's als Rückschritt, als Abfall vom Kant'schen Princip, mindestens als unverhältnissmässiger Umweg erscheinen. Da der Kriticismus Anstoss erregte durch die Härte seiner Consequenzen, so wäre der richtige Weg gewesen, die kritische Arbeit zu wiederholen, das Exempel noch einmal überzurechnen, d. h. die Seele und ihre Vermögen noch einmal und zwar etwas sorgsamer zu prüfen, um zu sehen, welche andere Resultate sich aus den berichtigten Vordersätzen ergeben möchten. Statt dessen was geschah? Man schlug sofort andere, neue Wege ein, der menschlichen Eitelkeit liegt die Versuchung so nahe, das Andere auch gleich schon für das Bessere zu halten. Fichte zunächst suchte Kant zu verbessern, indem er die letzte Brücke, die Kant zum Objekte hin hatte stehen lassen, abbrach und sich zu einem fast nihilistischen Idealismus oder besser Subjektivismus zuspitzte. Diese Subjektivität in voller Reinheit und Consequenz festgehalten, würde nicht mehr Idealis-

6*

mus, sondern Wahnsinn sein, und so schlägt sie, ehe man sich dessen
versieht, unvermerkt in Objektivismus um, indem das Subjekt einfach
objektivirt und an die Stelle des Ichs, des Individualsubjekts, das grosse
Ich der Menschheit, der Geist Gottes oder der Welt oder was sonst
gesetzt wird. Anstatt in der nüchternen Weise Kant's fortzufahren und
das Verhältniss des zunächst unbekannten Realen zu dem selbstbewussten
Ich sorgfältig zu prüfen, macht man sich die Sache allzu bequem, indem
man wie 'ein geschickter Prestidigitateur aus dem leeren Sacke des Subjekts plötzlich die ganze Welt und alles mögliche sonst herausholt. Fichte
begeht dieses qui pro quo unwillkürlich, gleichsam in der Hitze des
Gefechts. Schelling macht es zum Ausgangspunkt seines Systems oder
wenigstens der ersten Form seines proteusartigen Philosophirens, und
Hegel, der nun schon ganz auf objektivem Standpunkte steht, fängt
wieder vom Objekt an und macht den Seiltanz rückwärts zum Subjekt.

Bei diesen unseren Ansichten von dem nachkantischen Idealismus
ist es klar, dass wir demselben in Betreff der speculativen Erforschung
der Schönheitsidee keine grossen Erfolge zugestehen können. In der
That liegt es auf der Hand, dass das, was der alte Kant mit seinem
richtigen Princip und einer, wenn auch unvollkommenen, so doch oft
scharfsinnigen Psychologie nicht leisten konnte, die Späteren mit ihrem
Abfalle vom Princip und ohne alle Psychologie erst recht nicht würden
leisten können. Und so ist es auch wirklich. Sie haben grosse und weite
Systeme elaborirt und haben alles hübsch aneinander gerückt und auseinander abzuleiten gewusst. Aber der Kernpunkt, der Schlussstein
fehlt. Nehmt ihr System an, und ihr habt eine wenigstens vollständige
Aesthetik mit allerlei rühmlichen Verdiensten im Einzelnen. Sowie aber
in dieses bologneser Glas das kleinste Sandkorn eines Zweifels ritzt,
springt es wie Staub auseinander zusammt seiner kunstvoll aufgeführten
Aesthetik.

Das Gemeinsame der Aesthetiken der drei - idealistischen Systeme
besteht darin, dass das Schöne als Erscheinung der Vernunft in der
Form der Sinnlichkeit, als Erscheinung des an sich werthvollen ideellen
Gehalts in der nur durch ihn werthvollen Form aufgefasst wird. Fichte
bestimmt es dabei in subjektivistischer Weise mit Kant und Schiller als
innere Harmonie der Seelenkräfte und fällt dabei nicht ganz unmerklich
von der ästhetischen Höhe zum Sittlichkeitsstandpunkte herab. — Schelling rückt die Kunst in den Brennpunkt seiner ganzen Philosophie. Das
Schöne ist ihm der reine Begriff, das in der Natur in der That seiende.
Damit befinden wir uns ganz in platonischen und neuplatonischen Anschauungen, die indessen hier in der Copie um nichts begründeter, als in

den Originalen auftreten. — Wir übergehen die ästhetischen Meinungen von Fr. v. Schlegel, Adam Müller, Schleiermacher und Chr. Fr. Krausse,` welche sich alle mehr oder weniger eng an einen der obigen anschliessen, ohne in der Art ihrer Begründung auf Originalität Anspruch zu machen. Von hervorragender Bedeutung für die Aesthetik ist unter den Anhängern Schelling's allein Solger, der auch von der Hegel'schen Schule (Vischer namentlich) als erster Begründer eines ästhetischen Systems anerkannt wird. Solger fühlt recht gut und bezeichnet ziemlich genau das Ungenügende, welches allen ästhetischen Bestrebungen vor ihm anhaftet. Namentlich gegen die Schelling-Platonische Theorie der göttlichen Urbilder wendet er ganz richtig ein, dass dadurch der Unterschied des Schönen vom Nichtschönen nicht erklärt und das Schöne als Abbild des Musterbildes immer mehr oder weniger zu einem an sich gehaltlosen Zeichen herabgedrückt werde. Die eigentliche Ansicht Solger's von der Sache aber gestehen wir nicht gefasst oder wenigstens etwas, was wie Begründung aussieht, darin nicht gefunden zu haben. Es ist das nicht mehr Philosophie, sondern Theosophie und zwar noch theosophischer, als der Neuplatonismus und Jacob Böhm.

Mit Hegel betreten wir den, wenn auch nicht felsenfesten, so doch gegen den mystischen Nebel wenigstens erheblich haltbareren Boden der Speculation. Hegel ist der Gegenpol von Kant. Dieser sucht alle Gewissheit allein im Subjekt und wird nicht müde zu wiederholen, dass es thöricht sei, Wissen vom Objekt herholen zu wollen; und eben dies thut Hegel. Indem er in Schelling'schem Sinne Denken und Sein a priori für identisch nimmt, philosophirt er nun auf Grund des Seins mit ganz derselben Evidenz, wie sie, wenn Kant irgend Recht hat, nur dem Subjekt beiwohnt. Die natürliche Folge ist, dass dieses Sein, der Begriff, die Idee subjektivirt, hypostasirt und personificirt wird. Daher denn dies Auf- und Ab- und Hin- und Herbewegen der Begriffe, die wie lebende Wesen jetzt dieses und dann jenes thun, plötzlich in ihr Gegentheil umschlagen und dann wieder zu sich zurückkehren. Wir bekennen, von diesem dialektischen Spiel wenig erbaut zu sein, und dass dasselbe für uns nicht mehr Ueberzeugendes hat, als irgend eine mittelalterliche Scholastik. Daher haben die ästhetischen Lehrmeinungen Hegel's und seiner Schule, auch wenn wir, wie zum Theil der Fall, mit ihnen materiell übereinstimmen, für uns nicht die Bedeutung wissenschaftlicher Gewissheit, sondern einer richtigen Meinung. Dies trifft namentlich gleich mit dem Kern der Hegel'schen Aesthetik der Bestimmung des Schönen zu. Das Schöne ist ein Ideal, d. h. Idee in bestimmter Form. Idee aber ist ihm nichts anderes als der Begriff, die Realität des Begriffes und die

Einheit beider. Daher ist ihm mit Bezug auf die Idee Schönheit und Wahrheit dasselbe. Dies wäre, wenn wir es recht verstehen, etwa so ziemlich das, was wir als unsere Hypothese bezeichneten, dass das Schöne das Reale, das Gesetz des Wesens der Dinge sei, nur dass wir die Wahrheit des Schönen als ästhetische, d. h. Gefühlswahrheit sehr scharf von der theoretischen Wahrheit unterscheiden müssen. Aber man sieht leicht, dass wir wenigstens ihm nicht den legitimen Ursprung des wissenschaftlichen Beweises zugestehen können. Ganz ähnlich müssen wir uns auch zu Hegel's Schülern stellen, die um die Aesthetik sich in hohem Grade verdient gemacht haben, Vischer, Weisse und Arnold Ruge. Es scheint hier mehr als je die Erinnerung nöthig zu sein, dass nicht hier der Ort ist, wo wir uns mit den Philosophen, deren Namen wir aufgezählt, auseinander zu setzen gedenken, dass es uns vielmehr nur darauf ankommt, in Betreff des einen Punktes des Wesens des Schönen darzuthun, dass über denselben wissenschaftlich nichts ausgemacht ist. Am wenigsten möchten wir mit einem an Inhalt und Umfang so bedeutenden Werke, wie es das Vischer'sche ist, so in der Kürze umspringen. Wir glauben nicht zu irren und treffen darin wohl mit der Meinung aller Kenner zusammen, wenn wir demselben trotz schwerer principaler Mängel wegen der Feinheit der einzelnen Wahrnehmungen und wegen des von ihm dargelegten Zusammenhanges der einzelnen Momente des Schönen einen dauernden Werth zugestehen. Diese schweren Grundgebrechen, welche bereits auch von andern Seiten mehrfach hervorgehoben sind, bestehen eben in der gleich von Hause aus ausgesprochenen Anlehnung an das Hegel'sche System und in der dialektischen Methode, welche wir einmal nicht für das geeignete Werkzeug der Speculation, und am allerwenigsten der ästhetischen erachten können, wobei wir anderer, gleichfalls noch recht schwerer Bedenken wie der als durchaus selbstverständlich und für die Aesthetik als unentbehrlich hingestellten pantheistischen Weltanschauung und der als specielles Verdienst bezeichneten Einführung des Zufalls als Grundstein des Schönen nur einfach Erwähnung thun wollen.

Eine etwas abgesonderte, aber nicht so originale Stellung, als er selbst glauben mochte, nimmt Schopenhauer ein. Trotz seiner Polemik gegen Fichte, Schelling und Hegel ist es doch, wie schon Herbarth richtig hervorhob, eigentlich dieselbe Position, welche er einnimmt, wenn er das Kant'sche Ding an sich mit dem Willen des Subjekts identificirt und die Welt als Objektivation des Willens ansieht. Die Welt als Vorstellung angesehen ist ästhetisch, als Willen ethisch. Die einzelnen Dinge in ihrer Räumlichkeit, Zeitlichkeit und Causalität sind nur ver-

gängliche Exemplare der ewigen, von Raum, Zeit, Causalität unberührten
Gattungen oder Stufen der Objektivation des Willens. Diese unvergänglichen Objektivationsstufen (Platonische Ideen) sind das Objekt der
Kunst, der Gegenstand ästhetischen Wohlgefallens. Diesem von Raum,
Zeit und Causalität unberührten ästhetischen Objekt muss ein eben
solches ästhetisches Subjekt entsprechen, wenn ästhetische Anschauung
zu Stande kommen soll. Ein solches höheres und reineres Subjekt sind
wir aber für gewöhnlich nicht, weil wir Individuen und an einen Leib
gebunden sind, welcher selbst concretes Wollen, also Objekt unter
Objekten und somit dem Raum der Zeit und Causalität unterworfen ist.
Können wir uns hiervon frei machen, so können wir uns über den
Wechsel und die Vielheit der Einzeldinge erheben und die reinen Ideen
sehen. Diese Befreiung gelingt dem Genie im Augenblicke künstlerischen
Schaffens und dem Beschauer schöner Kunst- und Naturwerke. Der
Intellekt, der ursprünglich nur zum Dienste des Willens geschaffen und
in seiner natürlichen Funktion daher auch auf Raum, Zeit, Causalität
gerichtet ist, wird in der ästhetischen Contemplation von solchem Dienste
des Willens befreit und erhebt sich zur Anschauung der ewigen Ideen.

Letzteres nun die Emancipation des Intellekts vom Dienste des
Willens ist ein sehr richtiger und wenn wir nicht irren, dem Schopenhauer originaler Gedanken, der aber in einen Wust willkürlicher Mythologie eingehüllt ist. So geht es, wenn man ohne Psychologie über das
Wesen und die Wirkungen des Schönen philosophiren will, man wird
dann gerade durch die richtigsten Gedanken in die härtesten Widersprüche verwickelt, wie deren dem Schopenhauer von verschiedenen
Seiten ernstlich genug vorgehalten sind.

Besonnener und nüchterner nicht nur als Schopenhauer, sondern
als alle anderen nachkantischen Philosophen geht Herbarth zu Werke;
welcher auch zugleich der Einzige ist, welcher die Kant'sche Philosophie
in gesundem, d. h. realem Sinne fortzubilden versucht hat. Herbarth will
mit dem Ding an sich Ernst machen. Dasselbe ist ihm Realität, unsere
Vorstellungen sind zwar und bleiben subjektiv, sie sind nur zufällige
Ansichten des Realen, zeigen uns daher nicht dessen Wie oder Was, aber
sie sind Erscheinungen, Wirkungen desselben und sie zeigen uns, dass
das Reale ein Wie oder Was haben müsse. Wie der Rauch auf die
Flamme, so deuten unsere Vorstellungen auf die Art des Realen: Soviel
Schein, so viel Sein. Aber das Reale ist für Herbarth nicht eine Einheit,
sondern eine Vielheit. Jedes Reale ist einfach an sich und unveränder-
lich. Nur die Verhältnisse, in denen sie mit einander angeschaut werden,
die jedoch den Realen selbst ganz gleichgiltig sind, wechseln. — Man

sieht schon hieraus: Herbarth ist durch und durch und zwar nicht bloss
in der Aesthetik Formalist. Philosophie überhaupt ist ihm „Bearbeitung
der Begriffe" (wir würden sie materiell als Erforschung der Wahrheit
bezeichnen), Metaphysik definirt er als Bearbeitung der Begriffe, insofern
sie einer Veränderung behufs Wegschaffung der aus der Erfahrung hin-
eingekommenen Widersprüche bedürfen. Ethik und Aesthetik endlich
behandeln dieselben Begriffe, insofern sie „einen Zusatz in unserem
Urtheil herbeiführen, der in einem Urtheil des Beifalles oder Missfallens
besteht". Um dieser formalen Gemeinschaft wegen, welche sie übrigens
mit vielem andern theilen dürften, wirft er Ethik und Aesthetik in eine
Klasse zusammen, die er Aesthetik nennt. Die Ethik ist ihm ganz
ästhetisch und eine Kunstlehre, die sich von anderen Kunstlehren nur
dadurch unterscheidet, dass sie eine Kunst ist, deren Subjekt und Objekt
wir selbst sind und die daher ein Jeder nothwendig treiben muss. — Da
sich nun die Billigung und Verwerfung des ästhetischen Urtheils nicht
auf die Realen selbst, sondern nur auf die Verhältnisse derselben bezieht,
so kann er folgeweise keinen objektiven Schönheitsbegriff oder allgemeines Schönheitsideal oder was dem ähnlich wäre, anerkennen. Alles
derartige kann er als mystische Anschauung nicht hart genug verdammen.
An Stelle dieser entthronten Schönheitsidee bildet seine Aesthetik vielmehr eine Republik von ästhetischen Musterbegriffen, den einfachen
Elementarverhältnissen, welche für jede einzelne Kunstgattung scharf
bestimmte unveränderliche Formen bedingen. Das, was wir gewohnt
sind, als das eigentliche Was des Schönen anzusehen, das Erhabene,
Anmuthige, Grosse, Edle u. s. w. gehört nach ihm nicht dem Reiche des
Schönen, sondern den subjektiven Erregungen an, die davon nicht strenge
genug geschieden werden können. So zersplittert und zertrümmert Herbarth die Idee des Schönen und behält in der Hand eine Anzahl von
einander ganz unabhängigen Formbruchstücken, in denen er das wahre
Wesen der Schönheit festzuhalten glaubt. Aber eine naheliegende Betrachtung dürfte ihn gröblichen Irrthums zeihen. Wenn Herbarth z. B.
für die Musik im Generalbass das einzige richtige Vorbild für eine echte
Aesthetik findet, so hätte er sich doch sagen müssen, dass erst hinter
dieser Tonlehre — und ebenso bei jeder andern Kunst hinter der Form-
lehre dasjenige kommt, was den Künstler macht, dasjenige, um deswillen
die Form in Bewegung gesetzt wird. Diese Formverhältnisse kann
Jedermann lernen, aber einer unter Hunderttausenden nur kann ein
Künstler sein. Das, was in der Herbarth'schen Aesthetik Verdienstliches
und selbst Verführerisches liegt, der Hinweis auf die Consequenz und
Evidenz dieser Schönheitsformen, die durch die neuesten Entdeckungen

der Optik und Akustik in neues Licht gesetzt ist, ist allerdings der höchsten Beachtung werth. Aber der Begriff der Form weist schon an sich auf einen Inhalt hin, der sie durchdringt und in ihr erscheint; und dieser ist das wahre Wesen des Schönen, nicht jene Form, in der er erscheint, und die, soweit sie nicht Inhalt ist, jedes selbst sehr mittel-mässige Talent erlernen kann.

29. Die wichtigsten Schwierigkeiten der Hypothese.

Wie dürftig man auch die vorstehenden Notizen finden möge, eins dürfte doch — und darauf kam es uns allein an — daraus hervorgehen, nemlich das, dass es der Aesthetik als Wissenschaft bisher nicht ge-lungen ist, über das Wesen des Schönen etwas festzustellen, dass die Meinungen der Philosophen immer noch in Extremen herüber und hin-über schwanken und jede dieser Meinungen für sich nur so viel und so lange Autorität in Anspruch nehmen kann, als das System geniesst, aus welchem sie entsprang. Käme es auf eine Abstimmung an, so möchte das Zünglein der Wage sich wohl auf die Seite der stofflichen Ansicht neigen, selbst wenn man die Stimmen wägt, statt zu zählen, obwohl wir das Gewicht der Stimmen eines Aristoteles, Kant, Schiller und Herbarth nicht unterschätzen. Aber wenn es einmal auf Autorität ankommen soll, so gestehen wir offen, dass das Ciceronische: lieber mit dem göttlichen Plato irren, als mit irgend wem Recht haben, alsdann etwas Verführeri-sches hätte. Der Schwung idealer und echt ästhetischer Begeisterung im Phädrus ist in der That hinreissend. Hieran schliessen sich Plotin und Vischer, diejenigen, welche es in der Aesthetik zu am meisten ab-gerundeten Systemen gebracht haben und in der neuesten Zeit Moritz Carriere. Dazu kommt, dass die meisten Formalisten, wie wir gesehen haben, sich von der materialistischen Ansicht immer nicht ganz frei halten können, und dass, wie wir im ersten Theile dargelegt zu haben glauben, alle formalen Momente sich als accidentiell erwiesen. Sagt doch auch Aristoteles, der Meister der Formalisten im sechsten Kapitel der Poetik, nach dem er erwähnt, dass die Fabel „der Grundbestandtheil, die Seele der Tragödie" sei:

„Aehnlich ist es auch bei der Malerei. Denn wenn Einer in seinem Gemälde die schönsten Farben planlos auftrüge, so würde er sicherlich nicht dieselbe wohlgefällige Wirkung hervorbringen, als wenn er ein wirkliches Bild auch nur in Kreidestrichen hinstellte."

Gewiss, aber dasselbe lässt sich von jeder Kunst und von jeder
Form mit demselben Rechte sagen.

So ergiebt sich uns denn auch hier diejenige Annahme als die wahr-
scheinlichere, welche wir nunmehr mit der Thatsache vergleichen wollen.
Diese Annahme ist, um es in der Kürze zu wiederholen, folgende: Das
Schöne ist weder etwas von den Dingen abgesondertes, noch eine specifische Eigenschaft derselben dergestalt, dass die einen schön, die andern
aber hässlich seien, es ist auch weder eine bloss subjektive Eigenthümlichkeit des Menschen, noch auch ein blosses Form- oder Massverhältniss,
sondern das Schöne ist das Reale selbst, d. h. die Wesenheit der
Dinge, das denselben innewohnende Gesetz, das Absolute; das
Wesen des Schönen ist das Wesen der Dinge. Es könnte scheinen, als ob hiermit kein sonderlich tiefer Einblick gegeben würde, da ja
bekanntermassen das Wesen der Dinge das aller unbekannteste ist. Es
wird sich aber im Verfolg der Prüfung unserer Hypothese zeigen, dass
gerade die Schönheit uns den tiefsten Einblick in das Wesen der Dinge
gestattet, so dass sich die Vermuthung aufdrängt, als ob die ästhetische
Betrachtung, welche uns das Schöne vermittelt, zugleich einen Fingerzeig
hinsichtlich der Methode, die uns dem grossen X aller menschlichen
Probleme näher bringen könnte, darzubieten im Stande sei.

Wenn wir nun daran gehen, unsere Hypothese an der Hand der
Thatsachen zu controliren, so springen sogleich zwei schwere Widersprüche in die Augen, mit denen man sich vor allen Dingen abzufinden
hat, wenn von Aufrechterhaltung der Hypothese überall die Rede
sein soll.

Erstlich, wenn das Schöne weiter nichts sein soll, als das Reale,
müssten denn nicht alle Dinge gleich schön sein? Müsste dann nicht eine
Madonna und eine Kröte auf gleicher Stufe der Schönheit stehen und
könnte von einem mehr oder minder überhaupt dann die Rede sein?
Eine ungeheuerliche Consequenz. In der That haben auf diesen Punkt
auch immer die wirksamsten Angriffe der Formalisten stattgefunden, und
es sind zu ihrer Abwehr die allerumständlichsten metaphysischen Ver-
anstaltungen vorgekehrt worden. Unsere Sache nun ist die Metaphysik
nicht, und wir verzichten daher auf alle etwa aus der Natur des Realen
hergeholten Schutzmittel der Art, dass die Dinge in dem Masse mehr
oder weniger real, also auch schön seien, als sie der Idee dem Absoluten
näher oder ferner stehen. Wir verzichten vielmehr zunächst auf die
Beantwortung dieses Einwurfs und wenden uns gleich zum zweiten, um
zunächst zu übersehen, welche Hauptthatsachen unsere Theorie zu erklären hat.

Zweitens: Wenn das Schöne weiter nichts ist als die Realität der Dinge, wenn diese schon an sich schön sind, wie kann dann der Kunst noch irgend ein Werth beigelegt werden. Der Kunst bleibt dann doch weiter nichts übrig, als die Dinge so nachzuahmen, wie sie in der Natur sie vorfindet, und da sie wie alles menschliche Thun unvollkommen ist, so bleibt diese Nachahmung hinter der Natur noch ein gut Stück zurück. Wozu also mit solchem Aufwand von Mühe erst noch unvollkommen copiren, was man täglich weit vollkommner um sich hat. Recht consequent scheint daher Plato die Kunst als Nachahmung des nachgeahmten Scheins noch unter das Handwerk gesetzt zu haben. Mit diesen Consequenzen unserer Theorie stimmt aber die Thatsache durchaus nicht überein. Thatsache ist, dass von allen halbwegs Gebildeten der Kunst gleich nach der Religion der höchste Rang unter den Geistesfunktionen eingeräumt wird; und ihre bewältigende Macht über das Gemüth wird in der Person des die Thiere des Waldes lenkenden Sängers Orpheus ganz angemessen verkörpert. Ihre sittlich veredelnde und erhebende linde Gewalt, ihre in Schmerz und Freude tröstende und mässigende, milde mahnende Stimme, ihre in der Höhe und Tiefe des Geistes und der Natur anmuthig belehrende Huld kann wahrlich von keines Menschen Zunge auch nur annähernd genügend gepriesen werden. All dieses woher sollte es der Kunst aus blosser Nachahmung kommen?

Diese beiden Einwürfe sind sehr gewichtig und so zu sagen dem Hauptverfahren präjudiciell; von ihrer richtigen oder wenigstens einigermassen genügenden Beantwortung hängt das Schicksal jeder Theorie des Schönen ab, und an ihnen hat so manches stattlich aufgetakelte System unbarmherzig Schiffbruch leiden müssen. Zu ihrer Beantwortung ist aber vor allen Dingen eine sorgfältige Untersuchung unserer Schönheitsempfindung erforderlich, wohlgemerkt nicht in dem Sinne, als ob unsere Schönheitsempfindung etwas nur subjektives wäre, sondern so: Wenn das Schöne nicht nur etwas Reales, sondern das Reale sein soll, und unsere Seele ein Reales unter realen Dingen ist, so müssen unsere Schönheitsempfindungen gleicherweise real sein und den realen Beziehungen der realen Dinge entsprechen (vorbehaltlich der in der Metaphysik auszumachenden Möglichkeit, dass unsere Vorstellungen den Dingen nicht adäquat, sondern nur parallel seien). Sodann aber gewährt die Betrachtung unserer Schönheitsempfindungen, welche einerseits subjektiv und damit selbstgewiss und evident andererseits wegen der Realität der Seele und ihres Verhältnisses zu den Dingen objektiv real sind, den grossen Vorzug, dass wir vermittelst ihrer Evidenz einen gleich evidenten Einblick in die objektive Natur des schönen Realen gewinnen.

Die Untersuchung muss daher von jetzt an eine Weile subjektiv, d. h. psychologisch betrieben werden, indem gefragt wird:

1. wie empfängt die Seele Schönheitsempfindungen,
2. welche Stellung nehmen dieselben im Organismus des Seelenlebens und
3. welche Stellung nehmen sie zu den realen Dingen ausserhalb der Seele ein,

und nachdem solchergestalt diese psychologische Digression beendet ist, knüpft sich hieran die vierte Frage

4. welche Stellung nimmt die Kunst zu unseren Schönheitsempfindungen ein.

B. Psychologische Ableitung des Schönen aus dem Subjekt und aus dem Realen.

Viertes Buch.

Das Schöne als Genuss.

30. Allgemeines Tableau des Seelenlebens.

Es ist kein neuer Gedanke, das Schöne mittelst der psychologischen Methode begreifen zu wollen, gewissermassen thut dies schon Plato da, wo er ihm am nächsten kommt, wenn auch in der Form eines gewagten Mythus, und Aristoteles, wo er sich auf die Art und Weise der ästhetischen Wirkungen der einzelnen Kunstgattungen besinnt. Baumgarten, der Vater der neueren Aesthetik und Kant, ihr kühner Erneuerer, sowie die namhaftesten englischen Aesthetiker suchen in der Psychologie das Fundament ihrer Theorieen. Dass sie in ihr keinen sicheren Baugrund fanden, liegt unseres Erachtens lediglich in dem mangelhaften Zustande, in welchem sich diese Wissenschaft damals befand, ein Zustand der Impotenz, aus welchem sie sich erst neuerer Zeit durch besonnene Erforschung der Erfahrungsthatsachen zum Range einer exakten Wissenschaft erhoben hat. Sehen wir zu, wie weit uns die heutige Psychologie zu fördern vermag. Auch heute noch trotz enormer Fortschritte herrscht über das Wesen und den Zusammenhang der verschiedenen Seelenfunktionen (Erkenntniss, Gefühl, Willen) noch viel Unklarheit, wir folgen bei der Darstellung unserer Ansicht von der Sache, indem wir sowohl die tiefere Begründung derselben uns für einen andern Ort aufsparen, als auch darauf verzichten müssen, den gegenwärtigen Stand der Frage specieller zu erörtern.

Der Organismus unserer Seele entspricht in analoger Weise dem Organismus unseres Leibes. Unser Leib wird von zwei Nervensystemen regiert, welche im Gehirn, dem Apparat der Seele, sowohl ihre gemeinsame Ursprungsquelle, als auch ihre gemeinsame Ausmündung finden. Das eine wird von den Physiologen das sensorische oder peripherische genannt, weil es in seinen letzten Ausläufern an der Peripherie, d. i. der Oberfläche der Haut vertheilt ist, dort die Berührungen der Aussenwelt in Form sinnlicher Reize empfängt und diese zum Gehirn leitet. Das andere, welches das motorische oder centrale heisst, leitet Vorstellungsreize (Willensvorstellungen), welche das Gehirn von der Seele empfängt nach den Organen der Bewegung, den Sehnen und Muskeln und setzt jene Vorstellungen in Handlungen um.

Anmerkung. Wir wissen sehr wohl, dass diese Eintheilung physiologisch nicht vollständig ist, in dem dabei namentlich die zahlreichen Gangliensysteme gleichsam extracerebrale Nebencentra übergangen werden. Aber diese, welche den somatischen Lebensprocessen vorstehen und mit dem Gehirn durch Nervenleitungen verbunden, diesem das sogenannte „Gemeingefühl" vermitteln, stehen der Seele gleichsam als Aussendinge, von welchen sie ähnlich wie durch die peripherischen Nerven Eindrücke erhält, gegenüber.

Man hat die Seele recht passend mit einem Manne verglichen, der vor einem telegraphischen Apparat sitzt, von diesem aus einer grossen Anzahl Drähte fortwährend von allen Seiten Nachrichten erhält und in Folge derselben durch andere Drähte fortwährend Befehle ertheilt. Dieser ihrer physischen Organisation entsprechend besteht alle Thätigkeit der Seele darin, dass sie von der Aussenwelt, von den Dingen allerlei Eindrücke empfängt, dadurch zu Vorstellungen erweckt wird, welche sie dann wieder durch Handlungen in der Aussenwelt zu verwirklichen strebt. Dies ist, die Sache auf den einfachsten Ausdruck gebracht, das allgemeinste Schema unseres Seelenorganismus, welches wir indessen noch etwas näher betrachten müssen.

Die Seele nimmt, vermöge des sensorischen Systems, Eindrücke von der Aussenwelt in sich auf. Zur Aussenwelt in diesem Sinne rechnen wir aber ausser den Dingen um uns nicht nur den eigenen Leib, welcher von der Seele zwar als ein ihr Zugehöriges angesehen, jedoch deutlich von ihr als ein Nichtseelisches unterschieden wird, und dessen Zustände in Schmerz und Wohlgefühl ihr in Form des Gemeingefühls vermittelt werden, sondern auch die Seele selbst mit dem Inbegriff ihrer Vorstellungen. Die Seele hat nemlich als Selbstbewusstsein die Fähigkeit, von sich zu wissen, d. h. sich selbst als Objekt zu sehen, wodann die Seele als Objekt der Seele als Subjekt gleichsam ein Aeusserliches wird. Das Organ für diese Selbstbeschauung der Seele, welches vermuthlich in den zahlreichen Nervenleitungen der weissen Hirnsubstanz (Commissuren) seine physische Grundlage findet, nennt man inneren Sinn, analog den die Einwirkungen der Aussendinge vermittelnden äusseren Sinnen. Alle diese Eindrücke, welche die Seele so von den äusseren Sinnen, durch das körperliche Gemeingefühl und durch den inneren Sinn erhält, sind zunächst als ein passives Verhalten der Seele, als ein Leiden, Afficirtsein anzusehen und werden so Empfindung genannt. Diesem passiven Sinnesreiz, der Empfindung, welcher die Basis, das Gegebene alles Seelenlebens ausmacht, tritt nun aber die Seele, das Ich (subjectum perpetuum) sofort als selbstthätige (spontane) Kraft gegenüber, indem sie in doppeltem Sinne auf den empfangenen Reiz reagirt.

Nemlich die Seele reagirt auf den empfangenen Reiz erstlich so, dass sie denselben je nach dem Organ, von welchem sie ihn empfing, auf Objekte, d. h. auf die eigene Seele, ihren eigenen Leib oder auf bestimmte Aussendinge bezieht, und so sich Vorstellungen von diesen Objekten macht. Diese Vorstellungen werden in dem Organismus der Seele auf eine hier nicht weiter in Betracht kommende Weise zu Begriffen verarbeitet, diese werden zu Urtheilen combinirt, auf welche dann Schlüsse gebaut werden. Das ist die erkennende Thätigkeit der Seele.

Zweitens reagirt die Seele auf den Empfindungsreiz in ganz anderer, beinahe entgegengesetzter Weise, indem sie denselben nicht auf Objekte, sondern auf sich selbst als das Subjekt bezieht. Sie findet sich nemlich durch den empfangenen Reiz in einen Zustand versetzt, den sie sich entweder entsprechend oder nicht entsprechend findet, der ihr daher gefällt oder missfällt, ihr angenehm oder unangenehm ist, den sie daher festzuhalten oder abzustossen und, wenn er vorüber ist, zu erneuern oder zu vermeiden strebt. Diesen Zustand des Gefallens oder Missfallens nennt man Gefühl und es ist klar, dass er sogleich schon die Funktion des Begehrens des Willens in sich schliesst.

Anmerkung. Wir sind uns hier sehr wohl bewusst, dass wir damit die Reactionen des Erkennens, das Gefühl und des Willens nicht genügend erklärt, d. h. aus dem einfachen Seelensubjekt nicht abgeleitet, sondern eigentlich nur verbum per verbum gegeben haben. Ein Mehreres aber lässt sich in der Kürze in der That nicht geben, sondern kann nur in einer systematischen Darstellung der Psychologie geleistet werden, falls es überhaupt zur Zeit schon geleistet werden kann.

Die erstere Seelenfunktion ist die theoretische, letztere die praktische. Beide sind untrennbar mit einander verbunden und eigentlich nur in der Theorie zu trennen. Kein Erkennen ohne Streben, kein Streben ohne Erkenntniss. Ersteres führt zur Wissenschaft, letzteres zur Religion, Moral, Politik. Wir haben es hier nur mit der praktischen Seelenfunktion zu thun.

Wir können es zunächst nicht näher erklären, sondern müssen uns
mit der Thatsache begnügen, dass der Seele einige Empfindungen angenehm sind, ihr gefallen, andere ihr unangenehm sind, missfallen; und
dass sie diesen Zustand des Gefallens und Missfallens ihre Gefühle
nennt. Die Seele will. ihren angenehmen Zustand festhalten oder erneuern, den unangenehmen abstossen oder vermeiden, und setzt sich zu
diesem Behufe in Thätigkeit. Dadurch wird das Gefühl zum Zweck,
d. h. zum bewussten Streben, welches auf die Wiederherstellung des
Gefühls gerichtet ist. Die Handlungen, welche zur Erreichung dieses
Zweckes dienen, nennen wir Mittel, d. h. Dinge, die wir erstreben,
damit sie diejenige Wirkung herbeiführen, auf die wir es abgesehen
haben. Das Mittel, wenn es nicht zur Hand ist und erst erstrebt werden
muss, wird seinerseits Zweck und macht als solcher die Anwendung neuer
Mittel erforderlich, die dann ihrerseits wieder als Zwecke erstrebt werden
müssen. Z. B. das primitive Gefühl ist Hunger, Mittel seiner Befriedigung Nahrung, Nahrung Zweck, Mittel sie zu erwerben Geld, Geld
Zweck, Mittel Arbeit, Streben nach Arbeit, Mittel Kenntnisse, Geschick-
lichkeit u. s. w. So führt jedes Gefühl, welches wir befriedigen wollen,
zu einer mehr oder weniger weitläuftigen Reihenfolge von unmittelbaren,
mittelbaren und abgeleiteten Zwecken. Da nun die angenehmen und
unangenehmen Empfindungszustände unserer Seele sehr zahlreich und
überaus mannigfaltig sind, und von jedem dieser Gefühle eine solche
Kette von Zwecken und Mittel gleichsam als Lenkzaum an das Gebiss
der handelnden Seele hernieder geht, so ist einleuchtend, zu welcher
unübersehbaren Verschlungenheit von Antrieben und Neigungen sich
damit unser Streben complicirt. In dieses Chaos kommt nur dadurch
Ordnung, dass unsere Seele ein einfaches Wesen, eine strenge Einheit
ist, welche in jedem gegebenen Moment immer nur ein Gefühl als das
herrschende beherbergen kann, dem zu Liebe die übrigen unterdrückt
oder zurückgedrängt werden müssen. Ein Mensch, der jedem seiner
Triebe nachgeben wollte, würde einem Gespanne von vielen Rossen
gleichen, deren jedes seine besondere Richtung einschlägt, und welches
daher im unordentlichsten Zickzack hin- und hergeschleift wird. Solcher
Gespanne, wo das einheitliche Seelensubjekt, die Vernunft, nicht die
Zügel führt, begegnen wir recht viele auf der staubigen Heerstrasse des
Lebens. Es geht uns das aber hier nicht näher an, wir haben es nur zur
Abrundung unseres Seelentableau's hier erwähnen wollen.

31. Arbeit und Genuss.

Wir müssen hier noch im Vorbeigehen des Unterschiedes zwischen angenehmen und unangenehmen Gefühlen gedenken. Sie sind in der Regel paarweise derartig verbunden, dass je einem angenehmen ein unangenehmes Gefühl entspricht. So steht dem Hunger und Durst die Erquickung, der Ermüdung die Ruhe, der Lust am Geistvollen, am Hohen, am Guten, die Unlust am Platten, am Kleinlichen, am Gemeinen gegenüber. In manchen Fällen scheint der Gegensatz zu fehlen, z. B. dem Schmerz, jedoch entspricht ihm das Wohlgefühl der Gesundheit, welches durch Gewohnheit abgestumpft, nur ausnahmsweise beim Nachlassen des Schmerzes empfunden wird. In anderen Fällen, wie bei den Farben-, Ton- und Formempfindungen, stehen sich nicht die einzelnen Farben u. s. w., sondern nur allgemein der reinen hellen Farbe die schmutzige, dem reinen Ton der unreine, der Form das Formlose gegenüber. Durch diese gegensätzliche Anordnung unserer Gefühle wird das Bild unseres Seelenlebens etwas vereinfacht. Es ist nun dasselbe Gefühl, welches als positives angenehm, als negatives unangenehm ist und es ist dasselbe Streben, welches das erstere zu erhalten, das letztere zu vermeiden sucht.

Erreicht nun die strebende Seele denjenigen Zweck, welcher die Kette von Zwecken und Mitteln veranlasste, so tritt wiederum das ursprüngliche positive Gefühl ein, um dessentwillen sie thätig wurde, nur hat es einen erhöhenden Zusatz erhalten, welchen uns die Genugthuung durch eigene Thätigkeit den Zweck erreicht zu haben einflösst. Die Seele giebt sich diesem durch eigene Kraft wiedergewonnenen Gefühl mit grösserem Wohlgefallen hin. Diese Hingabe an ein erstrebtes Wohlgefühl nennen wir Genuss, während wir das Streben nach Mitteln um unsere Zwecke, d. h. Gefühle zu erreichen, Arbeit nennen.

Arbeit und Genuss sind die beiden Hauptgesichtspunkte, unter denen sich das Leben, von der praktischen Seite angesehen, betrachten lässt, es sind die beiden Pole, nach denen hin es allein gravitiren kann. Wie ohne Arbeit, und sei sie noch so gering, kein Genuss möglich ist (je grösser die Arbeit, desto grösser der Genuss und träge Genusssucht stumpft bald zu blasirter Empfindungslosigkeit ab), so auch ohne Genuss keine Arbeit. Denn es giebt kein anderes Mittel die Seele zur Thätigkeit zu reizen, als positive und negative Gefühle, und alle ihre Thätigkeit hat keinen anderen Zweck, als die Hervorrufung so oder so gearteter Gefühle. — Wenn wir nun die Hingabe an die durch Arbeit gewonnenen

angenehmen Gefühle Genuss nennen und im Genuss die alleinige Trieb-
feder aller Lebensthätigkeit finden, so könnte das uns nicht ohne einigen
Schein des Rechts, den Vorwurf des Epicuräismus zuziehen. Um diesen
Vorwurf von uns abzuweisen, brauchen wir jedoch nur daran zu erinnern, dass wir den ganzen Schatz der Gefühle, welche die menschliche
Brust beherbergt, im Auge behalten, wenn wir von den Quellen des
Genusses reden. Es sind nicht nur die Sinnesreize, welche uns von den
äusseren Sinnen Auge, Ohr, Nase, Mund und Getast, noch die körperlichen Gemeingefühle unserer leiblichen Bedürfnisse und Begierden,
sondern vor allen Dingen auch der ganze Inbegriff der Vorstellungen
unserer erkennenden Seele und alle Verhältnisse unseres eigenen und
fremden Willens, welche uns die grösste Mannigfaltigkeit von gewöhnlichsten und edleren Gefühlen bis zu den edelsten und erhabensten hinauf
erwecken. Immerhin wird man es noch einen verfeinerten Epicuräismus
nennen, dass wir alles, was die Menschennatur erregt und befriedigt,
also z. B. auch Tugend, Religion, Wissenschaft unter diesem Hauptgesichtspunkte des Genusses betrachten. Es ist nicht ganz leicht, so in
aller Kürze und im Vorbeigehen sich dieses Vorwurfs zu erwehren, und
mit so spinösen widerspruchsvollen Fragen sich en passant auseinanderzusetzen. Es genüge zu versichern, dass wir keineswegs geneigt sind,
die Bedeutung dieser Ideale der Menschheit in einer bloss hedonistischen
oder eudaimonistischen Theorie auch nur für annähernd erschöpft zu
halten. Dasjenige, was wir Genuss im gewöhnlichsten Verstande des
Worts nennen, erhält vielmehr seine Berechtigung und seinen menschlichen Adel nur daraus und auch nur insoweit, als es mit jenen edleren
und höheren Bedürfnissen der Menschennatur in eine Kategorie gestellt
zu werden vermag.

Denn es versteht sich von selbst, dass dasjenige, was wir soeben
unter dem Gesichtspunkte des Genusses betrachteten, auch wiederum
sich unter dem der Arbeit betrachten lässt und betrachtet werden muss.
Vom teleologischen Standpunkte aus ist es ebenso richtig, dass der
Genuss um der Arbeit willen da ist, wie vom psychologischen aus das
Umgekehrte richtig war. Es ist nicht hier der Ort, das Verhältniss dieser
beiden Standpunkte zu erschöpfen, aber es ist leicht einzusehen, dass
sie schliesslich ziemlich auf dasselbe hinauslaufen. Ja der Mensch und
die Menschheit sind noch zu etwas Anderem da, als bloss des Lebens
sich zu freuen. Der Mensch hat ein Vernunftideal in sich, mit den ehernen
Lettern des Worts „Pflicht" ist es ihm in's Gewissen gegraben, und
diesen schwer zu handhabenden Stempel soll er in vollwichtigen Handlungen ausprägen. Er sieht eine Welt vor und um sich, und die soll er

zu erfassen, zu verstehen und in sich aufzunehmen suchen; und endlich,
wenn das Vernunftideal in ihm und die Welt ausser ihm in einem höchsten Wesen ihren gemeinsamen Urgrund haben, so muss er in diesem
die letzte Norm alles Strebens, das letzte Ziel aller Erkenntniss suchen.
Gerade deshalb aber, weil diese höchsten Ziele das Ethische, das Theoretische und das Religiöse, absolute, d. h. ganz auf sich selbst gestellt
sind, so ist es nicht nur nicht damit unverträglich, sondern folgt im
Gegentheil daraus mit Nothwendigkeit, dass ihr wahres Wesen und ihr
Werth für uns darin besteht, dass sie auch im Zustande der ruhigen
Dahingabe von der Seele geniessend erfasst werden können.

Die blosse nackte Pflichterfüllung, welche keinen anderen Antrieb
als das moralische Gebot kennt, ist ein armseliges Gesetzeswerk und
führt zu jener philiströs-stoischen Pedanterie, welche Schiller mit der
bekannten Xenie so glücklich getroffen hat. Das Streben nach Wissen
und der ganze Umkreis unserer trefflichen Kenntnisse würde wenig
Werth haben, wenigstens keinen ideellen, wenn der Wissende an dem
Gewussten nicht auch zuweilen in ruhigem beschaulichem Sinnen sich
befriedigt fühlte, sich an der Welt, wie sie sich im Umkreise seines Wissens darstellt, wie an einem grossen und reichen Gemälde freuen könnte.
Diese philosophische Freude ist ja erst die Quintessenz des Wissens und
das, was den todten Bücherkram zur Weisheit erhebt. Es giebt eine
Wissenshast, die an Weisheitlosigkeit sich nur mit dem Geize vergleichen
lässt, welcher unter Schätzen verschmachtet. Endlich das Suchen und
Forschen nach religiöser Wahrheit muss ein sehr ödes unfruchtbares
Thun bleiben, wenn die Seele an dem, was sie als höchste Erkenntniss
gefunden zu haben meint, nicht auch in stiller, gottergebener, gott-
beseligter Stimmung sich erbauen könnte, indem sie die Herrlichkeit
Gottes in seiner schönen Welt in stillem friedvollem Genusse beschaut.
Dieser beseligende Friede, dem es weder auf ein den Lippen geläufiges
Bekenntniss, noch auf rechthaberisches Geltendmachen desselben ankommt, ist die wahre Religion. Es giebt aber ein Eifern und Feilschen
um Lehre und Meinung, der Dornenhecke vergleichbar, welche uns vor
der Verfolgung eines Räubers schützen will, indem sie das Kleid zerfetzt
welches uns jener ausziehen wollte.

32. Die Funktion des Genusses als Selbsterhaltung.

Das ist wohl ohne weiteres klar, dass das Schöne nicht der theoretischen Richtung unserer Seele, sondern als ein Gefallen oder Missfallen

7*

dem Gefühls- und Willensleben derselben angehört, ebenso, dass es von
den beiden Hauptgesichtspunkten der letzteren, der Arbeit und des Genusses, nur auf die Seite des letzteren fallen kann. Denn wir sahen ja
oben, dass die Kunst und das Schöne sich keinem anderen Zwecke, und
sei er noch so hoch, unterordnen wollen, und dass es schlechterdings
nur in einem interesselosen Gefallen beruht. Wenn wir daher die Bedeutung des Schönen für uns und seine Stellung im Seelenleben erörtern
wollen, müssen wir zunächst die Stellung und Bedeutung des Genusses
näher untersuchen.

Welches ist also die Stellung, die Bedeutung und der Werth des
Genusses in der Gesammtheit unseres Seelenorganismus? Zunächst sahen
wir, ist er das treibende Motiv aller Lebensthätigkeit. Wenn wir den
Rigoristen zugeben wollten, dass er nicht der höchste und letzte Antrieb
sei, so würden wir doch von ihnen dafür das Zugeständniss verlangen
müssen, dass er wenigstens der wirksamste ist. Um so wichtige Funktionen wie die Selbsterhaltung, die Fortpflanzung der Gattung u. a. möchte
es schlimm bestellt sein, wenn dieselben bloss Sache der Pflicht und nicht
auch Sache des Triebes, des Genusses wären.

Aber dies ist nicht die einzige Funktion des Genusses. Die praktische Richtung unserer Seele bildet, wie wir sehen, eine Art von Kreis-
lauf. Das Gefühl reizt zur Thätigkeit, diese ist auf die Wiederherstellung
des Gefühls als den Genuss gerichtet. Dieser Zustand des befriedigenden
Genusses stellt sich somit zugleich als Anfang und Ende, als die Be-
grenzung und Unterbrechung des Strebens dar, als nothwendige Arbeits-
pause als Geist und Leib erfrischende Ruhe nach der Thätigkeit. Mit
einem Worte der Genuss ist Selbsterhaltung des physischen und
psychischen Organismus und zwar in doppeltem Sinne, in dem er sowohl
erstens die durch das Leben und seine Arbeit verbrauchten und abge-
nutzten Kräfte wiederhergestellt, als auch zweitens die Seele in den ihr
natürlichen und ursprünglichen Gefühlszustand wieder einsetzt. Beides
müssen wir noch etwas näher untersuchen.

Wir warfen vorhin die Frage auf, wie es zugehe, dass der Seele
einige Empfindungen angenehm, andere unangenehm seien. Hier ist der
Ort, darüber wenigstens eine Hypothese mitzutheilen, welche heutzutage
wohl von den meisten Psychologen angenommen wird und mit der Erfahrung leidlich gut übereinstimmt. Es ist bereits erwähnt, dass unsere
Gefühle paarweise einander gegenüber geordnet sind, so dass es ein und
dasselbe Gefühl ist, welches in positivem Sinne als angenehmes, in
negativem als unangenehmes empfunden wird. Es wird nun behauptet,
dass alles Gefühl eine einzige Urquelle habe, nemlich das Selbstgefühl,

das Gefühl seiner Selbst, und sich lediglich auf die Bedingungen der Selbsterhaltung, d. h. die Bedingungen des organischen Lebens des leiblichen- und Seelenorganismus beziehe. Das positive Gefühl, die Lust ist alsdann der Ausdruck des Gedeihens, unter den dem leiblichen und seelischen Leben günstigen, das negative Gefühl, die Unlust, der Ausdruck des Missbehagens unter den dem Leben ungünstigen Bedingungen. Man wird zugeben müssen, dass diese Hypothese das leistet, was man in erster Linie von einer guten Hypothese fordert, nämlich, dass sie eine grosse Mannigfaltigkeit von Problemen auf ein einfaches Prinzip zurückführt, wie man sich auch andererseits leicht überzeugt, dass sie mit den Thatsachen genügend übereinstimmt. Bei einer Reihe von Gefühlen ist diese Uebereinstimmung in die Augen fallend. Das Wohlgefühl, welches dem Hungrigen der Genuss, das Unbehagen, welches die Entbehrung von Speis' und Trank hervorbringt, hat seinen alleinigen Grund offenbar in dem Gefühl der Selbsterhaltung. So ist Ruhe dem Ermüdeten, Thätigkeit dem Rüstigen angenehm, das Umgekehrte unangenehm, offenbar in demselben Verhältniss, wie beides der leiblichen und geistigen Gesundheit entspricht. Der Geschlechtstrieb weist über das Individuum hinaus auf die Bedingungen zur Erhaltung der Gattung hin, abgesehen davon, sind seine Regungen durch eine weise Oeconomie des Schöpfers mit gewissen, mit dem Wohl- oder Uebelbefinden des Individuums zusammenhängenden leiblichen Zuständen verknüpft. Von der eigentlichen legitimen L u s t, d. h. dem durch die Selbsterhaltung gerechtfertigten Bedürfniss ist zu unterscheiden die L ü s t e r n h e i t, d. h. die von dem Bedürfniss abgesonderte Begierde, welche z. B. essen oder trinken will, ohne dazu durch das negative Gefühl des Hungers und Durstes gereizt zu sein, bloss um des Angenehmen willen. Diese Afterlust ist das gerade Gegentheil des Genusses, welcher nur in der Hingabe an leiblich oder seelisch begründete Gefühle beruht, und eine unnatürliche daher unsittliche Entartung, Wucherung des Gefühls.

Bei andern Arten des Gefühls ist die Beziehung auf das Bedürfniss der Selbsterhaltung weniger augenfällig, aber doch nachweisbar. Der köperliche Schmerz ist der unmittelbare Ausdruck einer abnormen schädlichen Körperbeschaffenheit, wenngleich die Grösse des Schmerzes nicht immer mit der Schädlichkeit der denselben bedingenden Abnormität im Verhältniss stehen mag. Die angenehmen Denkgefühle, als die Lust am Witzigen, am Scharfsinnigen, am Einleuchtenden, am Wohldurchdachten, beziehen sich zwar nicht so unmittelbar wie die körperlichen Gemeingefühle auf dringende Existenzfragen, die Erfahrung zeigt vielmehr, dass man auch ziemlich gedankenlos albern und platt leben kann, wohl aber

betreffen sie dasjenige, was der denkenden Seele eigenthümlich ist, ihr
Lebenselement bildet, was ihr nothwendig ist, wenn sie eine denkende
Seele bleiben soll. Wie der gesunde Muskel ein Wohlgefühl giebt, wenn
er seiner Leistungsfähigkeit und seiner Leistungsart angemessen geübt
wird, so die denkende Seele, wenn sie in der ihrem Denkvermögen eigenthümlichen Art zum Denken erregt wird. Ganz ähnlich verhält es sich
mit den moralischen Gefühlen, welche sich auf die Bethätigung des eignen
oder eines fremden Willens beziehen, als der Lust am Thätigsein, im Gegensatz zur Langenweile, der Lust am Zweckgemässen im Gegensatz zum
Thörichten, den geselligen Gefühlen der Liebe, des Hasses, des Mitleids
und der Schadenfreude, den Gefühlen aus der eignen Handlungsweise,
Zufriedenheit, Stolz im Gegensatz zu Reue und Scham und den Gefühlen
aus fremder Handlungsweise, Bewunderung, Verachtung und andern; auch
hier ist das positive Gefühl immer dasjenige, welches die Bedingungen des
Bestehens des Einzelnen und der Gattung betrifft. Allerdings wird das
Problem hier durch das mit ins Spiel kommende Interesse mehr complicirt.
Am precärsten dürfte es mit der Selbsterhaltungstheorie stehen, bei den
einfachen Sinnesempfindungen, der Farbe, des Tons, des Tastgefühls,
Geruchs und Geschmacks, sowie bei den sogenannten ästhetischen Empfindungen, der Form, des Verhältnisses, des Rhythmus der Harmonie
u. s. w., indem hier der Zusammenhang dieser Empfindungen mit unsern
Lebensbedingungen nicht ersichtlich ist. Notabene, er ist nicht ersichtlich,
deshalb kann er noch immer vorhanden sein, und der Umstand, dass dieser Zusammenhang bei allen andern Gefühlen vorhanden ist, giebt uns
ein Recht zu der Vermuthung, dass er auch hier obwalte, zumal wir
Gründe genug sehen, welche diesen Zusammenhang unsrer Wahrnehmung
zu entziehen sehr geeignet sind. Einmal nämlich sind diese Sinne, auf
denen der ganze Verkehr mit der Aussenwelt ruht, so vielfach in Anspruch genommen, dass ihre Empfindungen durch die Häufigkeit des
Gebrauchs bedeutend abgestumpft und das eigentliche Gefühl dabei zum
Theil fast verloren gegangen ist. Sodann vergesse man nicht, dass diese
Sinnesnervenreize mit unserm physischen und moralischen Leben bei
weitem nicht in so wesentlichem Zusammenhange stehen als die übrigen.
Dennoch zeigt z. B. das Tastgefühl in der angenehmen Temperaturempfindung ziemlich genau die dem organischen Leben angemessene
Temperatur an. Und was das Uebrige anlangt, so ist der Beweis des
Gegentheils noch viel weniger denkbar. Es ist richtig, dass etwas angenehm schmecken oder riechen, von lebhafter Farbe u. s. w. und doch
schädlich sein kann. Daraus folgt doch aber nur, dass unsere Sinne
getäuscht werden können, nur etwas häufiger als die ebenfalls nur im

Allgemeinen, nicht unbedingt sichere Instinkt des Thieres. Es können immer nur **einzelne** Sinnes- oder ästhetische Empfindungen sein, deren Zusammenhang mit unserm Wohl und Wehe, unserm Gefühle verborgen bleibt. Die Bedeutsamkeit dieser Sinnes- und Formenwelt für unsere geistige und selbst physische Gesundheit kann nicht verkannt werden. Man versetze Jemanden oder denke ihn sich versetzt in Lebensbedingungen, welche ihn aller angenehmen Farben und Tonempfindungen, aller Form-, Mass- und rhythmischen u. s. w. Verhältnisse entbehren lassen, wir denken z. B. an die grau in grau gestrichene leere Zelle des pensylvanischen Gefängnisses; würde er dort leben, menschlich leben können, geistig und körperlich gesund bleiben? Also scheint auch hier der Annahme nichts entgegen zu stehen, dass es die den Lebensbedingungen entsprechende, die den Funktionen der betreffenden Organe angemessene Sinnesempfindung ist, welche angenehm, und die entgegengesetzte, welche unangenehm ist.

33. Die Funktion des Genusses als Wiedereinsetzung der Seele in ihren natürlichen Stand und als Vermittlung des Realen.

Wiedereinsetzung in den vorigen Stand (restitutio in integrum) nennen die Juristen eine Rechtswohlthat, welche einen erlittenen Rechtsnachtheil derartig aufhebt, dass der Betroffene in dieselbe Lage zurück versetzt wird, in welcher er sich vor dem Eintritte des Nachtheils befand. Z. B. Jemand ist in contumaciam verurtheilt, so wird durch die Restitution das Contumacialerkenntniss aufgehoben und er wieder in die Lage versetzt, sich gegen die Klage vertheidigen zu können. Eine ähnliche Wohlthat wird unsrer Seele durch den Genuss zu Theil. Denn auch die Seele hat im Laufe des Lebens- und Culturprocesses mannigfache Rechtsnachtheile erlitten, aus denen ihr die Wiedereinsetzung in den vorigen Stand wohl zu wünschen wäre. Diese Nachtheile bestehen darin, dass die Seele von ihrem natürlichen Gefühlsstande abgelenkt und ihr ein fremdartiger Massstab für die Dinge und deren Eindrücke auf sie aufgedrängt wird.

Erstlich geschieht dies durch die praktische Thätigkeit, durch unser Arbeiten um Mittel und Zwecke. Indem wir unsre Gefühle zu Zwecken emporheben, und die Dinge ausser uns zu Mitteln für jene herabdrücken, fangen wir an, die Dinge gleichsam aus ganz andern Augen zu betrachten. Dadurch, dass etwas zum Mittel wird, verliert es seinen selbständigen Gefühlswerth und behält fortan nur noch einen von dem Grade seiner

Zweckdienlichkeit abgeleiteten relativen Werth, ein Gesichtspunkt, welcher jedoch den Dingen offenbar ganz fremd und ausserwesentlich ist und ihnen nur äusserlich von uns angeheftet wird; so wenn die Nachtigall, deren süsse Melodien uns mit Entzücken erfüllt, weggefangen wird, um für ein Lumpengeld von 1 oder 2 Thaler verkauft zu werden, oder um mit Hunderten von Schwestern für die Tafel eines wahnsinnig raffinirenden Schlemmers eine Zungenpastete zu liefern. Bei der unzählbaren Menge und grossen Complicirtheit unsrer höheren und niederen Zwecke, die sich freilich wieder in dem fast allgemeinen Gesammtmittel „Geld" begegnen, kann es nicht ausbleiben, dass die strebende Seele von den Dingen in ihrer Gesammtheit und im Einzelnen eine ganz fremdartige und sehr entstellte Werthschätzung erhält. Ja, es geschieht wohl nicht allzuselten, dass wir über dem eifrigen Erstreben des Mittels den Zweck vergessen, um desswillen wir dem Mittel nachjagen, wie es z. B. recht vielen mit dem Gesammtmittel „Geld" ergeht. Aus diesem Bann- und Zauberkreise einer verfälschten Weltanschauung erlöst uns der Genuss, indem er dem arbeitsmüden Gaul die eisernen Ketten der Mittel und Zwecke abnimmt und ihn auf die grüne Weide seiner ursprünglichen Gefühle schickt, um eine kurze Zeit lang wieder dasjenige an den Dingen zu erleben, was sie ihm ursprünglich waren, ehe er in das Joch seiner Arbeit eingespannt wurde.

Auch die Wissenschaft zweitens, giebt uns, wenn auch kein falsches, so doch ein unvollkommenes, einseitiges und hauptsächlich unsrem Gefühlsleben entfremdetes Bild. Sie operirt zunächst ausschliesslich mit den Wahrnehmungen unsrer Sinnesorgane, d. h. mit den Empfindungen, welche uns, wie erwähnt, gleichzeitig eine Vorstellung von den Dingen und einen Gefühlsreiz erregen. Diese Vorstellungen sind, obwohl mit dem Gefühl aus derselben Quelle (der Empfindung) hervorgegangen, dennoch schon demselben entfremdet. In noch höherem Masse erweitert sich diese Kluft, wenn von den einzelnen Vorstellungen zu Begriffen fortgegangen und zu allgemeinern und höhern Begriffen aufgestiegen, in Urtheile subsummirt und in Folgerungen combinirt wird. Da ist die süsse Melodie der Nachtigall nichts, oder höchstens ein armseliges Kennzeichen unter andern gleichgültigen, wie Form des Schnabels, der Zehen u. s. w. Der helle Klang, der lebhafte Glanz des Silbers ist uns da weniger wichtig als specifisches Gewicht, Dichtigkeit u. dgl. Wir brauchen nicht einmal an die sinnreichen Thierquälereien der Vivisektionen zu denken, um uns klar zu machen, wie weit die theoretische Anschauung von der natürlichen Gefühlsanschauung sich entfernt.

Es fragt sich nur, welche Anschauung die richtigere sei, welche uns dem wahren Wesen der realen Dinge am nächsten führen mag, die prak-

tische, die theoretische oder die Gefühlsanschauung des Genusses? Unzweifelhaft die letztere. Denn unsre praktische Anschauung der Dinge
als Mittel zu Zwecken, hat, wie wir schon gesehen, mit der Realität der
Dinge gar nichts gemein. Was hat z. B. ein Verkaufswerth von 2 Thlr.
mit dem Liede der Nachtigall gemein, und was ist z. B. der Werth des
Goldes in einer Wüste? Hier sind wir dem Realen völlig entfremdet.
Aber die Wissenschaft, strebt sie nicht gerade nach der Erkenntniss des
Realen und müsste sie es nicht sein, welche diesem Zweck am nächsten
kommt? Gewiss im Gebiete des Erkennens kann uns nichts weiter fördern als die Wissenschaft, aber in wieweit vermag unser Erkennen überhaupt zum Realen zu gelangen? Da müssen wir doch immer wieder an
die völlige Subjektivität aller unsrer Vorstellungen erinnern, aus denen
sich unsere Erkenntniss zusammensetzt. Allerdings erhebt unsre Erkenntniss den Anspruch, und erhebt ihn wahrscheinlich mit Recht, vom Realen
etwas zu wissen, ohne das wäre es eben kein Erkennen, aber wie kann
dies geschehen? wie kann man aus lauter Subjektivem auf einmal etwas
Objektives erhalten? Es ist der grösste Irrthum, und nach den neueren
Resultaten der Physik und Physiologie unhaltbarer als je, dass durch die
Erkenntniss direkt der Seele Reales vermittelt werden könnte. Der Versuch Münchhausen's, sich am eignen Schopf aus dem Sumpf zu ziehen, ist
weit aussichtsvoller als der, unmittelbar Reales zu erkennen. Vielmehr
wird uns nur ein ziemlich künstlicher Indicienbeweis zu Theil. Jede
einzelne Sinneswahrnehmung kann Täuschung sein, und ist es erwiesener-
massen oft genug. Wodurch überzeugen wir uns nun davon, ob wir es
mit einer Sinnestäuschung oder einer richtigen Beobachtung zu thun
haben? Dadurch, dass wir entweder die Wahrnehmungen desselben Sinnes wiederholen, oder sie mit denen andrer Sinne vergleichen. Da aber
alle Sinneswahrnehmung subjektiv ist, so schützt uns das wohl gegen
willkürlichen und zufälligen, aber nicht gegen consequenten und nothwendigen Schein. Wir kommen damit aus dem subjectiven Zauberkreise
nicht hinaus und über die Kluft zwischen Subjekt und Objekt nicht hinweg. Nur eine allerdings starke Vermuthung erwächst uns, dass der gesammte Inbegriff unserer Wahrnehmungen, der unter einander sowohl
übereinstimmt, denkbarer Weise nicht blosser Lug und Trug sein könne.
— Die wichtigste Controle aber für unsere Theorie bildet die Praxis,
deren Ergebnisse wir als letzten, aber unentbehrlichen Beweis anzusehen
pflegen. Jede Theorie bleibt Theorie, blosse Vorstellung, ein Nichts,
bis sie sich durch praktischen Versuch bewährt hat. Worin liegt nun
aber das Ueberzeugende der Praxis? Nicht im blossen Experiment. Denn
dieses besteht für uns wiederum nur aus sinnlichen Wahrnehmungen, und

würde daher an sich in dem grossen Streite Subjekt, contra Objekt, kein einwandfreier Zeuge sein. Vielmehr liegt das Ueberzeugende, das Zwingende, das von uns gar nicht anders denn als Realität verstanden werden kann, allein im Gefühl. Jemand, der z. B. mit Fichte alles Nicht-ich für ein reflektirtes Ich ansieht, vermag hiefür mancherlei anzuführen und es möchte schwer halten, ihn mit theoretischen Argumenten zu widerlegen. Aber wenn er mit der Nase gegen den Thürpfosten stösst, so wird diese Erschütterung seines Geruchsorgans weit eher als alle Metaphysik eine Erschütterung seines nihilistischen Systems zu Wege bringen. In der That glauben wir nicht zu viel zu behaupten, wenn wir sagen, dass nur das Gefühl uns die Realität der Dinge vermittelt, während wir überall sonst es nicht mit den Dingen selbst, sondern mit unseren Vorstellungen von denselben zu thun haben. Alles, was wir oben im 24. Kapitel für die Realität des Schönen anführten, gehört ganz hierher. Aus der dort befolgten Reihenfolge ergiebt sich zugleich, dass wir von der Realität des Schönen um so sicherer überzeugt sind, je mehr unser Gefühl dabei betheiligt ist. Dies Gesetz kann man ganz und gar verallgemeinern, unsere Vorstellungen sind um so mehr real, je mehr unser Gefühl dabei in Mitleidenschaft gezogen ist. Je mehr, je intensiveres Gefühl, je mehr Realität. Man wird es dem Optiker und Physiologen allenfalls zugestehen, dass die Empfindungen des Auges und Ohres nur der Seele, nicht den Dingen angehören, dass der Indigo nichts mit dem reinen schönen Blau, die tönende Saite nichts mit dem Wohllaute des Tons gemein haben. Aber viel schwerer fällt uns solche Abstraction schon beim Genuss von Speise und Trank, und noch mehr, wenn der Ton zum schmelzenden oder anfeuernden Liede, die Farbe zur erfrischenden Harmonie und Anmuth der Contouren wird, vollends unmöglich wird sie uns in der begeisterten Anschauung einer schönen Natur, des unendlichen Meeres, riesiger Gebirgs- oder feierlicher Waldmassen u. dgl. und nun gar in den Freuden der Geselligkeit, den Wonnen der Liebe oder den Bitterkeiten des Hasses, wer vermöchte da den Gedanken zu hegen, alles das, was ihn freut und betrübt, was ihn hoffen und bangen lässt, seien wesenlose Schemen, selbstverfertigte Phantasmagorieen einer subjektiven Zauberlaterne!

Der Metaphysiker hätte hier noch manches zu fragen, z. B. wie es denkbar sein solle, dass die Bewegungen des Gefühls mehr Realität als die Wahrnehmungen unserer Erkenntniss in Anspruch nehmen. Aber wir haben hier nicht Metaphysik zu treiben, sondern nur die Thatsache zu constatiren, dass es an dem ist, dass wir nämlich an der Giltigkeit unserer Erkenntniss sowohl theoretisch überall als auch sogar praktisch in einzelnen Fällen zweifeln können und sogar müssen, an der Giltigkeit und Realität unseres Gefühls aber niemals zweifeln können. Von unserer Erkenntniss ist es in der That höchst zweifelhaft, ob sie den Dingen wirklich adäquat oder nur ein denselben parallellaufender Schein sei; Plato drückt das in der Republik durch ein höchst sinnreiches Gleichniss aus. Von unserem Gefühl aber können wir keinen Augenblick zweifeln, dass es die Dinge gerade so erfasst, wie sie sind. Dies ist die Thatsache, wie gesagt, die wir zu constatiren, aber nicht zu deuten haben. Auch letzteres übrigens dürfte nicht gar zu schwer sein. Wenn wir einmal in die Lage kommen sollten, Metaphysik oder Psychologie vorzutragen, werden wir schwerlich Bedenken tragen, als den eigentlichen Grund dieser Thatsache den Umstand zu bezeichnen, dass die Bildung unserer Vorstellungen und somit des ganzen theoretischen Erkenntnissapparates lediglich auf der Basis der Empfindung, die sogleich Gefühl wird, von statten gehe. Doch das sind Dinge, die uns hier ferne liegen.

Wenn nun das Gefühl die Dinge in ihrer Realität und als Realitäten erfasst, so muss der Genuss als die bewusste Hingabe der Seele an ihr Gefühl ein Aufgehen der Seele in die Realität, d. h. in das bestimmende Gesetz der Dinge genannt werden. Die tiefeingreifende Wichtigkeit der Funktionen, welche sonach der Genuss in der Oeconomie unseres Seelenlebens ausfüllt, kann daher nicht hoch genug angeschlagen werden. Der Genuss ist es erstlich, der uns an die Bedingungen unserer Selbsterhaltung im engeren und weitesten Sinne des Wortes auf angenehme und reizvolle Weise knüpft, Bedingungen, deren Erfüllung, wenn sie bloss dem Pflichtgefühle, oder auch selbst der Vorsicht überlassen bliebe, schwerlich genügend sicher gestellt wäre. Der Genuss ist es, zweitens, welcher uns von den entstellten Gesichtspunkten der Zweckmässigkeit und von den kahlen und grauen Theorieen der Erkenntniss zu der ursprünglichen Natürlichkeit des Gefühls und zu dem frischen Grün des goldenen Lebensbaumes zurückruft. Der Genuss ist es endlich, welcher uns wahrste und realste Anschauung der Welt um und an uns gewährt. Es wäre unendlich kläglich um die Menschheit bestellt, wenn ihr Leben auf der einen Seite in philiströser und nüchterner Betriebsamkeit, und auf der andern in spindeldürrer Katheterweisheit sich erschöpfte.

34. Die einzelnen Arten des Genusses und ihre Funktionen.

Es wird wohl kein Zweifel darüber obwalten und hat, soweit wir wissen, keiner obgewaltet, dass die Empfindung des Schönen in Kunst

und Natur dem Gebiete des Genusses angehöre. Der Sprachgebrauch
aller Völker stimmt damit überein und, wenn ein Zweifel überall noch
denkbar wäre, so müsste er jedenfalls schwinden, wenn wir im Folgenden
die verschiedenen Arten des Genusses betrachten und darunter auch dasjenige finden, was man allgemein das Schöne nennt.

Erwähnt und aufgezählt haben wir oben bereits die einzelnen Genussarten, es erübrigt nur, sie in ihrem organischen psychologischen Zusammenhang zu betrachten. Da der Genuss die Hingabe an ein ursprüng-
liches Gefühl ist, so muss die Eintheilung der Genüsse der der Gefühle
folgen. Die Psychologen unterscheiden ziemlich allgemein vier Arten
von Gefühlen: 1. sinnliche, die auf dem einfachen Empfindungsreize
der Sinnesnerven und des körperlichen Gemeingefühls; 2. ästhetische,
die auf der Art und Weise, wie die Seele Vorstellungen bildet und mit
einander verknüpft, beruhen; 3. intellektuelle, welche den Denk-
process begleiten, und 4. moralische, welche das Urtheil über Willens-
thätigkeit betreffen. Dem würden vier Arten von Genüssen entsprechen,
nämlich sinnliche, ästhetische, intellektuelle und moralische,
und wir würden nun zu erörtern haben, in welcher näheren Weise in jeder
der genannten Genussarten sich die allgemeine Funktion des Genusses
erfüllt. Wir gehen dabei immer von dem im Obigen gewonnenen Gesichtspunkte aus, dass unsere Gefühle uns reale Seiten der Dinge vermitteln,
und dass, je mehr und intensiveres Gefühl, um so mehr Realität vorhanden
ist. Dabei ist noch zu bevorworten, dass bei Gefühlen von geringer
Intensität, wie z. B. bei einfachen Farben und Tonempfindungen im gewöhnlichen Leben nicht eigentlich von Genuss gesprochen wird. Darauf
kann es indessen hier, wo es sich um genetische Entwickelung handelt,
nicht weiter ankommen. Jedenfalls entspricht die Hingabe an solche Gefühle ihrer psychologischen Stellung nach durchaus dem, was man sonst
Genuss nennt, und es bedarf nur einer Steigerung der betreffenden Empfindung, um sogleich auch dieses herzustellen, wie z. B. im Feuerwerk,
in optischen Farbenspielen u. dgl. Empfindungen von sonst geringer
Intensität so gesteigert werden, dass sie vorübergehend Genüsse gewähren.

35. Der sinnliche und ästhetische Genuss.

Wenn die Seele sowohl als auch die Aussendinge real sind, so müssen es auch die wechselseitigen Beziehungen sein. Die Einwirkung der
Dinge auf die Seele ist die Empfindung, welche, abgesehen von ihrer
theoretischen Fortbildung, zum Gefühl wird. Dieses Gefühl soll unserer

Thesis gemäss real sein und zwar in dem Masse real, und dem wahren Wesen der Dinge entsprechend, als es intensiv ist. Da haben wir nun zunächst die Empfindungsreize unserer Sinnesorgane, die einfachen Farben- und Ton-, die Geruchs-, Geschmacks- und Tastempfindungen, die uns angenehme Gefühle vermitteln. Die Intensivität ist eine geringe bei Farbe und Ton. In der That scheinen diese beiden Eigenschaften den Dingen am meisten zufällig zu sein; und nicht viel wichtiger erscheint in beiderlei Hinsicht das Gefühl der Oberfläche (der harten, weichen, glatten u. s. w.) Tiefer schneidet in unser Gefühl die Temperaturempfindung mit ihren so tiefgreifenden Beziehungen ein, doch ungleich mehr Geruch und Geschmack, welche man auch die chemischen Sinne nennt, weil sie uns die chemische Qualität der Körper vermitteln. Alle diese Sinnesreize haben das Gemeinsame, dass sie uns reale Eigenschaften der Dinge, welche denselben mehr oder weniger wesentlich sind, vermitteln und dass sie, als positive Gefühle, die Sinnesorgane zu der ihnen angemessenen Thätigkeit reizen und gerade hiedurch die Bedingungen ihrer naturgemässen Entwickelung herbeiführen. Ungleich gebieterischer und direkt als Bedürfnisse treten die körperlichen Gemeingefühle des Nahrungs- und Geschlechtstriebes, das Wohlgefühl der Ruhe u. dgl. auf. Hier findet dann auch das Wort Genuss in dieser Sphäre der Sinnlichkeit seine vollste Anwendung. Hier treten auch beide Seiten des Genusses, die Selbsterhaltung im subjektiven und die Realität der zu Grunde liegenden Beziehungen, in vollster Evidenz auf.

Hiermit ist nun die Sphäre der Sinnlichkeit und Leiblichkeit erschöpft. Aber alle diese Gefühle und Genüsse tragen etwas Unselbständiges, Unvollkommenes und Ungenügendes an sich; sie zeigen sich mit ihrer eigenen Negation von vornherein behaftet. Dies zeigt sich schon darin, dass sie alle ihres Gegensatzes nicht entrathen können. Wer sich an Speis' und Trank erlaben soll, muss hungrig und durstig sein; Aug' und Ohr erfreuen sich an Ton und Farbe nur, wenn sie zuvor andere Töne und Farben wahrgenommen. Noch mehr zeigt sich die Gebundenheit und Unselbständigkeit dieser Genüsse darin, dass die befriedigte Begierde sofort in ihr Gegentheil, die Lust in Unlust, umschlägt, was wohl keines weiteren Beweises bedarf. Und endlich was die objektive Seite der Realität betrifft, so hat jeder Sinnenreiz es nur mit Einzelnen zu thun, empfängt nur einzelne Eindrücke, geniesst das Reale nur in zerstückeltem Zustande. Darin liegt einerseits die Berechtigung und das Werthvolle dieser Reize, weil nur so Eindrücke unterschieden werden können, aber auch zugleich ihre Schwäche, weil die Realität der Dinge nur zum geringsten Theil in solcher Vereinzelung liegt.

In dem, was wir so eben als das Charakteristische des Sinnenreizes bezeichneten, liegt zugleich der Grund, weshalb die Seele über den einzelnen Sinnesreiz zu höheren Combinationen desselben fortschreiten muss.
Der vereinzelte Sinnesreiz vermittelt uns das Reale gleichsam atomweise,
zerstückt und ohne Ueberblick; so wenig daher eine so vereinzelte Wahrnehmung eine Anschauung und damit eine Vorstellung zu geben vermag,
so wenig kann dieser bloss leiblich-sinnliche Genuss dauernd befriedigen.
Um das Reale in seiner Entfaltung und Gestaltung zu empfinden, muss die
Seele die einzelnen Sinnesreize in Vorstellungen zusammenfassen. Damit
treten erst Formen und Gestalten, Verhältnisse des Ganzen und seiner
Theile, Bewegungen mit ihren Zeitmassen und der Zusammenklang von
Farben und Tönen uns gegenüber.

Subjektiv bildet auch da wieder das Verhältniss zu unserem Lebens-
gesetz zu den physiologischen Bedingungen unserer Organe oder den
psychischen unserer Seele die Grenze, auf welcher sich das positive und
negative Gefühl scheiden. Nicht ganz so unmittelbar greift hier beides ein,
wie in der Sphäre des körperlichen Gemeingefühls, weil wir es hier nicht
mit direkten, sofortige Befriedigung erheischenden Lebensbedürfnissen zu
thun haben; aber doch merklich genug beleidigen unser Gefühl schreiende
Farben- und widrige Tonverbindungen, plumpe Umrisse u. dgl. und nicht
minder merklich fühlen wir uns durch das Gegentheil angenehm berührt,
gleichsam erfrischt und erquickt. Wir sprachen schon oben im 31.
Kapitel die dringende Vermuthung aus, dass diese ästhetischen Verhältnisse der Formen, Maasse und Harmonieen uns nicht minder als die leiblichen, wahre Bedürfnisse der Selbsterhaltung seien. So wie wir einmal
physisch und psychisch organisirt sind, könnten wir auf die Dauer dieser
positiven Gefühle gewiss eben so wenig als der Nahrung ohne den
grössten Nachtheil entbehren.

Diese Vermuthung findet eine weitere gewichtige Bestätigung, wenn
wir auf den objektiven Gehalt dieser Formverhältnisse sehen. Auf der
Stufe des Sinnengenusses wirkte auf uns das Reale ein, indem es sich als
Einzelnes, unsern Lebensbedingungen Freundliches oder Feindliches erwies. Was uns hier im Umkreise unserer Vorstellungscombinationen gefällt, ist Reales als Ganzes. Was wir Gestalt, Form, Bewegung, Rhythmus,
Verhältniss, Harmonie nennen, sind Erscheinungsmomente, in welchen
sich die einzelnen Sinneswahrnehmungsreize zu der Vorstellung des Gesammtbildes des gerade vorliegenden Aussendinges vereinigen. Der
Grund ihres Gefallens ist subjektiv der, dass sie unseren Lebensbedingungen zusagen. Dieses thun sie aber nur dadurch, dass sie zugleich auch objektiv die Bedingungen des Seins des Realen sind. Die

ästhetischen Formverhältnisse bilden so den sinnenfälligen Ausdruck eines internen Gesetzes, der innern Kraft und Norm, durch welche die Dinge sind. Denn von innen heraus nach den einem Jeden eigenthümlichen Gesetzen gestalten sich die Dinge, und der Ausdruck dieser Gesetze in der äusseren Erscheinung muss uns angemessen erscheinen, weil es dieselbe Naturkraft ist, welche auch unsere eigene Organisation beherrscht. So zeigen uns alle Dinge unserer Umgebung gewissermassen ein verwandtschaftliches Gepräge. Zunächst die todten Gesteins- und Erdmassen, sie erscheinen uns in regelrecht und zierlich gezimmerten Krystallformen, oder in den mannigfaltigen, bald sanft abgerundeten, bald schroff neben- und übereinandergestellten Hebungs-, Senkungs- und Schichtungsverhältnissen, je nachdem die gewaltigen formgebenden Kräfte gewirkt hatten, dann das Flüssige in seiner Tropfenbildung, seiner sanften oder starken Wellenbewegung, seinem muntern oder gewaltsamen Dahinfliessen und endlich diese einfachen und doch so wunderbaren Schwingungs- und Brechungsverhältnisse des Lichtes und des Schalles. Von ungleich höherer Wirkung, weil von ungleich höherem Gehalte, und weil der Ausdruck eines ungleich weiseren Gesetzes, erscheinen uns die organischen Gebilde der Pflanzen, Bäume und landschaftlichen Gruppen. Hier vor Allem ist es so recht am Platze, von der Schönheitslinie zu sprechen, die sich im kleinsten Blatt, im feinsten Stielchen und nicht minder in der majestätischen Baumkrone und in den hochgewölbten Gruppen ihrer Wipfel zeigt. Das Höchste im Bereich dieser äusseren Formen ist aber der thierische und menschliche Leib, welcher nicht nur die Schönheiten aller niederen Formen in sich trägt, sondern diesen auch die Bewegungs- und Lautformen hinzufügt und in allem seinem Thun als Rhythmus, Harmonie, Gleich- und Ebenmass sich darstellt. In alledem aber zeigt sich die äussere Form nicht als etwas Aeusseres von aussen zu den Dingen hinzukommendes, sondern als der nothwendige Ausdruck ihres inneren Wesens.

Man könnte hier fragen, warum denn, wenn dem so ist, nicht alle Formen uns gefallen müssten, da ja doch jede Form der Ausdruck des ihr zu Grunde liegenden Wesens sein muss. Die Antwort ist aber naheliegend genug. Nicht ein jedes Wesen vermag seine Form bis zu dem Grade auszubilden, dass darin das ihm zu Grunde liegende Gesetz dem wahrnehmenden Subjekt gleich leicht lesbar wird. Dann treten Ideenverbindungen des Nutzens oder Schadens oder ganz unverstandene sogen. Idiosynkrasieen, z. B. wie diejenigen, welche uns vor Spinnen, Raupen, Kröten Ekel erregen, hinzu. Sehen wir hiervon ab, so bleibt für das formal Hässliche nur das Formlose, d. h. dasjenige übrig, welches durch den

Mangel eines erkennbaren Gesetzausdruckes uns unbefriedigt lässt, also
etwas lediglich negatives, und auch hier haben wir es unserer Gemüths-
lage beizumessen, die uns verhindert, an dem Minimum der Form, welches
allerdings immer vorhanden sein muss, Gefallen zu finden.

36. Der intellektuelle Genuss.

Das ästhetische oder Phantasiegefühl, welches in der äusseren Form
der Dinge den Ausdruck ihres inneren Wesens erkennt, ist somit eine
Auffassung des Realen auf einer ungleich höheren Stufe als derjenigen
des einfachen Sinnenreizes, aber so wie letzterer zu keinem dauernden,
so kann jenes überhaupt zu keinem selbständigen Genuss führen, weil
es eben nur eine blosse Form empfängt. Das subjektive Gefallen, welches wir an dieser Form deshalb nehmen, weil sie unseren Organen angemessen ist, ist an sich von nur geringer Intensivität, welche nicht hinreichend ist, an und für sich Genüsse zu gewähren. Wenn nun von der
objektiven Seite diese Form nur deshalb bedeutend ist, weil sie der Ausdruck eines inneren Gesetzes ist, so ist klar, dass dieses das eigentlich
Bedeutende ist, nicht die Form, in der es erscheint. Hat die Sinnlichkeit
es nur mit dem einzelnen vorliegenden Stück zu thun, so geht das ästhetische Gefühl nicht weiter als auf das Individuum, immer noch ist es ein
Vorliegendes, Concretes, realer als jenes, insofern es ein Ganzes ist,
aber unbefriedigt in sich, weil es auf Begriff, Gattung, Norm über sich
hinausweist.

Das individuelle Ganze ist wie das Atom für sich ganz unverständlich. Es bleibt subjektiv blosse Vorstellung, die, um verstanden zu werden, erst „begriffen", d. h. auf Begriffe zurückgeführt werden muss.
Dies ist diejenige, der Seele eigenthümliche Thätigkeit, welche man denken nennt, und welche darauf gerichtet ist, dasjenige an den Dingen zu
erkennen, wovon die Vorstellung nur die äussere ästhetische Form giebt.
Dieses stellt die Seele so an, dass sie die wirre Mannigfaltigkeit ihrer
Vorstellungen ordnet, indem sie je aus einer Anzahl derselben das Gemeinsame aussondert und dieses als Begriffe festhält und dabei letztere
— wir vermuthen, ohne in Metaphysik zu verfallen, sie thut es mit Recht,
— so ansieht, als ob in ihnen der gemeinsame Inhalt und das beherrschende Wesen aller der einzelnen vorgestellten Dinge enthalten sei.
Diese Begriffe sucht sie dann weiter in Urtheilen zu combiniren, und
dies Thun setzt sie fort, bis es ihr gelingt, alle ihre Vorstellungen auf

ein einheitliches Princip zurückzuführen. Je mehr ihr nun dies gelingt,
um so mehr empfindet die denkende Seele in der Bethätigung dieses ihres
Vermögens, das intellektuelle Lustgefühl, d. i. die Freude am Denken, die
alles Denken und zwar in um so erhöhterem Masse, als das Denken ange-
strengt war, begleitet. Dieses intellektuelle Wohlgefühl, die Lust an der
Bethätigung der Denkkraft erhält nun verschiedene besondere Färbungen;
zunächst durch den Erfolg des Denkens selbst. Wie jedes Erreichen
eines erstrebten Zieles der Seele Genugthuung gewährt, so auch das
Denken, wenn es gelingt, durch Begriffe und deren Combinationen eine
Mannigfaltigkeit von Vorstellungen unter einheitliche Gesichtspunkte zu
ordnen. Nach langem mühevollem Forschen geschieht das bisweilen
plötzlich, und dann leuchtet die Erkenntniss blitzartig mit angenehmer
Ueberraschung auf; aber auch wenn sie uns allmählich schrittweise
kommt, empfinden wir eine immer steigende Befriedigung in dem Masse,
als sich immer neue, bisher ungeordnete verworrene Gebiete in einheit-
lichem Zusammenhange darstellen. Auch da, wo wir nicht gesucht, zeigt
sich die Thätigkeit des Vergleichens und Unterscheidens plötzlich in
blitzartigen Funken, die dann als Witz und Scharfsinn uns besonders befriedigen. In so weit ist das Denkgefühl formell rein in sich selbst befriedigt. Man kann sich nun wohl von vornherein vorstellen, dass demselben auch der Inhalt der Vorstellungen nicht fremd bleiben werde.
Und das ist auch in der That der Fall. Der Freude, die wir an unseren
Gedanken haben, gesellen sich alle anderen Gefühle bei, mit welchen
diese Gedanken uns an sich erfüllen, und indem die Vorstellungen, die
solche Gefühle in uns erwecken, je nach dem Stande unserer Erkenntniss,
in eine mehr oder minder vollkommene Einheit geordnet sind, erscheint
auch unser gesammter Gefühlszustand als mehr oder minder harmonisch.
Man sage nicht, dass, um eine solche harmonische Gesammtanschauung
zu erzielen, man erst die letzten Gipfel der Weisheit erklommen und die
tiefsten Tiefen des Wissens erschlossen haben müsse. Jede denkende
Seele legt sich ihre Vorstellungen zu einer mehr oder minder vollkommenen Einheit zurecht. Natürlich wird sie sich aber durch dieselbe mehr
oder minder befriedigt fühlen, je nachdem sie sich dieser Arbeit mehr
oder weniger angelegentlich unterzogen hat. Jemand, der sich überwiegend im Dienste der Mittel und Zwecke bewegt und seine Genüsse
lediglich im Kreise der leiblichen Bedürfnisse sucht und findet, wird
natürlich nur eine flache kahle Weltanschauung zu Stande bringen, die
seiner Denkkraft wenig Befriedigung zu gewähren vermag. Aber ganz
ohne solche Weltanschauung ist Niemand, auch der schwungloseste,
materiellste Werkelstagsmensch wird wenigstens daran einiges Vergnügen

finden, mit seines Gleichen seine Lebensanschauungen auszutauschen und das intellektuelle Lustgefühl erscheint hier wenigstens in der Form der Kannegiesserei hinterm Bierkruge.

Aber wohl ist das zum Zustandekommen dieses intellektuellen Lustgefühls erforderlich, dass die Seele wenigstens zeitweise frei ist von der überwiegenden Herrschaft eines einzelnen Gefühls, sei es eines Triebes, Affekts oder der eifervollen Hast in Erstrebung von Mitteln zum Zwecke. Wie aller Genuss ist auch dieser intellektuelle die Hingabe an das ursprüngliche Gefühl. Um sich hingeben zu können, darf die Seele aber nicht allzusehr von Anderem eingenommen sein; und namentlich das Denken und dessen Wohlgefühl bedarf eines höheren Grades von Ruhe und Unbefangenheit des Gemüths.

Es könnte auffallen, dass für eine so allgemein verbreitete, Jedermann zukommende Genussart ein populärer Name fehlt, so dass wir genöthigt sind, uns eines so abstrusen, wie „intellektueller Genuss" zu bedienen. Das kommt daher, dass diese Genussart, je nach der Weise der Lebensfähigkeit, unter so verschiedenen Formen auftritt. Bei den Meisten erscheint sie nur combinirt mit geselligen Genüssen in der Form der Unterhaltung, seltener in der Form sinniger Betrachtung, ausserdem in Begleitung geistiger Arbeit.

Im Uebrigen verhält es sich mit dieser Genussart ähnlich wie mit den Vorerwähnten, der subjektive Grund des Gefallens ist die angemessene Erregung und Bethätigung der Denkkraft. Das objektive Verhältniss zum Realen besteht in der Erfassung des Wesens des letzteren, in dem Verständniss des Inhalts, der mittelst der Sinnlichkeit und Aesthesis aufgefassten äusseren Formen. Es ist schon oben erwähnt, in wie weit eine wirkliche klare und bewusste Erkenntniss des Zusammenhanges zwischen Inhalt und Form, Wesen und Erscheinung des Realen erforderlich ist. Irgend eine Art des Zusammenhanges bildet sich, wie gesagt, jede Seele. Es würde für diese unsre ästhetische Betrachtung nicht einmal viel verschlagen, wenn auch in vielen Fällen eine falsche Erkenntniss zum Grunde läge; es würde nothfällig schon genügen, wenn überhaupt eine Vorstellung des Inhalts der uns wohlgefälligen Formen zu Stande käme. Uebrigens sind diese Vorstellungen, obwohl oft unklar, roh und mit feinerem oder gröberem Irrthum behaftet, doch im Wesentlichen nicht allzu unrichtig. Hinter den schwellenden Umrissen des Wuchses der Thier- und Pflanzen-Organismen sieht wohl auch der stumpfeste Sinn das Wirken einer geheimnissvollen, wunderbaren, so lind allmählich und doch so erstaunlich kraftvoll wirkenden Naturkraft und so auch hinter den übrigen erwähnten Natur- und Körperformen. Was die Wissenschaft lehrt, ist so

wunderbar viel mehr auch nicht, es sind Details, die von dem Wesen der
erscheinenden Substanz nur dunkle und zerstreute Ahnungen geben.
Diese Substanz, diese Naturkraft bleibt einem A. v. Humbold, E. Du Bois
Reymond oder Helmholz gerade dasselbe Räthsel, was sie dem gemeinen
Verstande ist; und nur die Afterweisheit eines C. Voigt und Genossen
kann wähnen, dem grossen Geheimniss nahe zu sein.

37. Der moralische Genuss.

Die Mannigfaltigkeit unserer Sinnesreize ordnet sich in Vorstellungen, die Menge unserer Vorstellungen wird zusammengefasst und geordnet zu Begriffen und führt so zur erkennenden Anschauung der Welt.
Die Gesammtheit unserer Vorstellungen und Begriffe endlich dient als
Vorlage für unsere Gefühls- und Begehrungszustände und bestimmt so
den Willen. Letzteren Hergang müssen wir noch etwas näher erörtern.

Wir sahen bereits oben, dass alle Reize, welche der Seele theils durch
die äusseren Sinne, theils durch das körperliche Gemeingefühl, theils als
Vorgänge des eigenen Seelenlebens durch den sogenannten inneren Sinn
zugehen, als Empfindung die Seele in zwiefacher Weise zur Thätigkeit
erregen und zwar zur Thätigkeit des Erkennens und derjenigen des Willens. Erstere erhebt die Empfindungen zu Vorstellungen und ordnet
diese zu Begriffen niederer und höherer Ordnung. Letztere empfängt
aus derselben Empfindung Gefühle, durch die sie zur Thätigkeit getrieben
wird. Diese einfachen Verhältnisse muss man sich recht gegenwärtig
halten, um die folgenden complicirteren Seelenvorgänge zu verstehen.
Einerseits nämlich wird vermöge des inneren Sinnes der ganze Vorrath,
nicht nur der Vorstellungen, sondern auch der Gefühle und Willens-
bewegungen der erkennenden Seele in Form von Empfindungen als Er-
kenntnissmaterial zugeführt und unterbreitet, und die eigene Seele mit
allen ihren Vorstellungen, Gefühlen, Begehrungen, Zwecken, Mitteln u. s. w.
wird so erkannt, durchdacht und zu einem Theile der Gesammt-Welt-
anschauung gemacht, von der wir im vorigen Kapitel sprachen. Andererseits aber wird auch vermöge desselben inneren Sinnes wiederum der
gesammte Seeleninhalt einschliesslich des Erkennens und der erlangten
Weltanschauung gleichfalls Empfindung und erregt so Gefühle, die zu
Willensbethätigungen führen. Diejenigen Gefühle nun, welche uns auf
der Grundlage unserer Gesammt-Welt- und Selbstanschauung erwachsen,
nennen wir moralische Gefühle. Dies Gesammt-Welt- und Selbst-

8*

Anschauung, die man vulgo Verstand, Intellekt nennt, ist eine Anschauung
unserer sämmtlichen Empfindungen, Vorstellungen, Gefühle, Begehrungen.
Wie nun die Sinnesempfindungen, die Vorstellungen und die aus letzteren
geschöpften Begriffe Gegenstand von Gefühlen wurden, haben wir bei
Betrachtung der sinnlichen, ästhetischen und intellektuellen Gefühle gesehen; hier handelt es sich speciell nur noch um diejenigen Gefühle,
welche uns Gefühle und Begehrungen, und zwar eigene sowohl wie fremde
erregen, also um eine Beurtheilung der Gefühle und Begehrungen, in so
fern uns dieselben gefallen oder missfallen. Diese Beurtheilung ist nun
dasjenige, was man gemeinhin Vernunft oder Gewissen nennt und sie
ist eine gar wunderbare Verschlingung von Erkenntniss und Gefühl.
Denn sie ist einerseits nur möglich dadurch, dass der gesammte Seeleninhalt einschliesslich der Gefühle und Begehrungen der Seele selbst vorgestellt, von ihr durchdacht und auf die höchstmögliche Einheit reducirt
wird, andererseits ist sie aber auch keineswegs, wie hie und da wohl angenommen wird, lediglich eine Sache des denkenden und erkennenden
Verstandes, sondern wahres Gefühl, Gefallen oder Missfallen. Also das
vorgestellte und in Gemeinschaft mit dem ganzen übrigen Erkenntniss-
inhalt durchdachte Gefühl und Begehren wird so Gegenstand eines neuen
Gefühls, eines Gefallens oder Missfallens und insofern es der gefühlte Inhalt unseres Denkens ist, nennen wir es Vernunft, insofern es unser durch-
dachtes Gefühl ist, Gewissen. — Seinem Verhalten zum Subjekt und zum
Realen nach unterscheidet sich dieses moralische Gefühl in nichts von
den übrigen Gefühlen.

Denn subjektiv ist das Wohlgefallen an dem gebilligten Gefühl oder
Begehren wiederum die Uebereinstimmung desselben mit den Bedingungen
unserer Existenz als Individuum oder als Gattung. Diese Uebereinstimmung braucht ebenso wenig klar erkannt zu sein, als es oben die Uebereinstimmung zwischen Form und Inhalt zu sein brauchte. Und zwar tritt
hier die Rücksicht auf die Selbsterhaltung des Individui fast ebenso unbewusst und instinktiv, wie beim Geschlechtstrieb hinter der Rücksicht auf
die Erhaltung der Gattung zurück. Ein wunderbares Stück Geheimniss
diese so allbekannte in jeder Brust pochende Stimme! Wir sagen, dass
die auf dem Gipfel ihrer erkennenden Thätigkeit angelangte denkende
Seele, nachdem sie zu Gattungsbegriffen und vornämlich dem Begriffe
ihrer eigenen Gattung angelangt ist, gleichsam instinktiv erkennt, d. h.
ohne von ihrem Erkennen zu wissen, erkennt das, was den Existenzbe-
dingungen der Gattung angemessen sei, und was nicht, und dass sie in
Folge dessen an jenem Gefallen an diesem Missfallen findet, etwa so, wie,
um es zu wiederholen, der Gattungstrieb die Thiere zu einer bisweilen

sehr complicirten Reihe von Handlungen treibt, deren Wirkung sie nicht
kennen können, und die doch sehr geeignet ist, den Erfolg des Fort-
pflanzungsgeschäfts zu sichern. Dies ist unsere Meinung über diesen
dunkelsten Punkt der Menschenseele, wir wüssten keine bessere, da es
uns gleich sehr widerstrebt, denselben bloss durch Verstandesabstraktion
zu erklären, was der Thatsache schroff widerspräche, noch auf ein direk-
tes Wunder Gottes zurückzuführen, was freilich das allerbequemste ist.
Wenn man diese Meinung problematisch findet, wogegen wir nichts ein-
wenden, so bedenke man, dass es sich dabei um das grösste Mysterium
der Welt handelt.

Objektiv betrachtet, ist dieses Gefühl die Erfassung des Realen auf
seiner höchsten, dem Menschen zugänglichen Stufe. Hiefür spricht schon
der Grad der Intensivität desselben. Wenn wir von den körperlichen
Gemeingefühlen absehen, so haben wir kein Gefühl, welches der Stärke
des Affekts nach, auch nur in der entferntesten Annäherung mit den hier
in Betracht kommenden Gefühlsarten verglichen werden könnte. Aber
auch jene Gemeingefühle, so stark sie sein mögen, müssen zurückstehen.
Auch abgesehen von der obenerwähnten Vergänglichkeit derselben, was
ist Hunger, Schmerz und sonstiges auch der Stärke des Affekts nach,
beispielsweise, gegen das Unerträgliche einen Menschen vor seinen Augen
ermordet werden oder verunglücken zu sehen, ohne helfen zu können u. A.
Dieses Gefühl ist immer wach und den Fall einer regelwidrigen Stumpf-
sinnigkeit ausgenommen, immer gleich rege. Wir vergessen wohl unsere
dringendsten Anliegen, wenn wir auf der Strasse eine Frau oder einen
Greis durch einen rohen Patron misshandeln sehen. Unserer Thesis gemäss, dass je mehr und und je intensiveres Gefühl, um so mehr Realität
vorhanden sei, müsste sonach das moralische Gefühl uns die höchste
Realität verschaffen. Und zu demselben Resultat gelangen wir, wenn
wir erwägen, dass dasselbe die Frucht unseres gesammten Denkens und
Erkennens ist. Denn die denkende Seele strebt, wie wir sehen, ihre Vorstellungen zu Begriffen zu erheben und letztere auf eine Einheit zurückzuführen, und wir wissen, dass ihr dieses auf eine gewisse Weise immer
gelingt. Zu irgend einer höchsten Einheit, man neune sie Schicksal,
Naturlauf, Zufall, Geist, Gott oder wie sonst, gelangt jede denkende Seele,
ihr Denken mag so unmethodisch und unklar sein, wie es wolle. Dieser
oberste Begriff, welcher mindestens so allgemein sein muss, dass er den
Gattungsbegriff des menschlichen Geistes umfasst und noch etwas darüber
hinausgeht, um auch die Natur zu begreifen, bildet so den Leitstern des
Willens, an dem wir unser Fühlen und Wollen schätzen und berichtigen.
Er bildet somit ein allgemeines herrschendes Reales, das höchste Reale.

Anmerkung. Wir sind hier weit entfernt einen Beweis für das Dasein Gottes geben zu wollen. Einen solchen giebt es unseres Erachtens überhaupt nicht, -sondern nur das Analogon eines Beweises in den Nöthigungen (Postulaten) des praktischen Triebes. Hierauf näher einzugehen, würde jedoch hier zu weit führen.

Man muss aber nicht denken, dass alle Gefühle, welche unter die uns vorliegende Kategorie fallen, sich direkt und ausschliesslich auf diesen höchsten Gesichtspunkt beziehen. Dafür, dass dies nicht geschehen könne, wirken ja alle unsere anderen Gefühle und Triebe, so wie unser ganzes Streben nach Mittel und Zweck bis hierher herein. Natürlich die denkend fühlende Seele, welche ihren gesammten Vorstellungsinhalt zum Gegenstande ihres Gefühls macht, findet in diesem Inhalt alle ihre Gefühle und Begehrungen vor, und man kann sich leicht vorstellen, wie mächtig und wie bestechend die gewaltigen Triebe, Bedürfnisse und Leidenschaften mit dem daraus resultirenden Streben nach Mitteln sich gegen das moralische Gefühl erweisen werden, wie letzteres durch erstere in der mannigfachsten Weise gefärbt und entstellt werden muss. Ausserdem, dass so das Gefühl durch Zwecke, Interessen, Triebe, Affekte und Leidenschaften fortwährend von seinem höchsten Gesichtspunkte herabgedrückt wird, gestaltet es sich durch die unendliche Mannigfaltigkeit der ihm vorliegenden Gefühle, Zwecke, Interessen u. s. w., sowie nach der Art des Verlaufes derselben in der allermannigfaltigsten Weise. Eine vollständige und systematische Aufzählung und Ableitung dieser Gefühle, die ihre grossen Schwierigkeiten hat, möge hier nicht erwartet werden. Mehr um das Gesagte zu verdeutlichen als um die Sache zu erschöpfen, mögen hier einige der wichtigsten angeführt werden.

Da sind zunächst die einfachen Gefühle, als die Lust an der Thätigkeit und ihr Gegensatz, die Unlust am Nichtsthun, Langeweile, die Lust an Fleiss, Kraft, Energie und ihr Gegensatz, der Trägheit, Schwäche und Energielosigkeit, Freude an Muth, Consequenz, Beständigkeit und Mässigung, ferner am Klugen, Zweckgemässen, Weisen und die Unlust am Gegentheil. Dies sind Gefühle, welche mehr die Form und Verhältnissmässigkeit als die eigentliche Materie des Handelns betreffen. Auf die letztere, den eigentlichen Geist des Handelnden, beziehen sich die Freude an Wahrhaftigkeit, Redlichkeit, Gerechtigkeit, und die Unlust am Gegentheil. Sodann die geselligen Gefühle der Liebe, in ihren verschiedenen Arten, Freundschaft, Menschenfreundlichkeit, des Mitleids, der Friedlichkeit u. s. w. Endlich die abgeleiteten (secundären) Gefühle, Furcht, Hoffnung, Erwartung, Freude am Erfolg, Aerger am Misslingen des Erstrebten, so wie die Gefühle, welche sich auf die Billigung und Missbilligung von Handlungen beziehen und zwar der eigenen: Zufriedenheit,

Stolz, Reue, Scham, und der fremden: Achtung, Bewunderung, Verachtung, Entrüstung.

Sehen wir davon ab, dass unsere Begierden und Interessen, was freilich beinahe fortwährend geschieht, die Sache verdunkeln, uns von der wahren Höhe unserer Gefühle herniederziehen, so würden alle die vorgenannten Gefühle sich auf jenen, die Menschheit und die Natur umfassenden Hauptbegriff beziehen und lediglich die Anwendung desselben auf die uns gerade vorliegenden Gefühle und Begehrungen ausdrücken. Wir sollten eigentlich nur die Guten, Gerechten u. s. w. lieben und thun das zum Theil auch wirklich; aber meistens lieben wir diejenigen, die unsere Zwecke befördern, und hassen diejenigen, die sie durchkreuzen. Wie sehr aber auch jener einfachste und natürlichste Sachverhalt verdunkelt wird, immer bleibt er dennoch der natürliche Schwerpunkt, um welchen, trotz aller oft so bedeutenden Abweichungen, unser gesammtes Fühlen und Wollen gravitirt, und es ist schon der höchste Grad physischer und psychischer Verdorbenheit erforderlich, damit dieser Schwerpunkt ganz oder auch nur grösstentheils verloren gehen könne. Wir können uns hier auf die nähere Ausführung dieser der Moralphilosophie angehörigen Materie nicht weiter einlassen. Die Sache liegt hier wieder durchaus ebenso, wie auf dem Gebiete der sinnlichen Gefühle, nämlich so, dass wir an das, was die dauernde Wohlfahrt der Gattung und des Individui erheischt, durch die Bande unserer stärksten Gefühle und Triebe geknüpft sind.

Fragt man nun endlich, inwiefern die moralischen Gefühle Quellen von Genüssen werden, so begegnen wir wieder dem Umstande, dass in gewöhnlichem Sinne von Genuss, d. h. der bewussten absichtlichen Hingabe an das Gefühl nicht gesprochen wird, ja dass es sogar einem feinen Gefühle widerstrebt, hierin absichtlich Genüsse zu suchen. Wer z. B. einem Armen eine Gabe reichte bloss in der Absicht, sich dabei das angenehme Gefühl des Wohlthuns zu verschaffen, würde von dem Tadel eines edlen Epicuräismus nicht freizusprechen sein. Ebenso würde man es als religiösen Epicuräismus bezeichnen müssen, wenn Einer oder Mehrere in forcirten Religionsübungen ausschliesslich oder überwiegend den Kitzel der Gefühlserregung suchten, wofür es wohl in alter und neuer Zeit nicht an Beispielen fehlen dürfte.

Wenn daher Genuss die bewusste absichtliche Hingabe an ein Gefühl ist, so scheint es fast, als wenn von moralischen Genüssen nicht eigentlich die Rede sein könnte. Dem ist jedoch nicht so. Wir dürfen und sollen auch hier geniessen. Nur darf die Thätigkeit, die wir entfalten, um zu geniessen, nicht so weit gehen, als bei anderen Genüssen. Was wir

dürfen und sollen, ist, dass wir unser Herz und Gemüth frei und
empfänglich für die sich darbietenden Gefühle erhalten, damit wir sie
geniessen und uns an ihnen erwärmen, kräftigen und veredeln mögen.
Nur sollen wir nicht das Gefühl herbeizuführen suchen, indem wir dasselbe unter den Gesichtspunkt des Genusses herabdrücken. Wir sind
uns ganz der Schwierigkeit bewusst, in so subtilen Dingen, als sie hier
vorliegen, begriffliche Grenzen zu ziehen. Man wird uns hoffentlich verstehen, wenn wir den moralischen Epicuräismus und Egoismus ausschliessen, der zu süsslicher Empfindelei und Gefühlsschwebelei führt.
Es ist eigentlich nur derselbe Unterschied, den wir oben zwischen legi-
timer Lust und Lüsternheit, welche durch die Erinnerung an das Angenehme erregt wird, machten; und als Analogon können wir nur einen
Schlemmer wählen, der, um die Freuden der Tafel noch einmal zu geniessen, tartarum stibiaticum nimmt.

38. Der Naturgenuss.

Wir haben bisher die Funktionen der Seele, die verschiedenen
Weisen ihrer Erregung und ihrer Thätigkeit im Einzelnen darzulegen
gesucht. Man darf aber nicht hoffen, durch solches Auseinanderlegen
ein wahres Bild des Lebens zu erhalten. Schon im physischen Organismus kennt die Natur eine Trennung nicht überall da, wo das Secirmesser
des Anatomen eine zu bewirken vermag; noch ungleich weniger ist dies
im Gebiete der Seele der Fall, deren specifisches Wesen darin besteht,
eine unbedingte Einheit zu sein. So hat man denn auch schon längst
eingesehen, dass es eine gröbliche Verkennung dieses einfachen Wesens
ist, wie die alten Psychologen thaten, eine Anzahl besonderer Seelenvermögen anzunehmen, wobei so etwas wie die fächerartige Abtheilung
eines Regals vorzuschweben schien. Aber auch selbst von verschiedenen
Funktionen der Seele darf man nicht ohne die grösste Vorsicht sprechen
und namentlich nicht, ohne sich fortwährend die absolute Einheit der
Seele gegenwärtig zu halten. So sind denn namentlich auch die scheinbar
so verschiedenen und in gewissem Sinne gerade hin entgegengesetzten
Funktionen des Vorstellens und Erkennens einerseits, und des Gefühls
und Willens andererseits, innig und durchaus untrennbar in einander
verschlungen. Etwa so wie in den Lungen feine und feinste Blut- und
Luftgefässe sich gegenseitig durchsetzen und durchdringen, so dass Blut
und Luft sich in den kleinsten Infinitesimaltheilchen an einander aus-
tauschen und das Ganze ein Gewebe bildet, in dem man, von den grös-

seren Aesten abgesehen, kaum noch einen Punkt findet, den man als
besonderes Blut oder als besonderes Luftgefäss bezeichnen könnte: nicht
minder innig sind im Organismus unserer Seele Denken und Wollen in
einander verwebt, indem vermöge des Selbstbewusstseins (des sog.
inneren Sinnes) eines dem andern zur Vorlage, zum Objekt wird. Das
Denken denkt Gewolltes, das Wollen will Gedachtes. Das Denken hat
seine Lust am Denken des Wollens, das Wollen die seine am Wollen des
Gedachten. So bietet sich der ganze Inhalt und Umfang des Erlebten,
Vorgestellten, Gefühlten, der in unübersehbarer Breite an uns vorüber-
brausende Makrokosmos da draussen und der bisweilen nicht viel weniger
stürmische Mikrokosmos da darinnen in den Tiefen des Gemüths der
wollend denkenden, denkend wollenden Seele, als ein grosses, immer
neues Panaroma dar und gewährt ihr ein Schauspiel, wie es in spannenden Verwickelungen, erschütternden Wechseln bald rührenden, bald
erheiternden Motiven, fesselnd und ergreifend auf Erden nicht seines
Gleichen findet. — Sinnliche Reize und Begierden, gefällige Formen, die
wonnevolle Befriedigung des Forscherdranges nach Wahrheit und alle
die mannigfaltigen Gefühle, Begierden und Triebe: Liebe, Hass, Ehrgeiz,
Selbstsucht, Freude, Leid, Furcht, Hoffnung und so weiter, so verschieden
ihrem Gegenstande nach und nicht minder mannigfaltig in ihrem Verlauf, in ihrer Farbe und Stärke, vom orkanartig alles vor sich nieder-
werfenden Affekt bis zu sanfter Sehnsucht oder Wehmuth; die wechselnden
Stimmungen vom hellsten Jubel des Triumphs, dem rosigen Schimmer
der Hoffnung durch alle Farbentöne nüancirt bis zum fahlen hoffnungs-
losen Grau der Verzweiflung. Wie das in uns auf- und niederwogt, wie
sich Vorstellungen, Gedanken, Gefühle, Triebe einander jagen und verdrängen, just wie die Menschen da draussen auf dem Jahrmarkte des
Lebens einander jagen und drängen und einer den andern zu überholen
sucht; und auf beiden Kampfplätzen muss bisweilen der edlere Kämpe
dem geringeren weichen. Wir sehen in uns ein königliches Wort „Vernunft" die Zügel führen in diesem Aufruhr von Begierden und Gefühlen,
dem es nicht immer gewachsen ist, und da draussen geht es manchmal
nicht minder bunt zu, wie denn auch hier wie dort das Salz bisweilen
dumm und das Auge ein Schalk wird. Wir sehen, wie Zwecke, — und
welche Mannigfaltigkeit von Zwecken! — durch Mittel erstrebt, erreicht
und verfehlt werden, sehen die Verschiedenheit der Glücksumstände, die
schroffsten Extreme oft dicht bei einander, gewahren auch leicht, wie
Jeder seines Glückes Schmied wird, wie der Tüchtigste den rauhesten
Weg vollendet, während der Schwächling auf ebener Bahn strauchelt,
wie dann die launische Göttin dazwischen greift und auf der colossalen

Glücksleiter den emporhebt, den hinabstösst. Doch wie verschieden das
Schicksal Wind und Sonne theilen mag, und wie verschieden durch Glück
oder Verdienst der reich, der arm gebettet sei, so grosse Gegensätze
sehen wir dann wieder ausgeglichen durch die Güter, die Jeder in sich
trägt, Zufriedenheit oder Unfriede, Segen oder Unsegen, das schafft
sich Jeder selbst, frei wenigstens von der Laune des Zufalls und so sehen
wir wohl wahres Glück in der Hütte wohnen und den Palast meiden,
aber auch umgekehrt. Und wie durch allen diesen bunten Wirrwarr,
durch alle diese complicirte Verschlungenheit, durch diesen scheinbar
unlöslich in einander verfitzten Knäuel von Millionen Fäden sich ein
rother Faden schlingt, dem das verwirrte Auge nur zu folgen braucht,
um den ganzen Wirrwarr sich leicht und frei ordnen zu sehen. Das alles
sehen wir und wie vieles mehr! welche Feder, und wäre sie die gewal-
tigste, vermögte dieses uralte und doch ewig neue Schauspiel auch nur
annähernd zu erschöpfen! Dieses Schauspiel, welches das grossartigste,
erhebendste und reinigendste aller Schauspiele ist, und welches von
Jedermann immerdar genossen werden kann, und bisweilen auch wirklich genossen wird, so oft man nämlich, was nicht allzu oft ist, dessen
würdig ist, es zu geniessen.

Diese organische Einheit und gegenseitige Durchdringung unseres
Denkens und Fühlens ist die höchste und eigentliche Funktion der Seele.
Ihr entspringen die höchsten und edelsten Bethätigungen derselben: der
unauslöschliche Trieb des Forschens nach Wahrheit, und der Trieb
zum Guten, welchen man die ethische Wahrheit nennen kann. Der Kernpunkt dieses fühlenden Denkens aber ist der religiöse Trieb, welcher
Denken, Fühlen, Wollen, Welt und Geist in eine Einheit zusammenfasst,
Religion nicht zwar in dem Sinne eines so oder anders gefassten Bekennt-
nisses, sondern in jenem Sinne, welchen Schiller meint, wenn er sagt:
    „Religion ist in der Thiere Trieb."
Diese selbe Einheit nun vermittelt uns auch den höchsten Genuss,
der Sterblichen beschieden ist, jenes Schauspiel, von welchem unsere
schwache Feder soeben eine matte Andeutung zu geben versuchte. Wir
nennen ihn Naturgenuss, wir werden ihn aber auch bald anders nennen.
Er ist aber nicht nur der höchste, sondern eigentlich der einzige Genuss
oder wenigstens die unentbehrliche Grundlage jedes menschenwürdigen
Genusses (wie bereits im 30. Kapitel angedeutet wurde). Denn durch
das, was wir bisher Genüsse auf den niederen Stufen des Seelenlebens
nannten, zieht sich dieser hindurch und verleiht ihm erst seinen wahren
menschlichen Werth, er erhebt zu geistigem Adel, was wir mit den Thieren
gemein haben, und macht es des Menschen würdig. Denn das nennen

wir nicht Genuss, wenn z. B. der Heisshungerige gierig Speisen und
Getränke hinabschlingt, wenigstens unterscheidet es sich von dem Fressen
des Thieres in nicht viel mehr, als in der Qualität der Speisen. Was
das Essen zum Genuss des Mahles erhebt und das Trinkgefäss zum
liedergefeierten Pokal, das ist eben dies, dass wir im Kreise unserer
Lieben der Werkelstagsmühe vergessend, uns der Güter dieser Welt und
nicht bloss der leiblichen allein erfreuen und im geselligen Austausch
das Nahe und Ferne erwägen und beschauen. Wer denkt dabei nicht
jener platonischen Symposieen, bei denen Sokrates den Vorsitz führte
und vom Eros sprach, oder jener Nächte, die Cato über'm Weine zu-
brachte, und alles dessen, was die Sänger aller Zeiten in allen Sprachen
über das Mahl und den Wein gesungen. — Kaum der Andeutung bedarf
es, dass es mit dem sexuellen Genuss dieselbe Bewandniss hat, dass er,
wie dem Bedürfniss der Gattung entsprungen, so auch nur allein in
jenem Geiste erlaubt und würdig ist, welcher der Geist der menschlichen
Gattung ist und als Gefühl der Liebe die rohe Sinneslust zur höchsten
Seelen- und Geistesgemeinschaft veredelt. Auch im genussreichen Anblick
einer schönen Natur weidet das Auge sich nicht bloss an schönen Verhältnissen, Farben u. dgl. Diejenigen irren sehr, die hier das Erhabene
nur im Spiel der Formen sehen, es ist eben dasselbe wie allerwärts, es
ist das Anschauen der Herrlichkeit der Welt, welche die Herrlichkeit
Gottes ist, das Ein und Alles aller Dinge.

Jedermann sieht, dass dasjenige, was wir hier Naturgenuss nennen,
nichts anderes ist, als das Schöne. Bedarf es dafür noch erst eines
Beweises? Dass diese Art der geniessenden Naturbetrachtung alles Geniessen durchdringt und erhebt, ist es nicht Beweis genug? Wenn es
irgend wahr ist, dass das Schöne der Sphäre des Genusses angehört, so
muss es mit dem, was wir Naturgenuss nennen, der denkend fühlenden
Welt- und Selbstanschauung zusammenfallen. Wenigstens wollen wir
dem Beweise, dass das Schöne subjektiv etwas anderes sei, als der
höchste Genuss, oder dass es zwei höchste Genüsse gebe, mit einiger
Ruhe entgegensehen. Noch mehr werden wir in unserer Ueberzeugung
bestärkt werden, wenn wir bei näherer Betrachtung dieses Genusses
sehen, dass derselbe sich ganz und gar in denjenigen Formen vollzieht,
welche wir oben als die Formen der Kunst, die doch nur die Schönheit
zum Objekt hat, betrachtet haben. Wie die übrigen Genüsse betrachten
wir jetzt auch den Naturgenuss nach seinen zwei Seiten, einmal nach
der subjektiven Seite hin, nach seiner Stellung im Seelenleben und sodann
objektiv in seinem Verhältniss zum Realen.

Fünftes Buch.

Stellung des Naturgenusses (Empfindung des Schönen) im Seelenleben.

39. Allgemeine Verbreitung des Naturgenusses.

So wie beim intellektuellen und moralischen Gefühl haben wir auch hier die Bemerkung vorauszuschicken, dass dasjenige, was wir hier Naturgenuss nennen, die höchste Gefühlseinheit der denkend wollenden Seele, nicht eigentlich zu demjenigen gerechnet werden kann, was man im gewöhnlichen Sprachgebrauch Genuss nennt. Unter Naturgenuss versteht man gewöhnlich nur die geniessende Betrachtung einer schönen Berg-, Wald- oder Seelandschaft oder allenfalls auch die Freude an der Natur selbst im Grossen und Ganzen, wie wir sie überall wiederfinden, wenn wir „in's Freie", wie wir bedeutungsvoll genug sagen, gehen, um uns von der Werkeltagsmühe der Arbeit zu erholen. Dies ist offenbar auch eine Art von Naturgenuss, aber nur eine Art, nur ein Stück davon. Wenn von Natur gesprochen wird, muss man jedenfalls die ganze Natur im Auge behalten und da ist die menschlich-geistige Natur des Seelenlebens die Hauptsache. Von einer genussvollen Betrachtung dieser letzteren aber pflegt der Ausdruck Naturgenuss nicht gebraucht zu werden. Es ist freilich richtig, dass dieser Genuss weit seltener zu haben ist, als andere. Es walten Hindernisse ob, die uns denselben wehren, Hindernisse, denen wir später eine ausführlichere Betrachtung widmen. Und dann kommt hinzu, dass wir uns diesem Genusse nicht vermöge eines besonderen Aktes und mit bewusster Absichtlichkeit hingeben, sondern ebenso wie die intellektuellen und moralischen Gefühle mit unserem Thun und Leiden verwachsen finden.

Aber vorhanden ist auch dieser Genuss für Jeden, sei es öfter oder seltener, vollkommener oder unvollkommener. Sobald die Seele sich ein wenig frei gemacht hat von dem Alltagsdienst der Mittel und Zwecke und wir nach gethaner Arbeit — der Müssiggänger kennt über-

haupt keinen Genuss — uns der behaglichen Ruhe des Geniessens hingeben, dann finden wir wohl auch meist für eine genussvolle Naturbetrachtung in diesem unseren weitesten Sinne Zeit und Stimmung in uns
vor. Sehr verschieden natürlich nach Person, Ort und Zeit. Für Manchen
zeigt sich in der geselligen Unterhaltung eine schwache Spur solcher
Anschauung. Die Meisten finden jedoch ganz unverkennbar ein deut-
liches Interesse an der stillen zuschauenden Beobachtung menschlichen
Lebens und Treibens. Das Vergnügen, welches uns ein Spaziergang in
der Beobachtung der uns Begegnenden bietet, etwa so, wie Göthe's
Faust uns den Spaziergang am Ostertage zeigt, gehört ganz hierher.
Ebenso das ganz ähnliche Vergnügen, welches die Beobachtung einer
etwas lebhaften Strasse vom Fenster aus gewährt. Die seltensten und
höchsten Genüsse winken dem, der es versteht und Zeit und Gemüthsruhe dafür übrig hat, sich still in sich selbst zurückzuziehen und aus
der Tiefe seines Gemüths, wie von einem stillen Beobachterposten aus,
das Leben und Treiben der Welt mit seinem Ernst und seinem Humor
nah' und fern zu überschauen. Da bieten sich dann wohl ganz so wie
in der landschaftlichen Natur weite Fernsichten, wo zahllose Menschen-
schicksale mit einem Blicke überschlagen werden, da fällt das staunende
Auge auf tiefe Abgründe, die zerschmetternden Sturz drohen, auf schroffe
Höhen, die dem kühnen Ringen ein ruhmvolles Ziel verheissen, und
überall blickt, wie ein blauer Ocean, die Unendlichkeit und Allmacht
göttlicher Vorsehung hindurch. —
Auch in dem Umfange und der besonderen Färbung des geschauten
Bildes walten nicht mindere Unterschiede ob, als in den Umständen,
unter denen wir es schauen. Mancher vermag auch unter den günstigsten
Umständen nur eine enge, beschränkte Sphäre zu überschauen, die des
Standes oder des Erdwinkels, in dem er geboren, an den er gebannt ist.
Mancher Blick reicht nicht weiter, als der Kirchthurm seines Orts zu
sehen ist, und für Manchen fängt die Welt erst beim Lieutenant oder
Baron an. Andere sehen zwar einen grösseren Ausschnitt, aber durch
die Brille ihrer Interessen in entstellter Färbung etwa so geschickt, aber
nicht ganz so harmlos, wie der „Herr Entspekter Bräsig" das Lama und
den Strauss im zoologischen Garten auf ihren landwirthschaftlichen
Werth mustert. Wieder bei Andern waltet die intellektuelle Anschauung
vor, und ihre Naturbetrachtung neigt sich mehr zu einer Welttheorie,
während Andere daraus mehr nur eine gewisse dunklere Gefühlsstimmung entnehmen. Alle diese Unterschiede indessen sind nur zusätzliche,
färbende, einschränkende Modificationen, welche an der Sache selbst
eigentlich nichts ändern, und Jeder hat an dem Bilde der Welt, wie es

sich ihm eben zeigt, so gross oder so klein, so wahr oder so falsch, so
theoretisch nüchtern oder gefühlswarm es sein mag, seine Freude, freilich
auch der Eine mehr, der Andere weniger.

40. Quellen, Mittel und Formen des Naturgenusses.

Die Seele macht also, wie wir gesehen, den ganzen Umfang und
Inhalt ihres Gesichtskreises, d. h. die Gesammtheit innerlicher wie äusserer, denkender und begehrender, eigener und fremder Vorstellungen
zum Gegenstande ihrer denkenden, wollenden Selbst- und Weltbetrachtung. Wenn wir diese als eine geniessende Naturbetrachtung auffassen,
so ist klar, dass die Quellen dieses Genusses, wie diejenigen aller unserer
Genüsse, unsern Gefühlen entspringen. Da es aber die Gesammtheit
unserer Gefühle ist, welche uns diesen höchsten und fundamentalsten
Genuss vermittelt, so haben wir vorzugsweise unsere höheren Gefühle,
die intellektuellen und moralischen, als Quellen des Naturgenusses anzusehen. Diese oder noch besser gesagt, die selbstbewusste Einheit
beider bildet damit zugleich auch den Inhalt des Naturgenusses
(der Schönheitsempfindung), dem gegenüber alle anderen Gefühle
und Genüsse nunmehr zu Mitteln und Formen herabsinken.

Da nämlich die gesammte innen- und aussenweltliche Natur den
Gegenstand des Naturgenusses bildet, und diese, wie wir oben sahen,
nur in sinnlichen und ästhetischen Formen zu erscheinen vermag (es ist
hier einerlei, ob diese Formen gegenständlich angeschaut oder durch die
Phantasie reproducirt werden), so muss die gesammte Sinnlichkeit in
den Naturgenuss eingehen, als seine Form verwerthet werden. Man
könnte sie auch Genussmittel nennen, im Gegensatz zu dem eigentlichen
höheren Gefühlszweck, wenn es passend erschiene, hiebei von Mitteln
und Zwecken zu reden. Die Bedeutung und Berechtigung dieser untergeordneten, mehr leiblichen Gefühle der Sinnlichkeit und Aesthesis zeigt
sich erst hier, indem dieselben als Form und zwar als nothwendige
wesentliche Form für das Seelische, das höhere Reale auftreten. Die
geniessende Betrachtung der Natur besteht im Unterschiede von der
rein denkenden, wissenschaftlichen darin, dass wir hier die Dinge in
ihrer sinnlichen Besonderheit, in ihrer vollen Leiblichkeit vor uns haben,
ohne dass auch nur ein Schatten ihrer Gegenständlichkeit durch Abstraktion verloren gegangen. Aber die sinnliche und ästhetische Form
bildet nur den Ausdruck des uns darin zur Anschauung und zum Genusse

kommenden höheren Realen, auf das wir sogleich zu sprechen kommen und das uns durch die höhere Einheit des intellektuellen und moralischen Gefühls vermittelt wird. Denn ebenso, wie objektiv betrachtet, diese sinnlichen und ästhetischen Formen den äusseren Ausdruck bilden jenes internen Lebens- und Schöpfungsgesetzes, welches die Dinge hervorgebracht hat und erhält, ebenso ist auch subjektiv die Freude, das angenehme Gefühl, welches wir an diesen Formen erleben, gleichsam nur eine beschränktere Erscheinungsform jener höheren und edleren Gefühle, welche wir aus der Betrachtung des Allgemeinen ziehen. Dies ist der Grund des uns anders unerklärlichen Wohlgefallens, welches jene Formen uns einflössen. Oder wie wollte man es sonst erklären, dass uns diese Linie, diese Anordnung und Zusammenstellung vor jener befriedigt. In der blossen actuellen Existenz dieser Farben, Töne, der Symmetrie, des Rhythmus und Verhältnisses ist doch wahrlich kein Grund unseres Wohlgefallens und unserer Befriedigung ersichtlich. Erst daraus, dass sie subjektiv und objektiv sich als erster Ausdruck des höchsten, unserer Seele wesensgleichen Realen darstellt, erhält auch schon die isolirte Ton- und Farbenempfindung das uns wahrhaft Erfreuende, der unbeseelte, starre Körper spricht durch den hellen Klang, die lebhafte Farbe zu uns gleichsam in einer unserer Seele verwandten Sprache; und in den ästhetischen Formen des Masses und der Harmonie begrüssen wir den, wenn auch nicht theoretisch erkannten, so doch deutlich empfundenen Ausdruck eines uns noch inniger verwandten seelischen Gesetzes. Diesem Zusammenhang werden wir nach der Seite des Realen hin in der folgenden objektiven Betrachtung des Schönen noch näher nachzugehen haben.

41. Stellung des Naturgenusses (Schönheitsempfindung im Leben. Reinigung der Leidenschaften.

Ehe wir nun diese subjektive Betrachtung des Schönen verlassen und dazu übergehen, das Schöne objektiv und sein Verhältniss zu den realen Dingen zu untersuchen, liegt es uns ob, die bisherige Betrachtung damit abzuschliessen, dass wir die Stellung erörtern, welche die Empfindung des Schönen zu den wichtigsten Funktionen unseres geistigen Lebens einnimmt.

Wir haben oben die Funktionen des Genusses im Allgemeinen und Besonderen erörtert. Es waren nach der subjektiven Seite zwei, die

Selbsterhaltung und die Wiedereinsetzung der Seele in ihren natürlichen Gefühlsstand. Beide Wirkungen kommen dem Schönen zunächst schon insofern zu, als sie jedem angenehmen Gefühl zukommen, welches zur Quelle des Naturgenusses wird. Aber beide finden sich in letzterem zu einem höheren Grade gesteigert, welcher die eigenthümliche Wirkung des Schönen in Natur und Kunst auf unser Gemüth charakterisirt. Auf dieser höheren Stufe zeigen sich übrigens beiderlei Genusswirkungen als innig mit einander verwachsen. Die Sache selbst aber geht, wenn wir nicht irren, folgendermassen zu.

Wir dürfen annehmen, dass jedem Gefühl ein gewisses Vermögen (Potenz) zu Grunde liegt, welches dem von Aussen kommenden Reize entgegenkommt und ihn zum Gefühl erhebt. Dieses Vermögen ist ein ganz unbewusstes dunkles Streben, bis das Gefühl zum ersten Male wirklich erweckt ist. Sobald dies geschehen, wird es zum bewussten Streben auf Festhaltung oder Erneuerung des Gefühls.

Anmerkung. Die nähere Ausführung dieser noch lange nicht zum Abschlusse gediehenen Materie muss in die Psychologie verwiesen werden. Es ist das Verdienst Beneke's, auf das Vermögen in dem eben gebrauchten Sinne zuerst hingewiesen zu haben. Wie es aber dem ersten Entdecker bisweilen geht, macht auch er von seinem Princip einen zu ausgedehnten Gebrauch. Innerhalb der von uns eingehaltenen Grenzen nämlich, zunächst im Gefühlsleben, ist die Sache durch sichere und allgemein bekannte Thatsachen wohl verbürgt.

Das Streben ist um so lebhafter und stärker, je mehr Vermögen vorhanden ist. Durch Verwirklichung des Gefühls wird das angesammelte Vermögen ganz oder theilweise absorbirt und das Streben nach dem Gefühl erwacht erst wieder, nachdem das Vermögen sich von Neuem gesammelt hat. So wird das einmal erweckte positive Gefühl nach Massgabe des vorhandenen Vermögens zum Streben, und dieses Streben wird bei stärkerer Anhäufung von Vermögen zum negativen Gefühl, zur Begierde. Wird nun durch das geeignete Mittel das positive Gefühl wieder erweckt, so wird das überflüssige Vermögen dadurch abgeleitet und die Begierde befriedigt. Die Befriedigung der Begierde im Genusse erscheint somit als Fortschaffung eines krankhaften Zuviel, als Ableitung eines Druckes, als Reinigung von der knechtenden Begierde. Hierbei können nun drei Fälle eintreten. Entweder die Befriedigung und das Vermögen heben sich wie + a und — a gerade auf, so dass von beiden nichts übrig bleibt, oder die Befriedigung erfolgt im Uebermass mit relativer Erschöpfung des Vermögens, in welchem Falle Ueberdruss und Widerwille entsteht, oder endlich die Befriedigung erfolgt in einem zwar genügenden, aber doch hinter dem Vermögen zurückbleibenden Mindermass. Dieses letztere ist der normale Fall, hier ist die Begierde, resp. das Vermögen nicht völlig aufgehoben, nicht gänzlich erloschen, sie ist beschwichtigt, aber ihr Reiz besteht in der Erinnerung fort und verleiht der Erinnerung an den Genuss ein dauerndes Lustgefühl, während in den beiden andern Fällen, wo die Begierde durch den Genuss zur Gleichgültigkeit abgestumpft oder zum Widerwillen überreizt wird, Gleichgültigkeit und Ekel sich mit der Erinnerung vergesellschaften. Nicht also die rücksichts- und masslose Begierdenbefriedigung, sondern nur die mässige bildet allein den wahren, auch in der Erinnerung fortdauernden Genuss und bewirkt eine heilsame Beschwichtigung und Linderung und zugleich eine Reinigung und Läuterung der Begierde.

Dies ist das Gesetz des natürlichen Ablaufs der Gefühle. Wir bekennen gern, dass sowohl in Ansehung des Hülfsbegriffes des Vermögens, wie auch in Ansehung der ganzen Materie noch genug Dunkelheiten und Lücken übrig bleiben, wie denn auch zur Klarlegung derselben hier im mindesten nicht der Ort ist. In der thatsächlichen Fassung aber, welche wir diesem Gesetz gegeben haben, dürfte dasselbe allgemein gelten. Vor allem und ganz unzweifelhaft auf der Stufe der leiblichen Gemeingefühle als Hunger, Durst, Geschlechtstrieb, Ruhe, Bewegung u. s. w. Aber auch bei den einfachen Sinnes- und Phantasiegefühlen erklärt sich das Ungenügende der einzelnen Ton- und Farbenempfindungen, sowie das Ermüdende, welches jedes andauernde gleichförmige Verhältniss im Gefolge hat, nur aus diesem Gesetze. Eben dieses Gesetz gilt ferner auch auf den höheren Stufen des intellektuellen und moralischen Gefühls. Das energischeste Denken erlahmt, die interessanteste Conversation verliert schliesslich ihren Reiz und jedes, auch das stärkste Gefühl, Liebe, Hass, Trauer, Aerger, welches längere Zeit gehegt wird, stumpft sich ab und zwar in eben dem Masse schneller, je häufiger und stärker die Aeusserungen waren, in denen es Befriedigung suchte. Der Jähzorn z. B., der sich augenblicklich in den stärksten Erregungen entladet, ist mit denselben auch sofort ganz erschöpft, während der in schwachen Kundgebungen hervortretende Groll ungleich länger fortglimmt.

Ob nun jeder besondern Gefühlsart ein besonderes Vermögen oder allen Gefühlen ein gemeinsames Vermögen zu Grunde liegt, diese Frage müssen wir, wie so viele andere hier, unbeantwortet lassen. Ein enger Zusammenhang unter den verschiedenen Gefühlsvermögen ist keinesfalls zu verkennen. Jeder starke Gefühlsablauf setzt sofort auch die Spannung aller anderen Gefühle merklich herab, wofür die Beispiele ebenso zahlreich als naheliegend sind. Am stärksten ist die Herabminderung der mehr gleichartigen Gefühle.

Dem Urheber dieser Vermögenstheorie, Beneke, hat man den Vorwurf des Hedonismus gemacht und er hat darüber sogar Verfolgungen zu erleiden gehabt. Dieser Vorwurf ist ungegründet. Das Gesetz, nach welchem unsere Gefühle verlaufen, ist so, dafür spricht die Thatsache. Mit dem Sittengesetz hat dasselbe aber gar nichts zu thun. Es ist nicht gesagt, dass jede Begierde auch befriedigt werden solle und unter allen Umständen befriedigt werden solle. Doch das sind Sachen, die in die Moralphilosophie gehören, mit der wir es hier nicht zu thun haben.

Dass wir auf diesen psychologisch noch lange nicht hinreichend aufgeklärten Punkt überhaupt eingehen, liegt daran, weil es sich dabei um die Erörterung eines der streitigsten Punkte der Aesthetik handelt, nämlich die Aristotelische Katharsis-Theorie. Bekanntlich definirt Aristoteles die Wirkung der Tragödie dahin, dass sie „durch Mitleid und Furcht die Reinigung (καθαρσίς) der Affekte solcher Art zu Stande bringe". Ebenso schreibt Aristoteles der Musik eine kathartische Wirkung zu. Ueber das Wesen dieser Katharsis sind die Philologen und Philosophen zur Zeit noch im Streite. Zwei Auffassungen namentlich stehen sich gegenüber, die eine, dass darunter eine wirkliche Läuterung, Reinigung, sittliche Veredelung, die andere, dass nur ein einfaches Hinwegschaffen, eine Ableitung der Affekte (αναπαυσις) gemeint sei. Uns scheinen beide Ansichten, für deren jede gewichtige Gründe beigebracht sind, durchaus nicht unvereinbar mit einander. Eine psychisch so tiefgehende Wirkung wie die musikalische und tragische Katharsis kann unmöglich auf Musik und Tragödie allein beschränkt sein. Man müsste geradezu die Musik und die Tragödie aus dem Gebiete der Künste ausschliessen, wenn die ersteren beiden die Affekte reinigten, alle übrigen Künste aber es nicht thäten, denn damit wäre ein geradezu grundwesentlicher Unterschied gesetzt. Offenbar, wenn einer Kunst solche kathartische Wirkung zukommt, so kommt sie aller Kunst und nicht bloss der Kunst, sondern allem Schönen überhaupt zu. Was aber jene obigen streitenden Auffassungen der Katharsis betrifft, so finden sie ihre Vereinigung in dem von uns entwickelten Beneke'schen Gesetze des natürlichen Ablaufs der Gefühle. Dem Gefühl wird durch die das Vermögen nicht erschöpfende, aber hinreichende Befriedigung die affektuose Spitze genommen und dadurch wird das Gefühl gelindert, gemässigt und zugleich geläutert und sittlich veredelt. Die Katharsis ist, wie es Bernays, wie uns dünkt, schlagend nachweist, von Aristoteles zunächst rein quantitativ als einfache Ableitung (αναπαυσις) gemeint, in dieser aber liegt nothwendig zugleich die qualitative Veredlung des Gefühls. Ein Beispiel liegt nahe. die Liebe, unerwiedert und unbefriedigt verkümmert sie entweder in Apathie oder sie schwillt zu einer krankhaften, gefährlichen Leidenschaft an. Masslos befriedigt schlägt sie rasch in Gleichgültigkeit und Abneigung um. Erwiedert und massvoll befriedigt wird sie ihr wahres Ideal, eine ruhige, schöne, starke Flamme, die nie erlischt, ein fester sicherer Hort, der nie im Stiche lässt.

Wir armen schwachen Sterblichen sind nun leider nicht immer, nicht einmal sehr oft im Stande, unsere Begierden durch mässigen Genuss zu läutern und zu adeln, allzu oft lassen wir ihnen vielmehr die Zügel schiessen und müssen erst durch die Folgen des Unmasses über dessen Thorheit belehrt werden. Es wäre schlimm um uns bestellt, wenn die gütige Vorsehung uns nicht noch andere Mittel mitgegeben hätte, uns im rechten Gleise zu erhalten. Eins dieser Mittel ist der Umstand, dass vermöge des oben entwickelten Gesetzes des natürlichen Ablaufs dieselbe reinigende Wirkung, welche jede einzelne Gefühlsbefriedigung im Gefolge hat, im weitesten Umfange dem Naturgenusse, dieser allgemeinsten Einheit aller Gefühlsregungen beiwohnt. Dadurch nämlich, dass alle unsere Gefühle in die intellektuale und moralische Welt- und Selbstbeschauung eingehen, werden sie zunächst ihrer rohen, drängenden Gegenständlichkeit entkleidet und in ihrem reproducirten Stande gemildert. Zweitens aber wird dadurch, dass alle Gefühle hier in einen gemeinsamen Contact treten, jedes Gefühl durch alle übrigen und ausserdem durch die Betrachtung des allgemeinen Weltgesetzes, Causalnexus u. s. w. gemässigt. Diese mässigenden und lindernden Einwirkungen werden drittens unterstützt dadurch, und das ist die Hauptsache, dass diese denkend fühlende Weltbeschauung selbst ein Genuss ist und unserm Gefühl eine hohe Befriedigung gewährt, wodurch der Druck und die Spannung eines einzelnen leidenschaftlicheren Gefühls erheblich gemässigt werden kann. Hierher gehört es namentlich, wenn der Genuss der Natur auf Reisen oder selbst auch bloss auf Spaziergängen als erprobtes Heilmittel gegen allerlei Seelenleiden empfohlen wird. Es versteht sich, dass die Beschauung der geistig sittlichen Welt dieselben Heilkräfte in sich schliesst.

Schliesslich noch ein Wort über die Rolle, welche das Schöne, der Naturgenuss in der höheren Oeconomie unseres Seelenlebens spielt. Die eine haben wir eben betrachtet, die Rolle eines besänftigenden, beschwichtigenden und läuternden Moderators und Regulators zwischen den unregelmässigen und stürmischen Anstössen unserer Affekte und Leidenschaften. Aber es ist noch etwas Höheres. Für diese geniessende Be-

9*

trachtung der Natur, das sinnige Zurückgehen des Geistes auf sich selbst,
wenn es Nahes und Fernes, Vergangenes und Künftiges, das Treiben
der Menschen und die Herrlichkeit der Welt in sinnigen Gedanken über-
schlägt, haben wir sehr sprechende Bezeichnungen; wir nennen sie Beschaulichkeit, Contemplation. Ersteres Wort enthält eine deutliche
religiöse Beimischung, es sagt soviel als frommes, friedvolles Schauen,
letzteres ist in seiner sprachlichen Symbolik womöglich noch bedeutungsvoller. Templum ist ein ausgewählter Beobachtungsplatz, von dem man
weit und breit alles übersieht, aber gleichzeitig ist es auch der Ort für
die Verehrung der Gottheit. Wir nennen diese Doppelbedeutung symbolisch. Denn es scheint uns darin von Seiten der alten Naturvölker,
welche ihre Tempel auf fernblickenden Höhen errichteten, die Ahnung
ausgedrückt, als könne man der Gottheit nur dann würdig dienen, wenn
man die ganze Welt in gefühlvollem Schauen vereint. Dieses gefühlvolle
Schauen, welches seinen Genuss darin findet, im vorliegenden Einzelnen,
welches an sich eine todte geistlose Wirklichkeit wäre, dass göttliche
Siegel, das Gepräge der Universalität zu erkennen, ist die höchste Einheit
von Theorie und Praxis, sie ist Religion in dem Sinne jener höchsten
Forderung, dass unsere Hingegebenheit an Gott unser ganzes Sein durchleuchten soll. Wenn wir aber im gewöhnlichen Sinne unter Religion
unsere bestimmte Auffassung von Gott und göttlichen Dingen verstehen,
so steht diese contemplative, genussvolle Welt- und Selbstschau als ein
Mittleres oder besser gesagt, als die gemeinsame Wurzel unserer wichtigsten Geistesfunktionen da. Denn sie steht einerseits zwischen dem
theoretischen Erkennen mit seinen Abstraktionen und dem praktischen
Streben mit seinen Mitteln und Zwecken, anderseits zwischen jeden von
diesem und der Religion. Denkt man sich Wissen, Praxis und Religion
als die drei Grund- und Endmomente des menschlichen Seelenlebens, so
stehen dieselben immer je zwei und zwei sich gegensätzlich gegenüber.
Es herrschen Gegensätze, die sogar unversöhnlich scheinen, zwischen
theoretischem Erkennen und praktischem Streben, zwischen diesem und
der Religion, zwischen dieser und der Wissenschaft. Das Drängen und
Hasten, das Dichten und Trachten nach Zweck und Mitteln verträgt sich
eben so schlecht mit der Selbstlosigkeit wissenschaftlichen Forschens,
wie gottergebener Sammlung. Der Wissensdrang des auf eigene Kraft
gestellten menschlichen Geistes steht der praktischen Bethätigung ebenso
hinderlich als dem unbedingten Abhängigkeitsgefühl von höherer Macht
entgegen. Endlich die bedingungslose Hingebung an Gottes Willen und
seine Offenbarung drückt menschliches Wissen und Können zu anmas-
sungsvollem Schein herab. Aber dass diese drei nicht in feindliche Gegen-

sätze auseinanderfallen, dafür ist dadurch gesorgt, dass jedes dieser
Paare durch ein Mittelglied verbunden ist, vermittelst dessen jedes der
drei auf die beiden andern nothwendig angewiesen bleibt.

Der praktische Wille, rein auf sich selbst gestellt, artet allzu leicht
— die Gegenwart liefert dazu nicht sehr undeutliche Illustrationen —
in ein halt- und gedankenloses Jagen und Rennen aus nach Erwerb und
Genuss, dem Lebensgange des Müllerthiers vergleichbar, das nur den
Weg zwischen dem Tretrade und der Krippe kennt. Will er vor solcher
Entartung bewahrt bleiben, so muss er sich selbst, auf seine wahren
Zwecke, seinen wahren Beruf besinnen, und das führt ihn auf eine
organische Welteinheit, auf ein Letztes, Absolutes, auf einen höchsten
Willen als die Norm alles Strebens. Und wiederum wenn derselbe
praktische Wille sich nicht resultatlos in vergeblichem Ringen aufreiben
soll, so muss er abermals in sich und zugleich aus sich herausgehen, die
Welt betrachten, nach Ursache und Wirkung sich umsehen, und das
führt ihn zur Erkenntniss.

Ebenso wenig kann das Erkennen, wenn es sich ausschliesslich auf
sich beschränkt, der sichern Entartung entgehen. Indem es alles wissen
will, überhebt es sich gar zu leicht in ein hohles Scheinwissen, oder
wird, sich von den letzten Gründen abkehrend, zur gelehrten Geschäftigkeit, die Daten zusammenhäuft und Specialitäten aufzeichnet; gross im
Kleinen, aber auch klein im Grossen. Und indem sie das Wissen zum
A und O macht, nichts als Wissen will, degradirt sie das Leben zu einem
farblosen Gedankenspiel und endet in Doctrinarismus und Katheder-
weisheit, welche vor praktischen Aufgaben kläglich Schiffbruch leiden.
So muss auch die Wissenschaft nicht umkehren, wie eine oft gehörte
Parteilosung verlangt, wohl aber in sich einkehren zur ruhigen, beschaulichen Selbst- und Weltbetrachtung (aus welcher sie — in der Hypothese — ja auch den wirksamen Hebel ihrer fruchtbaren Erweiterung
entlehnt); alsdann wird sie sich ihrer Schranken bewusst und das führt
sie zur Religion, und sie wird sich ihrer Ziele bewusst, und das führt sie
zum praktischen Streben.

Endlich die Religion, wenn sie in sich ihr Ein und Alles sein, ausser
sich nichts anerkennen und gelten lassen will, wird sie zur hohlen und
leeren Grübelei, zum blinden Obscurantismus und Rigorismus, auch
wohl gar zum religiösen Wahnsinn. Soll sie, was sie ihrem Begriff und
Wesen nach sein will, wahrhaft frommer, gottseliger Friede sein, so
muss sie sich an der Herrlichkeit Gottes und seiner Welt erfreuen und
in seinem und der Welt Verständniss bleiben — das führt sie wieder
zum Streben nach Erkenntniss — und sie muss im Kampf und Ringen

mit der Welt den Willen Gottes an sich und im concreten Wirkungs-
kreise durch die That zur Geltung zu bringen bemüht sein — und das
führt zum praktischen Streben.

So ist jedes der drei mit dem, was sein feindlicher Gegensatz zu
sein schien, durch ein vermittelndes Band verbunden; und dieses Ver-
mittelnde ist immer das Nämliche, die beschauliche Weltbetrachtung,
der Naturgenuss im weitesten höchsten Sinne, die genuss- und verstäud-
nissvolle, erbauliche Beschaulichkeit.

Sechstes Buch.

Stellung des Naturgenusses (Empfindungen des Schönen) zum Realen.

42. Der Naturgenuss vermittelt uns das Reale auf seinen höchsten Stufen.

Wir haben das Schöne nach seiner subjektiven Seite betrachtet und seine Stellung im Organismus des Seelenlebens zu bestimmen gesucht, es liegt uns jetzt ob, die Gegenseite des Bildes zu zeichnen und das Verhältniss unserer Schönheitsempfindungen zum Realen zu erörtern. Unsern obigen Untersuchungen nach hat alles Gefühl und aller Genuss als bewusste Hingabe an dasselbe das Eigenthümliche, eine unmittelbare Auffassung des Realen zu sein. Natürlich vermögen die einzelnen Gefühle nur Realitäten, d. h. Stücke oder Theilbilder des Realen zu geben, die ihre Ergänzung aus anderen Theilbildern oder aus höheren Gesammtanschauungen erheischen. Was uns die einzelnen Gefühle an Realität übermitteln, haben wir bei den einzelnen Gefühlsarten bereits besprochen. Die Sinnlichkeit überliefert uns angenehme oder unangenehme, d. h. unsern Lebensbedingungen entsprechende oder widersprechende reale Eigenschaften, die Materie ihren Qualitäten nach, d. i. das Material, aus dem die Dinge gemacht sind. Die Aesthesis vermittelt uns die äussere Gestalt der Dinge als den Ausdruck der physischen und organischen Kräfte, welche die Materie beherrschen und gestalten, und wir nehmen den Ausdruck dieser Kräfte mit mehr oder minder angenehmen Gefühlen wahr. Der Intellekt erfasst diese Kräfte selbst und erforscht ihren einheitlichen Zusammenhang, indem er ihre Mannigfaltigkeit auf ein einheitliches Gesetz zurückzuführen sucht, und gerade darin findet er seine Freude (intellektuelles Wohlgefühl), die Mannigfaltigkeit der realen Stoffe und Kräfte in der Einheit eines Weltgesetzes zu begreifen. Die Gesammtheit unseres Vorstellungsinhalts, wiederum einschliesslich der durch den ,inneren Sinn erhaltenen Selbstbeschauung, wird, wie wir sahen, dem eigenen Gefühle der Seele unterworfen und erhält unter der Assistenz des erkannten höchsten Weltgesetzes den Stempel einer

billigenden oder vorwerfenden Norm (moralisches Gefühl), das Reale,
welches sich uns auf dieser höheren Gefühlsstufe kund giebt, können
wir objektiven Willen, rechtlich-sittliche Idee, das Gute, oder
wie wir sonst wollen, nennen. Und indem beides, die höchste erkannte
Welteinheit und die oberste Willensnorm sich einander so innig, als wir
oben darzuthun suchten, gegenseitig durchdringen, erfassen wir die
Einheit beider, das höchste beherrschende Weltgesetz, die Einheit des
Alls, die absolute Idee; die höchste Wahrheit, das wahre Reale, das um
sein selbst willen Gute, das einzig Schöne.

Dass es ein Reales und zwar das höchste, allein wesenhafte, den
Einzeldingen allein Wesenheit verleihende ist, daran können wir nicht
mehr zweifeln. So wenig wir zweifeln können, dass unsere Sinnengefühle
uns die einfachen Qualitäten der Materie, dass die Aesthesis uns wahre
Formen, dass der Verstand uns reale Kräfte und einen realen Zusammenhang derselben und dass unser moralisches Gefühl uns objektiv gültige
Norm vermittelt — wenngleich wir von alledem, theoretisch und wissenschaftlich, den Zusammenhang und den Grund nicht zu erkennen vermögen — so wenig können wir daran zweifeln, dass wir auf dieser
höchsten und letzten Stufe, der Einheit des intellektuellen und moralischen Gefühls Wahrheit und Realität und zwar die höchste Wahrheit
und die höchste Realität, deren jede Seele fähig ist, erfassen. Und es
ist keine kahle, seelenlose Abstraktion, was wir vor uns haben, kein
theoretisch herausgeklügeltes Elaborat und Destillat, sondern es sind
die Dinge selbst in ihrer vollen frischen natürlichen Gegenständlichkeit
und Leiblichkeit, keine dürrtrockene Herbarienweisheit, sondern wahrer
Genuss aus erster Hand, Schlürfen in tiefen Zügen aus der immer frisch
und voll daherrauschenden Quelle der Natur. Wir sehen die Dinge selbst
ganz real und doch ganz ideal, zugleich höchst concret und zugleich
höchst universell.

Zweien Einwänden haben wir hier zu begegnen. Die Erfahrung
lehrt, so kann man uns einreden, dass die Gesammtanschauung mancher
Menschen nicht die Realität treffe und dass die geschaute Realität andern
nicht zum Genusse gereiche. Beschränktheit und Pessimismus scheinen
dem von uns statuirten Zusammenfallen des höchsten Genusses und der
höchsten Realität gleich sehr zu widersprechen.

Ersterem Einwande sind wir schon früher entgegengetreten, als wir
der grossen Verschiedenheit in dem Umfange und der Färbung des
geschauten Weltbildes gedachten. Dasselbe kann sehr unvollkommen
und sogar in grossen Parthieen falsch sein, immer bleibt es die höchste
Leistung dieser Seele, und tiefer in die Realität der Dinge einzudringen,

als durch diese ihre höchste Gefühls- und Denkeinheit vermag sie nicht, und immer besteht der Genuss gerade in der Vorstellung, ein getreues Weltbild zu sehen. Uebrigens kommt es hierbei auf die gemüthliche Ausbildung, beziehentlich die angeborene Feinheit und Empfänglichkeit des Gefühls, mindestens ebenso viel, wo nicht noch mehr, als auf theoretisches Wissen an, und ein Bauer hinter'm Pfluge oder ein Schuster auf seinem Schemel kann unter Umständen ein wahreres Weltbild geniessen, als ein gelehrter Professor. — Und dann, ganz falsch kann dieses Bild unter normalen Umständen niemals sein. Es können Irrthümer freilich mit unterlaufen, es können einzelne Ursachen ganz falsch oder gar nicht aufgefasst sein, als Minimum bleibt immer diese möglicherweise ganz dunkel gefühlte Auffassung, dass alle Dinge ihren Zusammenhang haben, und dass ein gewisser, auch die sittliche Norm gebender Weltlauf stattfinde. Ein ganz falsches Weltbild concipirt nur der Wahnsinn, und gar nichts fühlt nur die stumpfsinnige Verkommenheit krankhaften Blödsinns.

Aber der Pessimismus? Es ist allerdings nicht unmöglich, dass Jemand an seinem Weltbilde keinen Genuss findet. Bei dem, was man gemeinhin Pessimismus nennt, ist zunächst ein Zwiefaches zu unterscheiden. Erstlich ein gleichgültiger, gefühlsarmer oder blasirter oder ein trübgestimmter, melancholischer Sinn, der überhaupt an nichts Freude hat und sich darin gefällt, überall Unvollkommenheiten zu bemerken und zu rügen. Hier ist entweder von Hause aus Gefühlsarmuth vorhanden oder blasirte oder melancholische Gefühlsentartung eingetreten, was in allen Fällen abnorme oder krankhafte Seelenbildung voraussetzt, welche für die Beurtheilung normaler und gesunder Seelenverhältnisse nicht weiter in Betracht kommt. — Zweitens eine gewisse, scharfe, bedächtige, unerbittliche Verstandesnüchternheit, welche die Dinge von allen Seiten sieht, sie genau sieht und keinen Schritt über das Gegebene hinausthut. Solche Individuen, denen die frohe farbengaukelnde Fee Phantasie ihr Pathengeschenk versagt hat, werden vor mancher Enttäuschung, aber auch vor mancher frohen Stimmung bewahrt. Sie sind im geschäftlichen, politischen und gewöhnlichen Leben, das, was man Pessimisten nennt; wo Andere grosse Erfolge träumen, sehen sie das Gegentheil vorher und überall richten sie ihren Blick mehr auf die Schwierigkeiten und unangenehmen Seiten der Sache, als auf die Gegenseite. Es sind freudenarme, aber tüchtige Leute, nicht sehr schwungvoll, aber bisweilen erfolgreich. Jedenfalls kann man von ihnen nicht sagen, dass sie an ihrem Weltbilde gar keine Freude haben.

43. Verhältniss der einzelnen Stufen des Realen unter einander.

Die Frage nach dem Verhältniss der einzelnen Stufen des Realen
unter einander ist eigentlich eine metaphysische und geht uns als solche
hier nichts an. Wir haben aber auch nichts weniger als eine Deutung
derselben im metaphysischen Sinne vor, sondern gedenken nur, die sich
uns aufdrängenden unläugbaren Thatsachen, die wir zum Theil schon
entwickelt haben, hier einfach zu registriren. Jene Stufen des Realen,
welche sich uns ergaben, sind zunächst subjektiv, d. h. es sind die
Formen, in welchen unserem Gefühl das Reale vermittelt und kund
gethan wird. Dies ist, wie wir glauben, thatsächlich erwiesen. Aber
nicht minder durch die Thatsache verbürgt ist es, dass eben diese selben
Formen zugleich der realen Welt angehören. Es sind nicht bloss die
Formen, in welchen die Welt uns erscheint, es sind zugleich auch die
Formen, in welchen die Welt ist. Natürlich ist dies kein zufälliges
Zugleich, sondern ein nothwendiges. Es muss ein nothwendiges sein.
Das Reale könnte kein Reales sein, wenn es nicht auch reale, seinem
Wesen entsprechende Wirkungen hervorbrächte. Aber mit dieser innern
Nothwendigkeit, mit dem realen Zusammenhange haben wir uns, wie
gesagt, hier nicht zu beschäftigen, sondern nur die Thatsache zu con-
statiren, dass unser theoretisches Erkenntnissvermögen uns zwar Erkenntnisse von den Dingen vermittelt, uns aber keine Garantie dafür
gewährt, dass diese Erkenntnisse der Realität der Dinge wirklich adäquat
seien, während unser Gefühls- und Willensvermögen uns zwar keine
Erkenntnisse, aber die sichere Gewähr verschafft, dass wir es in den
Objekten unserer Erkenntniss mit einer ungeheueren Anzahl im Verhältniss der Ueber- und Unterordnung gegeneinander abgestufter Realitäten
zu thun haben. Hier haben wir bloss noch die eine Thatsache zu entwickeln, dass die durch die einzelnen Stufen des Gefühls uns vermittelten
Ordnungen des Realen auch objektiv in demselben Verhältniss zu einander stehen, wie die verschiedenen Gefühlsarten sich zu einander
verhalten.

So steht dem einfachen Sinnengefühl, welches die Grundlage aller
höheren Empfindungen bildet, die einfache Qualität der Materie gegenüber, welche den Stoff, das Material ausmacht, aus dem die Dinge
bestehen. — Wie nun diese einfachen qualitativen Sinnesempfindungen
und sinnlichempfundenen materiellen Eigenschaften subjektiv nur vorgestellt werden können in den ästhetischen Formen des Maasses, der
Harmonie, des Rhythmus, und dergl., so finden auch objektiv die ein-

fachen Qualitäten der Materie sich gleichfalls nur in eben solchen Formen vor. — Und ebenso ferner, wie wir unsere sinnlich-ästhetische Empfindung als Vorstellungen auf Begriffe reduciren, welche die Vorstellungen beherrschen, so zeigen sich die Formen der Dinge und ihre Bewegungen objektiv von Gesetzen beherrscht, deren Zusammenhang und Einheit sich uns aufdrängt, so weit wir zu sehen vermögen. — Und endlich, wie wir die subjektive Einheit zur Norm unseres subjektiven Willens machen, so wird auch objektiv die reale Einheit des Weltgesetzes zur objektiven Gesetzesnorm in Recht und Sitte.

Es sind dieselben Stufen, welche subjektiv Formen des Gefühls und Willens und objektiv Formen des Seins und des Realen sind. Dabei zeigt sich zugleich, dass auf beiden Seiten immer der höheren Stufe gegenüber die niedere zur Form herabsinkt, während jene als beherrschender Inhalt sich darüber erhebt. Die einfache Qualität der Sinnesempfindungen und die einfache Qualität der Materie erscheinen an sich ganz materiell und stofflich und sind es auch, da sie, wie wir sahen, eben das Material unserer Vorstellungen, resp. der Dinge, ausmachen. Die ästhetischen Formen des Rhythmus, Maasses, Harmonie u. s. w. pflegt man zwar gewissermassen als Formen dieser Materie anzusehen. Man sieht aber leicht, dass es nicht die Materie ist, welche in solchen Formen erscheint, obwohl sie darin befasst ist, sondern umgekehrt: diese Formen sind in die an sich gleichgültige Materie ausgeprägt, wie das Petschaft in das Wachs oder Siegellack, der Stempel in's Metall, die Schrift in die Schwärze, so dass offenbar das Ausgeprägte den Inhalt bildet und nicht der Stoff, in den es sich abdrückt. Diese ästhetischen Formen heissen aber mit Recht Formen, so bald man sie mit ihrem Inhalt, dem intellektuellen Wohlgefühl subjektiv, dem Gesetz der Dinge objektiv, vergleicht. Denn dieses ist nunmehr das wahre Wesen, welches in jenen ästhetischen Formen erscheint. Aber auch das Denken und das Gedachte muss der subjektiven und objektiven Willensnorm gegenüber zurückstehen und sich mit einer formalen Stellung begnügen, welche am Willen ihren eigentlichen Inhalt erhält. Jedoch ist hier auf diesen höchsten Stufen Inhalt und Form, Denken und Wollen eins von dem andern so tief durchdrungen, dass jedes in dem andern seinen Inhalt und seine Form findet und beides auf seine gemeinschaftliche absolute Einheit erhoben, subjektiv das Schöne, objektiv das höchste Reale, bildet.

44. Das Schöne und das Hässliche oder vom ästhetischen Werthe.

Eine der Fragen, die wir oben als Principaleinwand gegen unsere
Kunsttheorie aufwarfen, nämlich wie es verschiedene Abstufungen des
Schönen geben könne, wenn das Schöne nichts weiter als das Reale sei,
ist nunmehr spruchreif geworden. Es giebt so viel Abstufungen des
Schönen, als es Abstufungen des Realen giebt. Das Reale erscheint uns
subjektiv als Sinnlichkeit, Aesthesis, intellektuelles und moralisches
Gefühl und als Einheit beider als Naturgenuss, objektiv als Materie, als
Gestalt, als Einheit der Kräfte, als Weltnorm und als höchste Idee.
Diese doppelseitige Betrachtung, welche uns das Schöne von zwei Seiten
subjektiv als Genuss, objektiv als Realität darstellt, führt von selbst auf
den Begriff des Werthes, welcher subjektiv die Fähigkeit der Befriedigung von Bedürfnissen, die Beschwichtigung von Gefühlen und objektiv:
Inhalt, Wahrheit, beherrschendes Sein gegenüber der bedingten Form
bedeutet.

Ganz ohne Inhalt, ohne Gehalt, ohne Realität und damit ohne Werth
ist nichts, also könnte auch nichts an sich hässlich sein. Denn wenn das
Schöne das Reale ist, das Seiende, so könnte das Hässliche nur das
Nichtseiende sein, ein solches giebt es aber nicht. Daraus folgt, dass es
ein objektiv Hässliches nicht giebt und nicht geben kann. Das Schöne
ist subjektiv Naturgenuss, objektiv Reales, Gesetz, Gehalt. Das Hässliche ist subjektiv, Unvermögen an dem vorliegenden Realen Genuss zu
empfinden, objektiv ist es nicht.

Man könnte sich die Erklärung des Hässlichen recht leicht machen,
wenn man sagte: das Schöne beruhe auf unsern positiven (Lust-)Gefühlen,
das Hässliche auf unsern negativen (Unlust-)Gefühlen, und es sei objektiv
das Schöne, das unsern Lebensbedingungen Freundliche, das Hässliche,
das Feindliche. So bliebe die Realität des Hässlichen gerettet. Das wäre
allerdings einfach genug, wenn es nur mit der Thatsache stimmte. Denn
diese zeigt uns das positive mit dem entsprechenden negativen Gefühl
(Lust und Wehe) untrennbar verbunden, was Platon im Phädon so schön
erörtert, und in vielen Fällen ist das negative Gefühl (Hunger, Durst)
erst die Bedingung der Möglichkeit des positiven. So geht das negative
Gefühl als Existenzbedingung in das Schöne ein, und unser ganzes Leben
erhält erst aus solcher innigen Verquickung von Lust und Leid seine
eigenthümliche Färbung. Es ist also nicht daran zu denken, das Hässliche aus unsern negativen Gefühlen und den dieselben veranlassenden

realen Dingen abzuleiten; vielmehr verhält es sich mit unseren Empfindungen des Hässlichen folgendermassen.

Jeder Genuss, und in höherem Grade noch die Schönheitsempfindung als höchster Genuss, erfordert zu seinem Zustandekommen eine volle Hingabe der Seele an das demselben zu Grunde liegende Gefühl. Tritt nun aber ein anderes Gefühl dazwischen, welches stärker oder ebenso stark ist als das zu geniessende, so wird letzteres abgeschwächt oder ganz verdrängt und dann ist der Genuss an demselben gestört; und dabei kann das störende Gefühl eben so wohl ein positives als ein negatives sein. Diese Störung selbst kann aber auf doppelte Weise geschehen. Einmal kann die Genussempfindung selbst sehr schwach sein, so dass sie von dem übrigen in unserer Seele vorhandenen Gefühlsinhalte mit Leichtigkeit überwogen wird, z. B. eine dürre Haide, durch die man reist. Hier ist Reales offenbar vorhanden, auch solches, woran Aug' und Herz eine gewisse Freude haben könnte, wie Haidekräuter, Moose, Insekten. Aber wir vermögen nicht Genuss daran zu empfinden. Das Reale bleibt hier so dürftig, so ganz auf den untergeordnetsten Stufen, unsere Empfindung so schwach, dass alle anderen Empfindungen unseres Seeleninhalts sie überwiegen. Das ist das einfach Hässliche oder Reizlose.

Zweitens aber kann die an sich genügend starke Genussempfindung durch ein starkes, unangenehmes (negatives) Gefühl aufgehoben werden. Dies kann individuell und zufällig sein, indem das störende Gefühl mich allein erfüllt und mit dem Gegenstande nichts zu thun hat, z. B. ich habe Schmerzen, Hunger, Sorgen, und da verdriesst mich die beste Musik, die schönste Landschaft u. dgl. Oder das störende Gefühl kann mit dem Gegenstande zusammenhängen, dergestalt, dass die Störung von jedem Beschauer empfunden wird. In diesem Falle scheint ein objektiv Hässliches vorzuliegen. Sehen wir aber genauer zu, so kann doch immer nur von einem, dem Menschen allgemein hässlich Vorkommenden geredet werden, und auch dies noch nicht einmal ganz. Wir müssen diesen Fall noch etwas näher betrachten.

Zunächst kommen hier die Gefühle des Ekels in Betracht. Dies sind körperliche Gemeingefühle von sehr grosser Stärke, die als plötzliche, momentan die ganze Seele beherrschende und erfüllende Affekte alles Andere verdrängen. Der Ekel überstimmt die stärksten Gefühle, namentlich alles, was auf Genuss Bezug hat, hier bringt er auch die stärksten Begierden, wie Hunger, Geschlechtstrieb u. dgl. sofort zum Schweigen, natürlich kann da auch kein ästhetischer Genuss aufkommen. Nur ganz starke Gefühle, völlig disparater Art, wie Pflichtgefühl, lebhafte Zuneigung, starkes Mitleid u. dgl. vermögen ihm Stand zu halten.

Ueber den Grund der Ekelempfindung können wir uns nicht hinlänglich
Rechenschaft geben. Dieselbe beruht auf einem, die Verdauungsorgane
in Mitleidenschaft ziehenden Gemeingefühl, welchem wahrscheinlich eine
Ideenverbindung (Idiosynkrasie) zum Grunde liegt, wobei die verbindende
Idee vielleicht in der Vorstellung des Geniessens besteht, gegen welche
die Verdauungsorgane sich sträuben.

Dieselbe Rolle wie der Ekel können alle unangenehmen (negativen)
Gefühle übernehmen, sobald sie die erforderliche relative Stärke haben.
Also unangenehme Sinnengefühle, wie schrillende Töne, unreine
schmutzige Farben, feuchtes, kühles Gefühl, widriger Geruch oder Geschmack. Alles das ist doch nicht unrealer als dasjenige, was die entgegengesetzten Gefühle hervorbringt, obwohl es freilich subjektiv den
Bedingungen unseres Sinnenlebens weniger entsprechend ist. Allein darin
liegt hiebei nicht das Hässliche, d. h. das dem Schönen Entgegengesetzte,
dass diese Empfindungen unangenehm sind, denn wir wissen ja, dass
auch das Unangenehme in das Schöne eingehen kann und muss, sondern
darin, dass sie die positiven Genussempfindungen aufheben und stören.
Bei den unangenehmen Formgefühlen, als schreienden Farben- und Ton-
zusammenstellungen, unangemessenen Grössen, Mass- und Bewegungs-
verhältnissen scheint noch viel eher etwas specifisch Hässliches, dem
Schönen objektiv Entgegengesetztes vorzuliegen. Man denke an eine
recht schneidende Dissonanz, oder an eine recht schreiende Farbenver-
bindung. Findet hier nicht eine objektive Beleidigung unserer Sinne
statt? Liegt nicht in dieser Verbindung zweier an sich nicht unangenehmer
Farben oder Töne eine dem Schönen entgegengesetzte feindselige Coalition?
Indessen, man sieht leicht, dass es sich auch hier nur um subjektive Störungen handelt. Denn wo erfahren wir solche Disharmonieen, wo beleidigen sie unser Aug' und Ohr? Doch nicht in der Natur, doch nicht in
der Welt der wahren Realitäten. Grün und Gelb oder Grün und Blau
sind sicherlich unglückliche Farbenverbindungen; aber das gelbe Rappsfeld passt zur grünen Wiese ebenso schön, wie letztere zum blauen Himmel. Allerlei Töne hören wir in Feld und Hain, bei denen der Generalbass nicht gefragt wird, ohne dass unser Ohr beleidigt wird. Wenn Kinder ihre Trompete blasen, kommen fürchterliche Töne zum Vorschein,
und doch ist uns das sehr erträglich. Aber in der Enge unseres Salons,
auf der geölten Leinwand, in der Garderobe, da können wir solche
Disharmonieen nicht ertragen. Im Concert beleidigt uns das Zehntel eines
Komma's. Die Sache liegt daher doch offenbar so, dass wir nur da, wo
wir in beschränkter menschlicher Sphäre künstlich gesteigerte Genüsse
erwarten, solche Missformen als schönheitsfeindlich empfinden. Also

haben wir auch hier es nur mit einem unter gewissen Umständen Störenden, aber nicht mit einem, dem Realen, dem Schönen, schlechthin entgegengesetzten Hässlichen zu thun.

Eine noch selbständigere Stellung scheint das Hässliche auf den Stufen des intellektuellen und moralischen Gefühls einzunehmen. Das Unlogische, Abgeschmackte, Unverständige, Gespreizte, Alberne, Platte, Gemeine, Rohe u. s. w. all' dieses beleidigt unser Gefühl, und ist es nicht auch etwas Reales? Ja es ist real, insofern Fleisch und Blut und sogar noch ein schwaches Restchen Geist dabei ist, aber diese Realität beruht nicht in dem Abgeschmackten u. s. w. Letzteres ist etwas Unreelles, ein Defekt an der wahren auf dieser Stufe herrschenden Realität, es ist Unnatur oder verkümmerte, verwucherte, entartete Natur, Schein, Dünkel, Lug und Trug. Aber Alles dies in die Kategorie eines objektiv und schlechthin Hässlichen zu versetzen, daran ist so wenig zu denken, dass wir sogar anerkennen müssen, dass es bisweilen ein höchst wirksames Moment der Schönheit zu werden vermag. So bildet es die unentbehrliche Basis für das Komische, und auch in die beschauliche Naturbetrachtung können diese Verkehrtheiten eingehen, wenn die Umstände so sind, dass das missbilligende Gefühl nicht den Grad eines störenden Affekts erreicht.

So finden wir das Hässliche überall nur als etwas Subjektives, als ein Gefühl, welches uns anzeigt, dass ein Vorliegendes unseren Lebensbedingungen und Lebensbedürfnissen nicht angemessen ist, aber nirgend ein dem Schönen, dem Realen realiter Entgegengesetztes, ja nicht einmal ein unserer Schönheitsempfindung ganz Feindliches. Gleichwohl zeigt uns die Stufenleiter der realen Dinge um uns her eine Gradverschiedenheit, die immer noch unendlich ist, und wenn nun ein solcher Abstand obwaltet zwischen einer Madonna und einer Kreuzspinne oder Kröte, müssen wir da nicht, wenn wir die erstere schön nennen, die letztere hässlich finden. Dass eine solche Gradverschiedenheit statt findet und dass sie eine objektive auf der Realität selbst beruhende ist, das ist eine Thatsache, an der sich weder zweifeln noch deuten lässt. Wohl aber muss sehr stark bezweifelt oder vielmehr schlechthin verneint werden, dass diese Gradverschiedenheit derartig sei, dass ein Theil der realen Dinge schön, ein anderer hässlich sei. Natürlich ist das Reale, auf den höheren Stufen namentlich, des Geistigen und Sittlichen schöner, weil realer, als auf den niedrigeren. Aber keine Thatsache berechtigt uns, diese niederen Formen als specifisch hässlich zu bezeichnen. Es fällt z. B. keinem Menschen ein, einen Seestern, ein Herrgottskäferchen, oder einen Schmetterling hässlich zu nennen, wohl aber eine Kreuzspinne, eine Kröte oder eine Fledermaus, obgleich doch eine Spinne ein viel höher stehendes Thier ist als ein Seestern und Kröte und Fledermaus, als Käfer und Schmetterling. Was uns diese sogenannten hässlichen Thiere so widerwärtig macht, das sind jene uns unerklärlichen Idiosynkrasieen, deren Grund uns noch räthselhaft, aber sicherlich ein durchaus subjectiver ist. Der Naturforscher, welcher solch verachtetes Thier vor dem Mikroskop hat, seine Organe und Funktionen studirt, entnimmt aus dieser Betrachtung wohl eine nicht minder freudige Bewunderung der Weisheit des Schöpfers als wir flüchtigeren Beobachter aus den höheren Realitäts- und Schönheitsstufen. Das ganz Subjektive, Idiosynkratische dieses Abscheus vor gewissen Thieren zeigt sich schon darin, dass derselbe individuell so ganz verschieden ist, der Eine hasst die Spinnen, der Andere mag sie gerne leiden, zittert aber dafür vor einer Maus u. s. w. Sehr widerwärtig sind uns Schlangen und doch müssen wir, wenn wir diesen Widerwillen nur etwas meistern, bekennen, dass die Schlange ein schönes Thier ist. Das Wahre an der Sache ist jedenfalls das: Wir haben objektiv eine grosse Gradverschiedenheit, sowohl des Realen als des Schönen, subjektiv eine eben solche Gradverschiedenheit unserer Schönheitsempfindung. Das Reale ist in dem Masse ästhetisch weniger werthvoll, als es von den höheren Realitätsstufen sich entfernt. Diese beiden Reihen sollten einander parallel laufen und thun es im Allgemeinen auch, aber nicht durchweg, indem uns zur Zeit noch unerklärte Idiosynkrasieen bisweilen unfähig machen, an einem einzelnen Realen diejenige Schönheitsempfindung zu geniessen, die ihm seiner Realitätsstufe nach zukommt.

Aber hier im Gottesreiche der Natur ein specifisch Hässliches anzunehmen, wie manche Aesthetiker wollen, das erscheint uns als eine Verirrung nicht allzu leichter Art. Der Volksmund hat da das Richtige schon längst getroffen, wenn er „Jedes in seiner Art" gut und schön findet. Ein sonst so einsichtiger und dem gesunden Menschenverstande überall Rechnung tragender Aesthetiker, wie M. Carrière, zeigt sich doch darin recht in hegelianischen Traditionen befangen, wenn er sagt: „Umgekehrt verfällt die Natur in das Hässliche, wenn eine Individualität „(sollte wohl Species heissen) nicht zur gesetzlich klaren Gattungs- „bestimmtheit kommt, sondern zwischen mehreren Formen schwankt, wie „der Igel, die Fledermaus, die Kröte." Aesthetik Thl. I. S. 139. Der Gegensatz war der naturwidrige Zwang, den der Mensch sich hie und da beigehen lässt; im Gegensatz dazu soll die Natur in gesetzlose Willkür verfallen. Und das schreibt derselbe Philosoph, der gegen Vischer's Zufall und gegen die ganze Begriffshypostasie der Hegel'schen Schule so treffend eifert. Die Natur soll also bei dem Aesthetiker in die Lehre gehen! Nein, wahrlich umgekehrt, ganz und gar umgekehrt. Die Natur schafft nach sehr ausbündigen, sehr organischen Gesetzen, bunt und kraus freilich, dafür ist es eine freie Natur, aber immer gesetzlich und das Gegebene stellt immer den ganz bestimmten Ausdruck des formgebenden Gesetzes dar. Aber wir sind nicht immer Manns genug, diese heiligen Schriftzüge zu verstehen.

45. Grundwesentliche Formen oder Arten des Schönen.

Ganz eng im Zusammenhange mit den, dem Werthsverhältnisse folgenden Abstufungen des Schönen, stehen die Arten desselben. Wie jene den subjektiven Empfindungsformen unseres Gefühls und den objektiven Daseins-Stufen des Realen entsprechen, so beruht die Eintheilung des Schönen in seine Grundformen oder Arten darauf, dass jedes der Empfindungsmomente, beziehentlich jede der Daseinsstufen des Realen zu den nächsthöheren Momenten oder Stufen in dem Verhältniss von Form und Inhalt stehen, wie oben gezeigt worden. Die Art nun, wie die Form ihrem Inhalt und umgekehrt gegenüber steht und die eine sehr verschiedene sein kann, macht nun den Unterschied zwischen den einzelnen Grundformen des Schönen aus; wobei in vielen Fällen dieses Verhältniss constant bleibt, wenn auch die Faktoren desselben, d. h. die einzelnen Schönheitsstufen sich ändern, sodass ein und dieselbe Grundform auf verschiedenen Stufen wiederkehrt.

Zunächst die einfache Sinnlichkeit oder Materie an und für sich, und als Stoff genommen, giebt das A n g e n e h m e, die Vorbedingung alles Schönen, es ist das einfache positive Sinnengefühl. Findet es sich gesteigert, jedoch so, dass nur ein oder wenige Reize besonders kräftig wirken, so entsteht das R e i z e n d e; eine grössere Anzahl von Reizen in kräftiger Zusammenwirkung vereinigt, bildet das P r ä c h t i g e. Alles dieses bewegt sich in der Sphäre des einfachen Sinnengefühls und der stofflichen Qualität und bildet mit dieser die Form der höheren Schönheitsstufen, so dass diese Begriffe auf allen höheren Stufen zur Anwendung kommen können.

Eine einfache Form, einfach und gleichmässig, ganz und gar erfüllt, ist das G e d i e g e n e, gleichviel, ob die Form eine materielle, ästhetische oder geistige und ob wir von der Gediegenheit einer Barre, eines Ornaments, eines Wissens oder eines Charakters sprechen. Quantitativ geringerer Inhalt gegen reichere Formen giebt das Z i e r l i c h e. Formen, die, ob mehr gediegen oder zierlich, in einem mannigfaltigen und zugleich gesetzmässigem Flusse verlaufen dergestalt, dass sie aus sich selbst sich spielend zu entwickeln scheinen, nennen wir frei oder schwungvoll. Dagegen nennen wir die Formen strenge, wenn sie überall abgemessen und durch den Inhalt bestimmt und bedingt ist. Die Freiheit der Form bis zur Belebung, d. h. so weit gesteigert, dass die Form sich ganz als Ausdruck des wirklichen (oder hinzugedachten) Lebens darstellt, ist Anmuth. Vorwiegen des Seelischen über die Form und zwar eines uns gefühlsverwandten, sympathischen Seelischen, welches unsere Zuneigung erweckt, bildet den Charakter des Lieblichen. Ueberwiegen des seelischen Inhalts über die Form, so, dass letztere demselben kaum gewachsen und unter seiner Last gefährdet scheint, giebt das Zarte. Das rein abgemessene, ruhende Gleichgewicht zwischen seelischem Inhalt und ästhetischer Form ist das Schöne im engeren Sinne. Anmuth ist belebte und bewegte Form, Inhalt und Form steht hier im labilen, d. h. spielenden Gleichgewicht, beim Lieblichen und Zarten findet ein merkliches Ueberwiegen des seelischen Inhalts statt. Das Schöne zeigt das ruhende Leben, im festen, stabilen Gleichgewicht von Inhalt und Form, der seelische Inhalt fast ein wenig zurücktretend hinter die strenge, abgemessene bedingte Form. Eine werthvolle Form (Aussenseite), getragen durch einen gleich werthvollen Inhalt (Gehalt), giebt die Würde. Der Ausdruck wird zunächst geistig verstanden: hohe Gesinnung und Tüchtigkeit, welche sich auch äusserlich in gehaltenen, massvollen, abgemessenen Formen, Bewegungen und selbst im Gewande ausspricht, das ist Würde; ein schäbiges, abgerissenes, gar unsaubere Kleid, ein missgestalteter Körper, hastige, übertriebene Bewegungen sind damit nicht vereinbar. Nur ausnahmsweise vermag die Würde auch das dürftige Gewand und den hässlichen Körper zu durchleuchten, wenn sie durch den Adel der Mienen und Haltung diese nachtheiligen Eindrücke momentan überwiegen kann. Dieser Begriff wird auch übertragen in's Materielle, ein Stoff, ein Schmuck, ein Geräth u. s. w. heisst würdig, wenn der stattlichen, prächtigen Aussenseite, hoher Werth, Güte und Dauerhaftigkeit beiwohnt.

Bei den bisher betrachteten Schönheitsformen war ein gewisses Gleichmass von Form und Inhalt gegeben. Die Schönheitsempfindung haftet, wenn auch nicht immer völlig gleichmässig, doch wesentlich auf beiden Momenten dem Inhalt und der Form und der gemeinschaftliche Schwerpunkt beider fällt immer noch in das Objekt hinein, wenngleich derselbe beim Lieblichen und Zarten mehr nach der Seite des Inhalts gravitirt und beim Anmuthigen das Züuglein der Wage leicht herüber und hinüber spielt. Wir kommen jetzt zu Formen, bei denen dieser

Schwerpunkt ausserhalb des Objekts fällt und erst durch einen Denk- oder Gefühlsprocess ergänzend gewonnen werden muss.

Der Inhalt erhebt sich weit über menschliches Mass hinaus und gegen ihn verschwindet die ästhetisch immer noch bedeutende Form: das ist das Erhabene. Dasselbe ist, wie Kant trefflich unterscheidet, doppelter Art; mathematisch-erhaben ist die reine körperliche Ausdehnung in ungemessener Weite, z. B. Wüste, Savanne, Gebirge u. s. w., dynamisch-erhaben ist die Kraft in gewaltiger Wirkung und Fülle. Beim Meer ist beides vereint. Ein Drittes liesse sich vielleicht hinzufügen: geistige oder Willenskraft: ein unerschütterlicher, durch keine Hindernisse oder Schrecken zu beugender Wille. Vielleicht ist dies — ein Punkt, der hier nicht entschieden werden soll — nur eine Unterart des dynamisch-Erhabenen, jedenfalls ist es eine solche, die als für uns besonders bedeutend hervorgehoben werden muss. Der reale Inhalt auf höchster Stufe repräsentirt sich uns als menschlicher oder menschenartiger Geist (Halbgötter, Titanen, Engel u. s. w.) und die Form, d. h. dasjenige, in welchem dieser Geist erscheint, bilden dann die äussern Lebensumstände. Aus beiden Faktoren, dem geistigen Wesen als Inhalt und den Umständen als Form, componirt sich als Produkt das Schicksal, Geschick, dieses Geistes. Das geistig Erhabene ist in seiner unerschütterlichen Willensfestigkeit nur zu sehr geneigt, seine Erscheinungsform (Umstände, Verhältnisse) zu missachten und gegen sie anzustossen, auch da, wo sie als objektiver Wille (Sitte, Rechtsnorm) Achtung esheischen. Dann rächt sich diese verletzte Form und das geistig Erhabene wird zum Tragischen, welches nichts anderes ist, als geistige Grösse in selbstverschuldetem Unglück. Aus dem Begriffe des Erhabenen (bedeutendes Ueberwiegen des Inhalts über die Form) folgt, dass das geistig Erhabene immer tragisch sein muss. Denn, wenn der geistige Inhalt seine Form nicht verletzte, sondern ihr adäquat bliebe, würde er nicht unter die Kategorie des Erhabenen, sondern unter diejenige des Schönen im engeren Sinne oder unter diejenige der Würde fallen.

Wie beim Erhabenen der Inhalt über die Form, so kann sich auch die Form an ästhetischer Bedeutung über den Inhalt erheben. Wenn dieses Ueberwiegen in geringerem Grade stattfindet, so entsteht nur das negative Gefühl des Bedauerns oder Missbehagens; ist es dagegen stärker, tritt die Form anspruchsvoll auf, so dass sich die bei dem Vergleich zwischen Inhalt und Form entstehende Enttäuschung zum Affekt steigert, so entsteht das Komische. Diesen Grad des belustigenden Affekts erreicht die Enttäuschung über das Missverhältniss von Inhalt und Form nur dann, wenn erstlich sich kein störendes Gefühl, als Aerger, Trauer,

Mitleid u. s. w., dem Gefühl der Enttäuschung beigesellt, und wenn zweitens das Missverhältniss ein so grelles ist, dass es zur plötzlichen Zerstörung oder Demüthigung des Objekts führt, z. B. der Frosch in der Fabel, der so gross als ein Ochse sein will und sich aufbläst, bis er zerspringt. Daher liegt es im Wesen des Komischen, dass es einen starken Kontrast und eine plötzliche Ueberraschung darbietet. Die obige Fabel hört sogleich auf komisch zu sein, sobald wir an Stelle des Ochsen etwa eine Ratte, oder an die Stelle des Zerspringens eine Lungenentzündung setzen. Je grösser der Kontrast, je unerwarteter er zu Tage tritt, um so drastischer die komische Wirkung. Einfalt, die besonders klug oder verschlagen, Kleinheit, die gross sein will u. s. w. verfehlen daher selten ihre Wirkung, sobald das Missverhältniss nur einigermassen unerwartet zu Tage tritt, und es ist die Gabe des Witzes, welche es versteht, solches Missverhältniss in besonders eclatanter Weise an's Licht zu ziehen. Auf der Weite des Gegensatzes, zwischen Inhalt und Form, beruht auch die scheinbare Verwandtschaft zwischen dem Komischen und Erhabenen, welchen das bekannte bon mot: du sublime au ridicule etc. ausdrückt. Carrière hat schon sehr richtig ausgeführt, dass es nur die falsche, scheinbare Erhabenheit ist, welche dem Lächerlichen so nahe liegt. Diese freilich muss unausbleiblich der Lächerlichkeit verfallen, weil die widerrechtlich entlehnten Formen des Erhabenen mit dem bedeutungslosen Inhalt im allerschroffsten Gegensatze stehen.

Eine besondere Art des Komischen ist der Humor. Wird nämlich bei der Betrachtung menschlicher Verhältnisse der Gesichtspunkt über das menschliche Mass emporgehoben, so erscheint der Mensch und alles Menschliche als etwas Kleinliches, Winziges, das nunmehr seiner Form nicht mehr gewachsen ist, und wird dadurch komisch. Da aber dieser erhöhte Gesichtspunkt nicht der natürliche und richtige ist, so kann er nur momentan innegehalten werden und muss sehr bald in den gewöhnlich menschlichen umschlagen. Dadurch entsteht jene schwankende, schillernde, jetzt ernste, jetzt heitere Betrachtungsweise, welche das Charakteristische des Humors ausmacht.

46. Klassificirung und kathartische Wirkung der einzelnen Schönheitsformen.

Alles was wir so eben aufzählten, sind Arten des Verhältnisses von Inhalt und Form, das heisst, je immer einer niederen Stufe des Gefühls und des Realen zu ihrer nächst höheren. Daher viele dieser Grundformen auf verschiedenen Stufen wiederkehren, so das Gediegene, die Würde u. A.; andere, wie das Angenehme, Reizende, Zierliche, Prächtige bleiben entschieden der untersten Stufe der Sinnlichkeit angehörig und können auch nur als sinnliche Formen in die höheren Stufen eingehen. Dagegen sehen wir, dass die Schönheitsformen der höheren Stufen nicht auf niedere sich zurückbeziehen, das Erhabene, das Tragische und das Komische können nicht rein sinnlich, oder ästhetisch sein, sondern nur intellektuell und moralisch. Hienach lassen sich die Schönheitsformen in drei grosse Hauptklassen sondern. Erstlich die Formen, welche lediglich auf der Stufe des einfachen Sinnengefühls resp. der sinnlichen Materie verbleiben und nur als sinnlich-materielle Form in die höheren Stufen eingehen können: niedere Schönheitsformen. Dazu gehören, das Angenehme, Reizende, Zierliche, Prächtige. Zweitens, Formen, welche auf der Stufe des ästhetischen Lustgefühls, resp. der realen Form beginnen und sich darüber hinaus zu den höheren Stufen erheben, jedoch das Gleichgewicht zwischen Form und Inhalt in sich selbst finden: einfach höhere Schönheitsformen. Dazu gehören: Das Gediegene, die Anmuth, das Liebliche, das Schöne im engeren Sinne, die Würde. Endlich drittens, Formen, die sich ausschliesslich auf die geistig-sittliche Welt beziehen, wobei das Gleichgewicht zwischen Inhalt und Form aufgehoben ist und erst ausserhalb des Objekts durch allgemeine Erwägungen ergänzend gewonnen wird: gemischte höhere Schönheitsformen, das Erhabene, Tragische, Komische, Humoristische.

Wir haben jetzt noch zu untersuchen, wie die wesentlichste Wirkung des Schönen, nämlich die Reinigung (Katharsis) der Leidenschaften auf die einzelnen Schönheitsformen sich vertheilt. Bei alledem, was wir die niedern Schönheitsformen nannten, liegt nur ein einfaches Sinnengefühl vor, und es wird von der Stärke dieser Gefühlserregung abhängen, in wie weit dieselbe eine Ableitung des Druckes anderweitiger Gefühlsspannungen herbeizuführen vermag. Da aber die Sinnengefühle, um welche es sich hier handelt, Töne, Farben u. s. w. mit stärkeren Gefühlsregungen nicht verbunden sind, so kann die kathartische Wirkung nur unbedeutend sein. Anders ist dies schon bei den einfach höheren Formen. Hier wird durch den gemeinsamen Contakt der Gefühle, sowie durch die Auffassung der Allgemeinheit in vorliegenden Einzelnen, sowie endlich durch die mit dem Naturgenuss verbundene erhöhte Gefühlswärme jene ableitende, reinigende Wirkung ausgeübt, welche wir oben im 4. Kapitel erörtert haben; es sind hier alle einzelnen Faktoren des Reinigungsprocesses vorhanden und in Wirksamkeit. Es ist sehr wahrscheinlich, dass zu diesen allgemeinen Momenten der reinigenden Wirkung sich in den einzelnen Schönheitsfor-

men noch eine besondere Wirkung auf besondere Affekte hinzugesellt, so
mag die Anmuth eine mildernde und läuternde Correktur unserer Freude
am eigenen Dasein, das Liebliche eine solche an unsern sympathischen
Gefühlen zu Wege bringen. Wir müssen jedoch vorläufig mit einem ab-
schliessenden Urtheil hierüber zurückhalten. Auch hier muss die reinigende Wirkung um so stärker ausfallen, je stärker die Genussempfindung
ist. Dies trifft am meisten zu bei der Musik, welche durch gefällige Ton-
formen alle Gefühle der Seele und zwar fast in voller Gegenständlichkeit
nachzuahmen und zu erregen vermag. Daher hat die Musik unter allen
Künsten und Naturgenüssen am meisten Macht über die Seele, sie aufzu-
regen und zu beschwichtigen, weshalb auch schon Aristoteles ihrer kathar-
thischen Wirkung erwähnt hat.

Am augenfälligsten tritt die reinigende Wirkung bei den gemischten
höheren Schönheitsformen hervor; alle Faktoren des Reinigungsprocesses
erscheinen hier in gesteigertem Masse. Namentlich der Einblick in den
Zusammenhang des Weltganzen, welcher bei den einfachen Formen mehr
ahnungsvoll in dunkleren Symbolen vorhanden war, erhält hier theils
eine klarere und unzweideutigere symbolische Fassung, theils erhebt er
sich wie beim Tragischen und Komischen geradezu zu klarer deutlicher
Erkenntniss. Sodann steigert sich die Schönheitsempfindung selbst zu
einem Affekt, welcher zeitweise wenigstens jede andere Empfindung aus
der Seele verdrängt. Dadurch muss natürlich nicht nur der Druck jeder
anderweitigen Gefühlsstimmung zeitweise aufgehoben und dauernd gelindert
werden, sondern es muss auch im ganzen Umkreise der mit der reinigenden Empfindung verwandten Gefühlsaffekte eine solche specielle Katharsis herbeigeführt werden, wie sie Aristoteles für das Tragische in Bezug
auf Furcht und Mitleid behauptet hat. So erregt das Erhabene in uns
starke Affekte; wir fühlen uns mit einem Male zu einem Nichts zerknirscht
und doch fühlen wir uns gross, weil fähig, so Grosses zu schauen. So
macht uns das Erhabene zugleich demüthig und stolz; und damit erfahren
diese Affekte zugleich ihre Reinigung. Das Erhabene adelt unsere Demuth
und demüthigt unsern Stolz, es hält uns ab, uns vor den Menschen weg-
zuwerfen und uns anmassend über sie zu erheben. Diese demüthigende
und erhebende Wirkung hat das Erhabene nicht etwa bloss vermöge seiner mathematischen oder dynamischen Grösse, sondern nur vermöge seiner erhöhten symbolischen Bedeutung als Ausdruck des allgemeinen
Weltgesetzes. Die blosse Grösse vermöchte weder das Eine noch das
Andere, so wenig wie die Grösse und Stärke des Elephanten, so wenig
vermöchte uns auch die Grösse und Stärke des Weltmeeres zu demüthigen
und zu erheben. — Ferner erfüllt uns das Tragische, d. h. das durch eigene

Schuld verursachte Leiden eines geistig Grossen mit den Affekten des Mitleids und der Furcht und zwar mit beiden im höchsten Masse: mit Mitleid, denn wie jammervoll ist es, dass ein Solcher zu Grunde gehen muss, und mit Furcht, denn wenn so Hohes nicht verschont wird, was haben wir dann zu erwarten. Diese starke Erregung der genannten beiden Affekte lässt uns unsere persönlichen verwandten Gefühlserregungen nichtig erscheinen, schwemmt sie hinweg, wie ein durchbrechender Strom die Wiesenquelle und mässigt sie für alle Zeiten, indem es uns für fremde und eigene Leiden an dem Schicksal des gefallenen Helden einen höheren Massstab giebt. Aber auch hier liegt der eigentliche Kern, das Wesen des Tragischen als Schönheitsform nicht in den erregten Affekten, nicht im Furchtbaren und Bemitleidenswerthen, sondern in dem hier in voller Klarheit hervortretenden Kundwerden des ewigen Weltgesetzes. Der Held erliegt seiner eigenen Schuld; nicht eine rohe Laune des blinden Schicksals fällte ihn, sondern die oberste Weltordnung, bei deren Walten allein Menschenwohl bestehen kann, und gegen die der Held verstiess, machte seinen Uebergang nothwendig, nicht als Rache, sondern als unausbleibliche Folge seiner Handlungen. Dies eingesehen, fühlen wir uns mit dem Schicksal des Helden versöhnt. Mitleid und Furcht verlieren das Quälende, Peinigende ihres Affekts und machen einer sanften, elegischen Stimmung Platz. Nicht die grossen und guten Ideen, für die der Held kämpfte und litt, sind es, die unterlagen, und nicht die trägen und rohen Massen, an denen er scheiterte, sind es, die triumphiren; sondern die Ideen behalten ihre Macht und nur die menschliche Schwäche konnte erliegen oder fehlgreifen. — Noch ergreifender in Bezug auf die Gewalt der erregten Affekte ist das Komische. Es ist von wahrhaft unwiderstehlicher Wirkung, der sich nichts zu entziehen vermag. Es ist dem Tragischen geradezu entgegengesetzt und doch auch wieder in mancher Hinsicht verwandt. Beim Tragischen erhebt sich der Geist über seine formalen und normalen Lebensbedingungen der Art hinaus, dass er sie verletzt und damit dem Untergange verfällt. Wir staunen über ein so kühnes Wollen, beklagen seinen jähen Fall, empfinden Grauen vor dem tiefen Abgrunde und werden getröstet durch die Erwägung, dass es nicht anders kommen konnte, wenn die Welt bestehen soll. Beim Komischen ist ein kleiner unbedeutender oder unwürdiger Geist, der sich in grosse Formen hüllt, der etwas Grösseres, Mehreres oder Besseres sein will, als er ist, es ist eine Form, die von ihrem Inhalt nicht mehr getragen wird und die daher beim ersten besten Anlass zusammenbricht und ihren kleinen, gemeinen oder unwürdigen Inhalt bloss legt. Das tragische und das komische Interesse gleichen sich darin, dass es mit Bewunderung anhebt,

nur dass dieselbe bei jenem, dem geistigen Inhalt, dem grossartigen Willen, bei diesem der stattlichen Form gilt; sie gleichen sich ferner darin,
dass in beiden das Objekt sich eine Katastrophe zuzieht, das tragische,
indem es durch Verletzung seiner Form sich den Untergang bereitet, das
komische, indem es sich in seiner Kleinheit bloss stellt. Daher unterscheiden sich beide hauptsächlich darin, dass sie verschiedene Affekte
erregen und zwar entgegengesetzte: Mitleid und Furcht, das Tragische:
Schadenfreude und Uebermuth, das Komische. Schadenfreude und
Uebermuth sind Gefühlsrichtungen, welche dem menschlichen Herzen
nicht minder natürlich sind als Mitleid und Furcht, aber ungleich mehr
als diese der Ausartung ausgesetzt sind, ja diese Benennungen selbst bezeichnen schon einen hohen Grad solcher Ausartung. Es fehlt der Sprache
an Bezeichnungen für das Wohlgefühl, mit dem wir Andere in Uebeln
sehen, von denen wir frei sind, und für dasjenige, welches uns die Entdeckung bereitet, dass wir Andern überlegen sind. Das erstere Gefühl
sollen wir dann nicht hegen, wenn wir Andere in ernsten, schweren Miss-
geschicken oder wenn auch leichteren aber unverschuldeten sehen, in
beiden Fälle ist es wahre Schadenfreude, d. h. eine Entartung des natürlichen Gefühls, welches hier Mitleid erfordert; aber es ist ein natürliches
und daher berechtigtes Gefühl, wenn uns ein leichtes verschuldetes Missgeschick belustigt, z. B. wenn ein Betrunkener in ein seichtes Wasser fällt.
Ebenso sollen wir uns unserer Ueberlegenheit über Andere dann nicht
freuen, wenn dieselbe entweder eine zufällige oder unverdiente (Geburt,
Reichthum, Talent), oder wenn auch eine moralische doch nur eine solche
ist, die sich auf die Ueberwindung allgemeiner menschlicher Schwächen
bezieht. Denn wenn wir Andere Versuchungen erliegen sehen, denen wir
uns gewachsen glauben, so können wir nicht wissen, ob die besonderen
Umstände die Versuchung für jenen nicht stärker als für uns machten
und ob wir nicht dafür anderen Versuchungen preisgegeben sind, die
jener überwindet. Ueber die blosse moralische Schwäche und führe sie
zum Laster und Verbrechen, dürfen wir uns nicht überheben, sondern im
Hinblick auf das Pharisäische: „Herr Gott, ich danke Dir, dass ich nicht
bin wie dieser" unserer eigenen Schwäche gedenken. Wohl aber dürfen
wir uns erheben über die Verkehrtheit, welche ihre Schwäche für Kraft,
ihre Kleinheit für Grösse, ihr Laster für Tugend ausgeben will. Denn
hier fehlt mit der Einsicht in die eigene Unvollkommenheit vorläufig jede
Möglichkeit des Besserwerdens; es ist eine Verkehrung, eine Verläugnung
und Verderbung der Wahrheit und Wesenheit vorhanden, welche mit
Recht unser Gefühl herausfordert, und uns dieser Nichtigkeit gegenüber
mit Selbstbewusstsein erfüllt. Stellt sich uns nun ein Objekt dar, welches

seine Nichtigkeit hinter grossen Formen verbergen will und sich durch dieses Missverhältniss ein leichtes, den wahren Sachverhalt in scharfem Kontrast blossstellendes Missgeschick zuzieht, so werden diese beiden berechtigten Gefühle Schadenfreude (d. h. hier Freude an leichter wohlverdienter Strafe) und Uebermuth (d. h. hier Freude an unserm Werthe gegenüber solcher offenbaren Verkehrtheit), je nach der Schärfe des zum Vorschein kommenden Kontrastes zwischen Form und Inhalt so lebhaft und so gleichzeitig erregt, dass ein gemischter Affekt entsteht, welcher in der körperlichen Bewegung des Lachens einen so charakteristischen Ausdruck findet. -- Um nun auf den oben unterbrochenen Vergleich des Tragischen und Komischen zurück zu kommen, so vollendet sich der zwischen beiden, trotz ihres Gegensatzes bestehende Parallelismus darin, dass der tragische wie komische Affekt erst durch den Einblick in den wahren Sachverhalt, die herrschende Norm, das Weltgesetz der Gerechtigkeit zu Stande kommt. In beiden Fällen werden wir wahrhaft befriedigt erst durch die Einsicht, dass solch ungemessenes Streben ein so bemitleidenswerthes und furchtbares Schicksal sich bereiten und solche Verkehrtheit sich in so völliger Nacktheit bloss stellen muss. Das Tragische reinigt und läutert die durch dasselbe in uns erregten Affekte des Mitleids und der Furcht, indem es uns an eine etwas grossartigere Anschauung und an die Einsicht in die Verkettung von Schuld und Uebel gewöhnt. Viel gefährlicher und vielmehr zu schädlicher unsittlicher Ausartung geneigt, sind die Affekte der Schadenfreude und des Uebermuthes, und diese erfahren eine ganz ähnliche Läuterung durch das Komische. Zunächst nämlich werden durch das Komische diese Gefühlsrichtungen unter Umständen erweckt, unter denen sie gerechtfertigt sind und durch diese legitimen Entladungen wird wenigstens zeitweise die Anlage zu Schadenfreude und Uebermuth in uns hinweg getilgt. Ausserdem aber zeigt das Komische an prägnanten Beispielen, worüber wir uns belustigen und erheben sollen, natürlich wollen wir nicht sagen, dass das Komische eine pädagogische oder moralische Tendenz habe, aber wohl ist das zu behaupten, dass es eine solche Wirkung übe, indem es unsere Gefühle in der ihnen natürlichen und erlaubten Richtung zum Affekt steigert und damit ihrer Entladung in unerlaubten Aeusserungen vorbeugt, kann es nicht anders als eine erziehliche Wirkung auszuüben. Endlich muss eine mässigende, lindernde und somit auch läuternde Einwirkung dadurch herbeigeführt werden, dass der komische Hergang sich gleich dem Tragischen als eine nothwendige Verknüpfung von Ursache und Wirkung als ein Stück der ewigen Weltgerechtigkeit erweist. Auch abgesehen von eigentlich satyrischer, d. h. auf moralische Besserung zielender

Tendenz mit ihrer stehenden Mahnung „wen's juckt, der kratze sich"
liegt in diesem so ungemein drastischen Gericht eine höchst bündige
Warnung, dass der Lacher von heute leicht morgen der Verlachte sein
könne.

Wir übergehen hier den Humor, weil derselbe, wie wir gesehen haben, keine objektive Schönheitsform, sondern nur eine subjektive Em-
pfindungsweise bildet, indem derselbe die Dinge, je nachdem er sie aus
verschiedenen Gesichtspunkten betrachtet, bald erhaben oder tragisch,
bald komisch findet. Es ist klar, dass hier die kathartischen Wirkungen
des Erhabenen, Tragischen und Komischen vereint zu Stande kommen
und sich an einander wechselsweise ergänzen und berichtigen müssen.

Siebentes Buch.

Das Zustandekommen des Naturgenusses, oder vom actuellen Schönen.

47. Die Mannigfaltigkeit und die Einheit des Realen und Schönen.

Gar bunt und kraus liegt die Welt vor unseren Blicken da und nimmt sich eigentlich wie ein recht wirres und tolles Durcheinander aus. Dem Schmieden und Construiren allgemeiner Theoricen ist sie nichts weniger als ˙günstig, und wir für unsere arme Person wären weder die ersten noch würden wir die letzten sein, denen es so erginge, dass ihnen bei der Anwendung ihrer Theorie auf die krause Wirklichkeit allerlei Menschliches und Verdriessliches begegnete. Hat es doch schon von Anbeginn den Denkern so viel Kopfschmerzen verursacht, wie doch das allgemeine, einheitliche, nothwendige Reale in einem solchen unberechenbaren, willkürlichen Wirrwarr auseinander gehen könne, wie es doch die wirkliche Welt zu jeder Stunde thut; und glaubt doch selbst ein so tüchtiger Aesthetiker wie Vischer zum Zufall, der blinden Gottheit seine Zuflucht nehmen zu müssen. Da ist denn doch der gesunde Menschenverstand besser daran; er hält die Nothwendigkeit des Gesetzes fest und nimmt seine Wirksamkeit auch da an, wo sie nicht zu berechnen war. Der gesunde Menschenverstand — wir meinen einen etwas geschulten und etwas hochgesinnten Menschenverstand — glaubt an den Zufall noch weniger als an das Wunder. Der Zufall wäre ein Wunder, ohne alles das, was das Wunder der Pietät ehrwürdig und erklärlich macht, ein thörichtes, tolles, rohes Wunder. Kann man das Wunder einen göttlichen Geniestreich nennen, so ist der Zufall die tollgewordene Materie. Hier ist ein Räthsel versiegelt, das wir nicht lösen werden, bis vor unseren Blicken ein gut Theil materieller Schleier wird hinweggezogen sein. Vermuthlich werden wir dann weder Wunder noch Zufall sehen, sondern ein Schauspiel, dessen Einfachheit uns noch mehr als seine Grösse überraschen wird. So aber zerfällt vor unseren schwachen irdischen Blicken das Reale in eine unabsehbare Menge einzelner Realitäten, von denen wir uns zwar sagen müssen, dass sie zu Einem zusammen gehören und deren Zusammenhang wir wohl ahnen und stückweise auch hie und da erkennen. Da aber jede derselben ein wirkliches echtes Reale ist und seinen ihm wesentlichen Gesetzen folgt, so entsteht aus diesem Zusammenspiel von Billionen gesetzlichen Verläufen, welches aller menschlichen Berechnung spottet, dasjenige, was unsere Blindheit und Schwäche Zufall nennt. Dieses billionenfache Zusammenspiel von Ursachen und Wirkungen, dieses Netz von Billionen in einander verfitzter Kausalfäden bildet das kolossalste und verschlungenste Räthsel, mit welchem Jahrtausende gerungen haben und mit dem auch wir jeder Zeit und aller Orten in vergeblichem Kampfe uns abmühen, es bildet die dunkle Tafel gegen deren Schwärze das Wenige, was wir an Zusammenhang der Dinge erfasst haben, in leuchtenden Zügen sich abhebt. Eben dieser dunkle Hintergrund ist es, von welchem sich das Reale, soweit wir es als Ganzes und im Zusammenhange mit dem Ganzen zu schauen vermögen, wie ein schönes Bild uns entgegenleuchtet. Und eben dieser Kontrast zwischen der dunklen Alltagswelt, die wir so wenig verstehen, und dem hellen Bilde des geschauten Realen, das wir plötzlich ganz verstehen, ist es, was dem geschauten Realen den zauberischen Reiz der Schönheit leiht. — Eben diese dunkle unlesbare Tafel der Wirklichkeit ist es aber auch wieder, welche mit ihrer verwirrenden Mannigfaltigkeit von wirklichen Dingen einen dunklen trügerischen Schleier bildet, der das schöne Bild, das uns nur für Augenblicke gegönnt ist, alsbald wieder verhüllt. Wie nun dies beides geschieht, das Sichtbarwerden des Realen als Schönheitsempfindung und das Untergehen des schönen Bildes hinter der Alltagsmühe der Wirklichkeit, das müssen wir hier noch ein wenig näher betrachten.

Das Reale ist einfach, zusammenhangvoll, klar, die Wirklichkeit ist unübersehbar, kraus und verwirrt. Wie sollen wir da in der Wirklichkeit die Wahrheit, in dem Wirrwarr der Erscheinungen das Reale sehen? Natürlich können wir es nicht im Ganzen, sondern nur im Einzelnen; und wenn unsere theoretisch-wissenschaftlichen Anstrengungen uns, wie bekannt, mehr in die Breite auseinandergehendes Detail, als in die Tiefe dringenden evidenten Zusammenhang liefert, so bleibt nur die Hoffnung übrig, dasjenige, was auf theoretischem Wege uns versagt bleibt, auf ethischem durch Gefühlsanschauung zu erreichen. Vergegenwärtigen wir uns nun im Einzelnen, in welcher Weise unser Gefühl in der Schönheitsempfindung aus der vorliegenden Wirklichkeit das Reale, die Wahrheit erfasst. Wir gedenken dabei nicht, sämmtliche Schönheitsformen der Reihe nach durchzugehen, sondern nur an einzelnen derselben mehr beispielsweise darzuthun, wie der eigentliche Schönheitseffekt zu Stande kommt und wie dabei Wahrheit und Wirklichkeit sich zu einander verhalten.

48. Das Reale und das Wirkliche. Symbol und Illusion.

Anmuthig ist der plätschernde Bach, der seine leichten Wellen zwischen grünen Ufern dahin rollen lässt, er muthet uns an, wir wissen nicht wie, er drückt etwas aus, wir wissen nicht was. Versuchen wir zu sagen, wie er uns anmuthet und was er ausdrückt, so denken wir nicht allzuweit fehlzugehen, wenn wir sagen: dieser murmelnde Bach zwischen grünen Ufern stellt sich uns dar als Repräsentant der freien, aus sich selbst fliessenden Thätigkeit der Natur, die selbst Leben und die Bedingung alles Lebens ist. So wie nämlich die Quelle zwischen Waldgründen und Wiesenmatten in unermüdeter Geschäftigkeit dahin gleitet, hier den fehlenden Nahrungsstoff absetzend, dort den überflüssigen mit fortführend, so und in ganz so unzähligen Adern und Aederchen rollt die Quelle unseres Blutes nährend und rückbildend durch jedes Partikelchen unseres organischen Lebens und ebenso drängt sich der Quell unseres geistigen Thuns durch die uns umgebenden weiten Gründe der Welt, hier empfangend, dort gebend, wie die Quelle im Walde und trotz mancher Ermattung im Ganzen ebenso unerschlafft bis zum letzten Athemzuge fort. — Lieblich ist ein lächelndes Kindesantlitz; eben erst hat es geweint und noch hängen die Thränen an seinen Wimperchen — da ein vorgehaltener rothbäckiger Apfel oder der Stock des Papa — und auf einmal bricht die helle Kinderfreude durch den Thränenflor. Es ist kein hübsches Kind, die Haut noch welk und schlaff, es hustet, prustet und der Athem geht schwer durch die verschleimten Kanäle, es ist wirklich nichts weniger als angenehm und wir hatten es mit seinem Husten, Schreien und Schleimrasseln einige Meilen weit fortgewünscht, da dieses Lächeln und wir bitten ihm im Stillen alle unsere Verwünschungen ab, wir müssen es liebhaben, als wäre es unser eigen Kind oder Brüderchen. Oder ein kleines Wiesenthal von flachen Hügelwellen eingefasst, einige Baumgruppen von Weiden, Erlen, Linden, in deren Schatten wiederkäuend einige Rinder und darüber ausgespannt das blaue Himmelszelt mit der lieben warmen Sonne. Wie uns das anheimelt. Es ist uns, als kämen wir nach langer Trennung in die Heimath, als wäre jenes Laubdach das Dach der väterlichen Hütte, als träumten wir unter seinem Schutze wiederum den Traum der Kindheit, so behag-

lich wie dieses Rindvieh, und diese Sonne will uns gemahnen, wie ein
grosses liebendes Mutterauge. — Erhaben ist das Meer in seiner ufer-
losen Breite; in regelmässigen Tempo wogt es auf und nieder, wie eine
athmende Brust, jetzt langsam und ruhig, wie die eines schlafenden, jetzt
heftig kochend und arbeitend, wie die eines wüthenden Enkelados, ein
echtes wahres Kolossalbild eines gewaltigen Riesenlebens; und der Sturm,
von dem Schiller sagt:

> „Dann rast er um sich mit des Raubthiers Angst
> „Das an des Gitters Eisenstäbe schlägt."

Erhaben ist vor allem auch die Natur in ihrer Gesammtheit als
Ausdruck einer überall und unermüdlich thätigen, unendlich planvollen
und vorsehenden Oeconomie, ein anderer Briareus, der statt mit hundert
Armen zu zerstören, mit tausend Billionen Händen segnend „der Gottheit lebendiges Kleid schafft."

Es sei genug an diesen wenigen Beispielen, um daran zu zeigen,
wie der Schönheitseffekt eigentlich zu Stande kommt. Es ist klar, dass
wir in allen Fällen über die vorliegende Wirklichkeit hinausgehen
mussten, um zu dem eigentlichen Kern der Schönheitsempfindung zu
gelangen. In der That empfinden wir etwas Anderes und ein Mehreres,
als in der vorliegenden Wirklichkeit unmittelbar gegeben ist. In Wirklichkeit ist der plätschernde murmelnde Bach kein nährendes Blutgefäss
und mit dem geistigen Leben gar nicht vergleichbar. Jenes schreiende
Kind mit seiner habituellen Luftröhren-Verstopfung geht uns gar nichts
an. Jenes uns heimathlich winkende Thal ist eine sehr ordinäre Wiese
mit sehr prosaischen Maulwurfshügeln eingefasst und jene Baumgruppe
ebenso wenig ein väterliches Dach, als wir wiederkäuendes Rindvieh.
In Wirklichkeit ist auch das Meer weiter nichts, als eine ziemlich grosse
Wassermasse, die vom Winde — es ist eben immer Wind da — an der
Oberfläche bewegt wird, unten ist alles still, also keine Spur von einem
athmenden Wesen. Auch der Sturm heult nicht wie eine wüthende Bestie,
er ist eben nichts weiter als Luft, das bekannte Gemenge von Stickstoff
und Wasserstoff, welches bei Temperaturverschiedenheit nach den Gesetzen der Schwere heftig bewegt wird. Das ist die Wirklichkeit, sie ist
offenbar ganz etwas anderes als dasjenige, was wir als Schönheitsform
empfanden. Was ist nun dasjenige, was wir ergänzend hinzunehmen
müssen, um in der vorliegenden prosaischen Wirklichkeit das Schöne
zu empfinden? Es ist das Symbol.

Das Wirkliche ist die Erscheinung des Realen, welches nach seinen
ihm grundwesentlichen Gesetzen in der Erscheinung seinen adäquaten

Ausdruck finden muss. Die Wirklichkeit müsste daher an sich ebenso planvoll, einheitlich und zusammenhängend sein, als es das Reale ist. Nur unsere Schwäche ist es, welche uns verhindert, diesen Zusammenhang in den meisten Fällen zu erkennen. Wenn wir nun gleichwohl über die erkannte Wirklichkeit hinaus diesen uns theoretisch unbekannten und unfindbaren Zusammenhang durch eine Ahnung unseres Gefühls erfassen, so nennen wir denselben symbolisch. Das Symbol ist uns der Repräsentant des uns theoretisch unvermittelten höheren Realen. So repräsentirt uns der Bach die Triebkraft der lebendigen Natur, das Kind die heiligsten Bande der Menschheit gleichsam Fleisch und Blut geworden, das Meer und der Sturm einen grossartigen Lebensprocess.

Natürlich werden wir damit getäuscht. Die symbolische Naturbetrachtung greift nach einer höheren Realität und verfehlt darüber die niedere, vorliegende, wirkliche. Das Symbol wird damit zur Illusion. Wir wissen ja schon aus dem 16. Kapitel, dass die Illusion ein allgemeines und nothwendiges Ingrediens jedes Genusses ist. Eben in dem Geniessen oder Geniessenwollen liegt dies mit Nothwendigkeit, dass das Objekt als mit Allem, was es zum Genusse würdig macht, begabt vorgestellt werde. So wie der Mann in dem Weibe, das er liebt, alle Eigenschaften, welche den Beruf des Weibes ausmachen, beisammen sieht und umgekehrt das Weib in dem geliebten Manne, so erheben wir Alles, an dem wir Genuss haben, gleichsam zum Prototypus suis generis. Es ist der Repräsentant dieses Realen auf höchster Stufe. So enthält diese symbolische Naturanschauung, welche allein uns die Empfindung des schönen Realen vermittelt, zugleich die täuschende Illusion und das über die Wirklichkeit hinausliegende Ideal in sich, alles drei gleich nothwendige Momente jedes wahren Schönen.

49. Idealisiren und Componiren.

Es ist Täuschung, wenn wir im Winde einen lebendigen Odem, im Meere eine athmende Brust, im stillen Wiesenthal das Winken der Heimath, im lächelnden Kinde unser eigen Fleisch und Blut als Kind oder Geschwister und im Bache die Lebensader der Natur sehen, Täuschung, nichts als Täuschung. Aber es ist eine Täuschung, die eben so wunderbar als sie für das Zustandekommen der Schönheitsempfindung nothwendig ist. Das Wunderbare dieser illusiven Täuschung besteht darin, dass sie uns über die Wirklichkeit täuscht und die Wahrheit giebt, und zwar die

Wahrheit, welche beherrschend, bedingend über der gemeinen so oder
anders gestalteten Wirklichkeit steht, die Wahrheit, die im Einzelnen
unserem Sinnen, unserem Denken nicht erkennbar, aber im Grossen und
Ganzen, im Zusammenhange der innen- und aussenweltlichen Natur
ahnungsvoll erfasst und zugleich als ethisch-religiöses Bedürfniss von
allem, was wir als culturbewegend und culturveredelnd in uns finden,
gefordert wird.

Nein! der Wind ist kein lebender Odem, das Meer keine athmende
Brust, aber Gottes Odem lebt in allem Geschaffenen, und das Meer ver-
kündet seine Grösse so gut, als irgend etwas, das Leben und Athem hat.
Wir sind getäuscht darin, dass wir Leben sehen, wo in der Wirklichkeit
kein Leben erkennbar, für uns erkennbar ist, aber die letzte Ursache,
das höchste letzte, alles beherrschende und normirende Reale ist Leben
und darum sehen wir Wahrheit, obgleich wir in Wirklichkeit Illusion
sahen. Jenes Kind ist nicht unser Fleisch und Blut, es ist ein fremdes
und obenein schlaffes, welkes, schreiendes, unappetitliches Kind. Aber
jetzt, wie es unter Thränen lächelt, ist es der Typus der Kindlichkeit,
derjenigen Kindheit, welche zugleich den idealen Typus der Menschheit
bildet. Wenn wir uns also zu diesem Kinde gewissermassen verwandt-
schaftlich hingezogen fühlten, als sei es Fleisch von unserem Fleisch und
Blut von unserem Blute, so war es zwar eine Illusion über die Wirklichkeit, aber wir empfanden die Wahrheit, jene Wahrheit wenigstens, in
deren Sinne Christus spricht; „Lasset die Kindlein zu mir kommen."

Wir dürfen diese, beliebig zu vermehrenden Beispiele nicht weiter
ausdehnen, sie werden genügen, um darzuthun, dass dasjenige, was wir
dem vorliegenden Wirklichen hinzufügen, um es zum Symbol zu erheben,
dasjenige, um welches wir an der erkennbaren Wirklichkeit irren, nicht
ein willkürlicher Beobachtungsfehler, sondern die höhere Wahrheit, das
Reale auf einer höheren Stufe ist. Es ist der Zusammenhang mit, das
Erfülltsein von dem höheren Realen, was wir bei der vorliegenden
Wirklichkeit fordern und, da wir es nicht finden, suppliren. Ein solcher
Zusammenhang ist freilich vorhanden, nur dass wir ihn nicht finden,
sondern nach unserem Gefühl hinzuthun. Dieses nun, dass das vorliegende Wirkliche ganz im Zusammenhange und ganz erfüllt mit dem
höheren Realen gedacht wird, nennen wir idealisiren. Das Ideal ist
nicht etwa ein unwirkliches, luftiges, wesenloses Gedankending, es ist
das Objekt selbst nur in seinen uns unerkennbaren Bezügen zum Realen,
welche wir durch einen Gefühlsakt (und zwar möglicherweise höchst
unvollkommen) ergänzen. Es ist hierzu aber noch eine gewisse geistige
Thätigkeit erforderlich, die wir noch näher zu betrachten haben.

Denn nicht so, wie im Schlaraffenlande dem aufgesperrten Maule
die gebratenen Tauben, begegnet uns das Schöne hienieden; sondern,
wie schon zum gemeinen Sehen und Hören eine geistige Thätigkeit
erforderlich ist, wenn von den Dingen überhaupt irgend welche Vorstellung gewonnen werden soll, so ist das um vieles mehr bei jenem
geistigen Schauen der Fall, welches die Dinge in ihrer höheren Wesenheit und Realität erfassen will. Zunächst ist es ja überhaupt schon die
höchste Einheit des Denkens und Fühlens, wie wir oben sahen, in welcher
die Schönheitsempfindungen allein zu Stande kommen. Wir müssen also
theoretisch zuvörderst den Zusammenhang des vorliegenden Wirklichen
zum Ganzen und die dazu gehörigen übrigen Theile erfassen und diese
erst zu dem Ganzen, der eigentlichen Realität, zusammensetzen. Denn
jedes Vorliegende ist nur eine Phase, ein Durchschnitt, ein Bruchstück,
welches in Zeit und Raum seine Ergänzung fordert, und erst durch diese
zum Ganzen wird. Aber auch als solches ist es noch unverständlich, so
lange es nicht in seinen Bezügen zu dem höheren Realen erfasst wird,
darum muss die intellektuelle Thätigkeit über das concrete Ganze hinausgehen und nach diesen Bezügen suchen, bis sie an den Grenzen ihrer
Intelligenz angelangt ist, erst da darf sie hoffen, von dem Schwunge des
Gefühls in sicherem Fluge zu dem letzten höchsten Realen, der vollen
Naturwahrheit getragen zu werden. —
Sodann aber — und hier tritt schon die Thätigkeit des Gefühls ein
— muss alles Fremdartige fern gehalten werden. Es ist das eine von
uns schon berührte Eigenthümlichkeit jedes irgend lebhafteren Gefühls,
alles andere neben sich auszuschliessen, jedes andere schwächere Gefühl
aus dem Bewusstsein für den Augenblick zu verdrängen. Das erleichtert
nach der einen Seite die ebenerwähnte geistige Thätigkeit, alles zur
Sache gehörige in Raum und Zeit Getrennte herbeizuziehen, andererseits
aber bestimmt es auch den Geist, seine Aufmerksamkeit ganz auf die
concrete Sache zu concentriren, von allem Fremdartigen, nicht Zuge-
hörigen abzusehen, und diesen Gegenstand zwar mit seinen universalen
Beziehungen aber doch in voller Reinheit für sich festzuhalten.
Diese beiden Richtungen der geistigen und gemüthlichen Thätigkeit, wodurch einmal das vorliegende Wirkliche nach der Richtung des
höchsten Realen hin ergänzt wird, bis es sich als Typus seiner Gattung
und als Symbol des höchsten Realen darstellt und wodurch es zweitens
von allem Fremden, Gleichgültigen, Zufälligen abgesondert und gesäubert
wird, macht dasjenige aus, was wir Componiren nennen, nämlich diejenige Thätigkeit, durch welche, wie im 18. Kapitel gezeigt worden,
sowohl das Kunstwerk, als auch der Naturgenuss erst zu Stande kommt.

Es ist aber, wie aus dieser Darstellung hervorgeht, das Componiren nichts Anderes, als das Idealisiren, und das Eine nur die Idee, das Andere die Ausführung des Anderen, und beides beruht auf der symbolischen Naturanschauung, welche in dem vorliegenden Wirklichen den Repräsentanten des Realen sieht und uns über die Wirklichkeit täuscht, indem sie uns die Wahrheit giebt.

50. Hindernisse des Naturgenusses.

Wir nähern uns jetzt dem zweiten jener präjudiciellen Einwände, welche im 29. Kapitel erhoben wurden. Wenn das Schöne weiter nichts ist als das Reale, wenn die Dinge an sich schön sind, und wenn wir in unserem Gefühlsleben, wie bisher abgehandelt, die Mittel besitzen, diese Schönheit zu empfinden, was kann da noch der Kunst, welche dieses Reale doch immer nur unvollkommen nachzuahmen vermag, noch für ein eigenthümlicher Werth beigemessen werden? Aber dieser Einwand hat jetzt, nachdem wir die besonderen Bedingungen des Naturgenusses und die Art und Weise des Zustandekommens der Schönheits-empfindung in seinem Gefolge näher erörtert haben, für uns nicht mehr das schreckhaft Verwirrende, das er oben hatte. Schon bei der allgemeinen Betrachtung des Naturgenusses in seinem allgemeinen Vorkommen im 30. Kapitel hatten wir zu erwähnen, wie verschiedenen und zum Theil höchst einschränkenden Modificationen diese allgemeinste Art des Genusses bei den einzelnen Individuen unterworfen sei. Noch mehr trat im vorigen Kapitel die eigenthümliche geistige und Gefühlsthätigkeit hervor, deren wir bedürfen, um die einzelnen Schönheitsformen in ihren wahren realen Beziehungen zu empfinden. Es leuchtet ein, dass, die Menschheit im Grossen und Ganzen genommen, jedes Individuum oder wenigstens die grössere Zahl der Individuen nur einen kleinen beschränkten und fehlerhaft gefärbten Ausschnitt des grossen Naturbildes zu sehen vermag, und dass ausserdem jedes Individuum nur in den seltensten Augenblicken im Stande ist, dasjenige Weltbild wirklich zu sehen, das zu sehen ihn sonst seine Verstandes- und Gefühlsbildung befähigen würde. Wir haben es hier nur noch mit denjenigen Umständen zu thun, welche als besondere Hindernisse uns alle hindern, denjenigen Naturgenuss, der uns nach unserer Bildung sonst beschieden ist, in jedem besonderen Falle wirklich zu haben. Es sind vorzugsweise zwei, die mehrentheils schon früher erwähnt sind und hier nur noch recapitulirend erörtert werden sollen.

Erstlich: Das Allgemeine, das Reale zerfällt in der Wirklichkeit, wie oben gesagt, in seine einzelnen Momente, Realitäten, die an und für sich ein selbständiges Interesse für sich in Anspruch nehmen, ausserdem aber auch räumlich oder zeitlich durch andere reale Dinge getrennt sind, die abermals unser Interesse auf sich ziehen, so dass über solcher Mannigfaltigkeit und Zerstreutheit der Theile der Ueberblick auf das Ganze verloren geht. Zweitens aber beherrscht unser ganzes Dichten und Trachten die Hierarchie von Zweck und Mittel, die uns in eine ganz andere Atmosphäre versetzt oder unseren Augen eine Brille leiht, durch die wir Alles anders sehen.

Wie gleichgültig schweift z. B. das Auge eines Ehr- oder Geldgierigen über die gesegneten Fluren, über bewaldete Berggipfel und wie unberührt bleibt sein Ohr und Herz von dem Tosen des Meeres. Vollends bei Anschauung menschlicher Seelenzustände, menschlicher Schicksale, wie erweisen sich da diese beiden Hindernisse in noch höherem Grade lähmend oder vielmehr geradezu aufhebend. Nicht nur ziehen die einzelnen Glieder dessen, was uns als Ganzes jenes beschauliche Interesse einflössen würde, viel stärker und selbständiger an, sondern die Befangenheit durch Zwecke, Interesse u. s. w. ist ungleich vollständiger. Setzen wir den Fall, wir erleben es, dass ein junges unerfahrenes Mädchen sich durch eine Leidenschaft ruinirt. Von dem Augenblicke der ersten verhängnissvollen Bekanntschaft bis zu dem Moment, wo sie im Bewusstsein unentrinnbarer Schande sich ins Wasser stürzt, welch eine eng zusammengehörige Kette! aber wie viel nehmen wir davon wahr, und was haben wir davon für einen Eindruck. Wir sehen heute die erste Bekanntschaft, morgen sehen wir aufmerksame Blicke, aber zwischen beiden Momenten liegt die ganze Welt mit ihrer Arbeitslast, mit ihrer Hast und Sorge, wir sehen ein Einverständniss, das wundert uns nicht mehr, nachdem stille Aufmerksamkeiten uns etwas Altes geworden. Und so geht es fort, bis wir vor dem tragischen Ende stehen. Wir sind erschüttert, doch schon lange nicht mehr in dem Grade, als wir es sein müssten. Das Mädchen, welches uns anfangs achtbar und mitleidswerth erschien, hatte inzwischen schon unsere Sympathieen theilweise verloren; das ganze Gefühl war über einen Zeitraum von Wochen und Monaten alltäglicher Sorge, die uns viel näher anging, auseinandergezerrt und dadurch verzettelt und verstäubt. „Das kommt davon," sagen wir, und allenfalls „Schade um sie". Und nun vergleiche man damit den erschütternden Eindruck, das unsägliche Mitleid, das

Gretchen's Schicksal uns einflösst, wenn es im einheitlichen Bilde des Drama's vorgeführt wird. „Der Erde ganzer Jammer fasst uns an." Wir theilen den ganzen Abscheu Faust's vor dem mephistophelischen: „Sie ist die Erste nicht." Aber wenn wir gerecht sein wollen, dürfen wir dieses, „Sie ist die Erste nicht," nicht als einen besonders prägnanten Ausdruck satanischer Bosheit hassen, sondern als echt philiströse, alltägliche Marktweisheit bemitleiden und verachten. Ja so, gerade so werden uns tragische und ästhetische Eindrücke, die in ihrer Reinheit angeschaut, uns im Innersten rühren und ergreifen müssten, in dem ewigen Einerlei, von Alltäglichkeit, in der Qual und Aufregung, Sorge und Verdruss, Mühsal und Langeweile, verkümmert, verschliffen und zerstückt.

Sehen wir hier zu wenig, so sehen wir da, wo unser liebes Selbst betheiligt ist, viel zu viel oder ganz etwas Anderes. Wir sehen eine Mücke für ein Kamel, einen Stieglitz für eine Nachtigall an. Was ein ganz gewöhnlicher gleichgültiger Hergang ist, erscheint uns als etwas ganz Ungeheueres, nie Dagewesenes. Ein Primaner oder Handlungslehrling, der sich in eine Primadonna oder erste Stadtschönheit von ihr ganz unbemerkt verliebt hat, wird an sich Symptome von Werther's Leiden ebenso gewiss entdecken, als der Hypochonder in jedem Kollern den Anfang der Cholera, in jedem Husten den der Schwindsucht spürt. Wir sehen falsch in der Liebe und falsch im Hasse — freilich nicht viel richtiger in der Gleichgültigkeit. Unsere Kinder sind in der Regel Muster von Klugheit und Begabung, unsere Concurrenten und Tadler pflegen ihre Sache viel schlechter zu verstehen, als wir. Erleben wir ein Unglück, so ist es ein grosses, seltenes, ganz unverdientes, welches auf ganz besonderer Missgunst der Verhältnisse beruht u. dgl. m.

Ein Melancholiker etwa, von der Art des Jaques, in „Wie es Euch gefällt" könnte hier bittere Glossen machen über solche Verkehrtheit der Menschheit, die über das Schöne stolpert, ohne es gewahr zu werden und unter den Bäumen nach dem Walde sucht. Aber wer in der Natur die Schönheit erkennt, darf die Weisheit darin nicht verkennen. Auch das ist weise genug eingerichtet, dass das Leben mit seinem Getöse, seiner Mühsal und Sorge uns so in Anspruch nimmt. Denn wie der Mensch überhaupt nicht zum Geniessen bestimmt ist, den Genuss vielmehr als seltenes Naschwerk, als Angebinde seiner Feststunden, als Ruhe- und Stärkungsmittel mitbekommen hat, so ist es ihm auch mit Recht nicht vergönnt, weil es ihm wenig heilsam wäre, immer nur in beschaulicher Weltbetrachtung zu schwelgen. Das Schöne ist die reifste Frucht am Baume des Lebens, welchen der Mensch im Garten des Paradieses hat zurücklassen müssen. Es ist ein Bann darauf gesetzt, dass er nicht dahin zurückkehre. Und die in prometheischen Freiheitsdrange denselben durchbrechen, um der schmachtenden Menge die labende Frucht zu reichen, die werden als Wohlthäter und Erquicker ihrer Mitmenschen laut gepriesen; aber der Bann geht an ihnen selbst in Erfüllung; sie, die Höheres schauten, sind für das Niedere blind, und den Tasso's gehen im Leben die Antonio's vor.

C. Die Kunst als bewusste und zweckmässige Beseitigung der Mängel und Hindernisse des Natur-Genusses.

Achtes Buch.

51. Die Kunst als¹ historischer Process.

Der Natur-Genuss, wie wir ihn bisher nach seiner psychologischen Genesis, nach seiner Stellung im Leben und nach seinem Verhältniss zum Realen behandelt haben, macht, wenn unsere Deduktionen die Wahrheit nicht ganz verfehlten, die subjektive Seite des Schönen aus (Schönheitsempfindung), während die objektive Seite desselben das Reale selbst ist und Eines dem Andern im Wesentlichen entspricht.

Wir sehen ferner, dass diese unsere geniessende Naturanschauung erstlich mit individuellen Mängeln behaftet ist, indem jedes Individuum nur einen mehr oder minder beschränkten, mehr oder minder entstellend gefärbten Ausschnitt des grossen und wahren Gesammtbildes zu sehen bekommt, und dass zweitens Hindernisse obwalten, nämlich Hindernisse unserer Schwäche und Hindernisse der Zerstreutheit der Wirklichkeit, welche uns Alle verhindern, das uns nach unseren individuellen Fähigkeiten beschiedene Mass des Naturgenusses wirklich zu geniessen.

Wenn nun der contemplativen Weltbetrachtung, dem beschaulichen Naturgenusse diejenige hohe und centrale Stellung als eines nothwendigen Mittelgliedes zwischen allen unseren geistigen Lebensbezeugungen, welche wir oben erörterten, mit nur einigem Recht beigemessen wird, so fällt damit der Kunst in der Ausgleichung und Beseitigung jener Mängel und Hindernisse dieser unserer centralsten Geistesfunktion eine Aufgabe zu, deren Grösse und entscheidende Tragweite über diejenige einer nobeln Ergötzung weit hinausreicht und nur mit den wichtigsten und unentbehrlichsten Culturinteressen der Menschheit in Vergleich gestellt werden darf.

Ein so wesentlicher Lebensprocess, wie der Naturgenuss, und ein so unentbehrliches Mittel desselben, wie die Kunst, kann aber nicht dem

Zufall und der Zerstreuung preisgegeben sein; und wie die organische Natur immer aus sich selbst auf die Befriedigung ihrer Bedürfnisse Bedacht nimmt, so muss auch das geistige Leben mit instinktiver Nothwendigkeit ein, den zerstreuenden Hindernissen der Alltäglichkeit äquivalentes Hülfsmittel der Contemplation hervorbringen. Demgemäss darf uns die Kunst nicht als das Produkt eines Zufalls, welcher hie und da Genies hervorgehen lässt, wie er weisse Raben u. dgl. erschafft, sondern sie muss uns als der Ausfluss eines organischen Processes im Culturleben der Völker erscheinen. Alsdann aber kann die Kunst nichts Anderes als ein Werk culturgeschichtlicher Ueberlieferung sein, und als solches zeigt sie sich denn auch in allen Stücken.

Schon der Naturgenuss, das Schöne, selbst ist seiner subjektiven Seite nach ein Produkt der Cultur. Selbst der Genuss der landschaftlichen Natur hat, wie Humboldt so gründlich nachgewiesen, seine Entwicklung gehabt. Anders blickte der Grieche und Römer, anders der christliche Franke und Longobarde, anders die Zeitgenossen Luther's und Calvin's nach der Entdeckung Amerika's und der Anerkennung des copernikanischen Systems in das Buch der Schöpfung, und nun vollends erst der Gebildete der Gegenwart, dessen Naturanschauung durch so viele überraschende und weittragende Entdeckungen in ausgedehntestem Masse erweitert ist. Nicht minder bedeutsam sind die Wandlungen, welche im Bereiche der geistig-sittlichen Natur im Laufe der Jahrtausende sich vollzogen haben. Wenn wir erwägen, dass einst die Sclaverei die ganze Welt erfüllte, dass dem „auserwählten" Volke die Ausrottung ganzer Völker als höchstes Gottes Gebot, und der Ehebruch des Mannes durch das Beispiel der Erzväter legalisirt erschien, dass dem Spartiaten der Diebstahl unter Umständen als lobenswerth und dem Zeitalter eines Perikles und Socrates die Knabenliebe als wahrer Dienst des Schönen galt, und wenn wir endlich die Blutbäder der Kirche und die Hexenprocesse der Justiz bedenken, dann müssen wir wohl billig staunen über die Weite des Weges, welchen wir in unserer geistig-sittlichen Entwickelung zurückzulegen hatten, und über die Langsamkeit, mit welcher sich dasjenige bildete, was uns jetzt als Ideal der Menschheit erscheint, eine Entwickelung, die, irren wir nicht, wohl lange noch nicht abgeschlossen ist und die wohl auch noch der Entdeckung ihres geistigen Amerika's und ihres copernicanischen Seelensystems zu harren hat. Aber nicht bloss in solchen allgemeinsten Beziehungen der Humanität, Sittlichkeit u. s. w. ist unsere Weltanschauung verwandelt. Fast in jedem besonderen Gebiete ist es ebenso. Nehmen wir z. B. die Liebe. Die Alten hatten keine Ahnung von einer so romantischen Verehrung der Frauen als sie das ritterliche Mittelalter mit dem

Worte „Minne" bezeichnete, und diese ist wieder etwas Anderes als was man heute unter Liebe versteht und was sowohl viel nüchterner als auch werkthätiger und lebensernster ist als die ritterliche Minne.

Mehr noch als der Stoff, ist die Kunstübung, ein Werk der Ueberlieferung. Soll die Kunst dem Menschen das Schöne der Natur vermitteln, so muss das Werkzeug solcher Vermittelung, das Kunstmittel dem Geniessenden und dem Vermittler gemeinsam sein. Es darf nicht ausschliesslich ein Produkt des letzteren, sondern es muss dem Publikum seiner äusseren Erscheinung nach etwas Bekanntes, Geläufiges sein, ein Stück seiner Ueberlieferung bilden. Sonst wäre überall keine Vermittlung da. Käme die Kunst als etwas der Art noch ganz Fremdes, Unerwartetes an den Menschen heran, so wäre sie selbst ein Gegenstand, der Aufklärung bedürfte, anstatt dass sie die Natur erklären sollte. Wenn z. B. Jemand ein modernes Drama einem wilden Volke vorführte, so würde er gewiss wenig und jedenfalls nicht dasjenige Interesse antreffen, welches dieser Kunstform unter uns eigenthümlich ist.

Auch ihrer ganzen Entwickelung nach zeigt sich die Kunst als eine Art von nothwendiger Culturtradition, welche den Ausdruck der jeweiligen Weltanschauung bildet und zugleich den Grad des jeweiligen Könnens anzeigt. Ganz ohne Kunsttrieb findet man, wenn wir von stumpfen Barbarenstämmen absehen, kein Volk. Der rohe Naturmensch, der in der Welt nur das Ungeheuere, Unendliche ohne näheren Inhalt sieht, kann seiner Naturidee nicht anders als im Colossalen Ausdruck geben. Daher ist aller Kunstanfang cyclopisch. Und da für den Naturmenschen die Naturbeschauung keine besondere Angelegenheit bildet, so ist sein Ausdruck der Natur durchweg an die Verrichtungen des Lebens geknüpft. Daher ist die Baukunst, die den Zwecken des Lebens dienstbar ist, die älteste Kunst.

An die Baukunst schliesst sich später die Sculptur, sie ist zunächst lediglich zum Schmuck der Gebäude bestimmt, noch späteren Ursprungs ist die Malerei, welche ebenfalls zuerst als Wandmalerei oder als Verzierung von Gefässen auftritt. Es ist eine sehr lange Entwickelung erforderlich, bis Sculptur und Malerei sich von ihrer älteren Schwester emancipiren und freie Schöpfungen, Bildwerke, Gemälde hervorbringen. Sobald das Bauen über* die dürftigsten Anfänge der Befriedigung der Lebensnothdurft in Hütten, Schutzmauern, Burgen hinauskam, trat es in den Dienst des Cultus und diesem Dienst allein sind auch die Sculptur und Malerei entsprungen. Und es repräsentirt schon wiederum eine viel spätere Culturentwickelung, wenn diese Künste neben dem religiösen Zwecke noch den verfolgen, Denkmäler der Geschichte zu liefern, womit dann sich der Fortschritt zur freien Darstellung anbahnt. Ganz den religiösen Bedürfnissen entsprungen sind Dichtung und Musik. Hymnen, zum Lobe und Dienst der Götter, sind überall die älteste musische Leistung. Auch hier schliesst sich später an die Verehrung der Götter, aber immer noch in enger Verbindung mit derselben, die Verkündung und Ueberlieferung der Thaten der nationalen und Stammes-Heroen. Gleichfalls aus religiösen Cultushandlungen hervorgegangen ist der Tanz, und das antike Drama hat sich aus den Chorgesängen des Dionysosfestes, das moderne, theils aus dem antiken, theils aus den Passionen und Mysterien, sehr allmählich herausgebildet. So ist alle Kunstentwickelung von rohen, äusserlichen Anfängen ausgegangen, und hat sich an der Hand der Tradition und als Tradition langsam fortentwickelt. Im Alterthum sowohl wie im Mittelalter ist sie nicht nur von den Bedürfnissen des Cultus ausgegangen, sondern auch, lange sogar ihrem Inhalte nach, von religiösen Vorstellungen und Ueberlieferungen bedingt, mehr ein Schmuck des Cultus als eine selbständige Uebung gewesen. Erst nach und nach und in dem Masse, als der Gesichtskreis sich erweiterte, ist sie ihrem Inhalte nach, welchen sie aus dem ganzen Panorama der jeweiligen Weltanschauung wählen darf, frei und freier geworden.

In ihrer äusseren Form aber ist die Kunstübung noch ungleich mehr an die Tradition gebunden als ihrem Inhalte, dem Kunststoffe nach. Immer die Kunstform der Vorfahren ist es, worauf das folgende Geschlecht weiter baut. Und in wie enge Schranken war doch meistentheils die Kunstübung geschlagen. Man denke nur an die älteren griechischen Sculpturen, mit ihrer conventionellen Behandlung der Gewandung, der gleichmässigen Anordnung des Haares, den auf ganzer Sohle ruhenden Füssen, dem stereotypen Lächeln. Von so beschränkter Manier rang sich die hellenische Kunst los, aber nicht mit einem Schlage, nicht in plötzlicher Revolution, sondern in allmähliger Fortentwickelung. Es mussten vorerst so berühmte Kunstschulen, wie die in Aegina, Sykion und Argos, Meister wie Calamis und Pythagoras eine freiere Darstellung angestrebt haben, ehe sich aus dem Zusammenwirken eines Myron, Phidias und Polyklet die erste ungezwungene Kunstblüthe ergeben konnte. Und dennoch, trotzdem nun die völlige Freiheit der plastischen Darstellung errungen war, bleibt bis in die Zeiten des völligen Verfalles und der Verwischung allen Styls, jedes Zeitalter an seiner Behandlungsweise erkennbar. Derselbe Hergang wiederholt sich auf dem Gebiete jeder Kunst, in der Malerei, Musik, Poesie und zwar bei jedem Volke und in jeder Epoche ihrer Entwickelung. Ueberall erfolgt die Entwickelung der Kunst nur in den Bahnen der Tradition durch Weiterbildung des Ueberlieferten.

niemals in völliger Durchbrechung desselben. Die Kunst ist ein aus dem innersten Leben des Volkes entsprungener, mit seinen höchsten Interessen auf's Innigste verflochtener Entwickelungsgang, sie kann sich daher wie Sprache, Sitte, Recht u. s. w. nur als Ueberlieferung zeigen.

52. Mittel der Kunst. Sinnlichkeit und Aesthesis. Vertretbarkeit und Specialität.

Es fragt sich nun, durch welche Mittel und Wege die Kunst ihren Zweck der Vervollkommnung des Naturgenusses zu erreichen sucht. Sie soll uns das Reale, das Schöne zeigen, gleichsam concentrirt, d. h. aus der zerstreuten Wirklichkeit gesammelt und frei von störenden Einflüssen unseres beschränkten Blickes und unserer Begierden und Interessen. Da nun die Wirklichkeit nothwendig mit jenen Mängeln behaftet ist, wir andererseits aber nur Wirkliches geniessen können, so muss die Kunst uns das Reale zeigen, zugleich wirklich und nicht wirklich, d. h. mit allen Vorzügen der Wirklichkeit ohne ihre Fehler. Dieses leistet die Nachahmung, welche einerseits ein wirkliches Objekt ist und dennoch uns nur eine reproducirte (gemilderte) Vorstellung des nachgeahmten Gegenstandes liefert. Zugleich entspricht die Nachahmung diesem Kunstzwecke noch deshalb in hohem Grade, weil sie einem uralten angeborenen menschlichen Triebe, dem Nachahmungstrieb begegnet. Denn es gewährt, wie schon Aristoteles als Grundlage der Kunst hervorgehoben hat, dem Menschen eine eigenthümliche Lust, sowohl selbst Gegenstände nachzuahmen, als auch in den Nachahmungen Anderer die nachgeahmten Gegenstände zu erkennen. Dieser Trieb ist für die Kunst von principaler Wichtigkeit, denn er oder vielmehr die durch ihn erweckte Lust bewirkt, vermöge des Gesetzes, der Ausschliesslichkeit der Gefühle, dass die Freude an der Nachahmung zunächst unsere alltäglichen Gefühle der Sorge u. s. w. zurückdrängt und ermöglicht es so, dass wir uns für den Augenblick wenigstens ganz allein mit der Nachahmung beschäftigen, womit zugleich die Möglichkeit der Illusion gegeben ist.

Die Nachahmung, in so fern sie die Vermittelung eines Realen in seinen realen Beziehungen zum Zweck hat, heisst Darstellung. Die Kunstdarstellung aber hat, wie wir im 16. Kapitel sahen, das Eigenthümliche, das Objekt als wirklich darzustellen. Das Darstellungsmittel kann daher nur die Sinnlichkeit sein, wir sollen das Schöne schauen, erleben, sowie wir im Leben könnten, wenn wir nicht arbeiten und uns quälen müssten. Es soll nicht eine Erkenntniss sein, sondern ein Erlebniss. Darum muss das Reale in derselben Form uns vermittelt werden, welche es in der Wirklichkeit hat, es muss den Sinnen dargestellt werden in der Form angenehmer Sinnlichkeit und Aesthese. Denn nur das angenehme positive Gefühl kann uns das unserm Leben harmonische, seelisch - reale in der Natur vermitteln. Das negative Gefühl kann nur in der Form und Stellung des Gegensatzes diesem Zwecke dienen.

Wenn man nun fragt, welche Bedeutung die angenehme Sinnlichkeit für die Erreichung des Kunstzweckes habe und wir uns zu dem Behufe unter den einzelnen Sinnes - und ästhetischen Gefühlen umsehen, so springt ein gewichtiger Unterschied in die Augen. Ein Theil dieser angenehmen und wohlgefälligen Gefühlseindrücke, die Licht- und Ton-Empfindungen und die ästhetischen Vorstellungen des Rhythmus, der Harmonie, des Gleichgewichts und Ebenmasses, bildet, wie wir im Eingange sahen, die Form, das äussere Mittel der Darstellung, während Geschmack, Geruch, Tastsinn, Sexualität u. A. hierzu nicht verwerthbar sind. Worin liegt das? Stellte sich etwa die Realität der Dinge weniger in Letzterm und mehr in Ersterm dar? Wären diejenigen dinglichen Eigenschaften, welche wir riechen und schmecken, den Dingen weniger wesentlich als diejenigen, welche wir sehen und hören? Gerade umgekehrt liegt die Sache. Der Geschmack des Zuckers kommt nur dem Zucker, der Geruch der Rose nur dieser zu. Anderes kann ähnlich, aber nie ebenso riechen oder schmecken, während Farbe, Klang, Gestalt sehr allgemeine, vielen Dingen zukommende Eigenschaften sind. Die sog. subjektiven Sinne geben viel eigenthümlichere Merkmale der Dinge als die objektiven, aber eben darum bleiben jene beim einzelnen Dinge stehen, sind auf das Vereinzelte beschränkt, während diese, die, weil sie vielen zukommen, sich beliebig nachmachen lassen, eben dadurch sich zum allgemeinen Ausdrucke des allgemeinen Realen erheben lassen. Man kann, wenn man einen juristischen Ausdruck entlehnen will, die letzten, vertretbare, fungible Empfindungen, nennen, im Gegensatze zu ersteren, welche speciell bleiben.

Dieser Unterschied zwischen Vertretbarkeit und Specialität unserer Empfindungen, welcher für den Menschen, wie er einmal physisch beschaffen ist, einen organischen Unterschied bildet, bedingt zugleich die Möglichkeit einer Kunstform. Dasjenige Sinnliche, welches im obigen Sinne vertretbar ist, ist dadurch befähigt, Darstellungsmittel, Kunstmittel zu werden, während alles Uebrige formell gar nicht und materiell nur in der Form von, durch die Phantasie reproducirten Gefühlen als Staffage, d. h. als nebensächliche, illustrirende Zuthat in die Kunst eingehen kann.

Dieser Umstand, dass die Kunst sich als ihres Darstellungsmittels nur der vertretbaren Gefühle bedienen kann, ist auch aus einem anderen Grunde für das Wesen der Kunst hoch bedeutsam. Jene anderen speciellen Gefühle, des Geruchs, Geschmacks, des Sexus u. s. w. sind ungleich lebhafter, berühren die Seele ungleich tiefer als die vertretbaren des Gesichts, Gehörs und der Form. Nehmen wir an, jene Sinne liessen sich ebenfalls als Darstellungsmittel verwerthen, so würden die Kunstdarstellungen dadurch eben so sinnlich afficirend auf uns wirken, als es die Gegenstände der Wirklichkeit thun, während so die Darstellung in den kühleren, keuscheren Empfindungen des Gesichts, Gehörs und der ästhetischen Formen, der Kunst schon von Hause aus, einen minder gegenständlichen, affektfreieren Charakter giebt. Die Kunstdarstellung ist somit eine Reproduktion, welche die Dinge zwar in voller Leiblichkeit und in ganz concreter Sinnlichkeit wiedergiebt, ihnen aber doch zuvor die gröberen Sinnlichkeiten abstreift, indem sie alles auf die kälteren theoretischen Sinne zurückbezieht.

Es fragt sich nun, wie es geschieht, dass das vertretbare Sinnliche zum Mittel künstlerischer Darstellung erhoben wird, und es zeigt sich, dass dazu ein Können und ein Wissen erforderlich wird.

53. Die Kunst als Können. Kunsthandwerk.

Das Reale wird uns in der Natur vermittelt durch unsere Gefühle. Dasselbe zeigt sich abgestuft einerseits subjektiv in der Scala unserer Gefühle als der sinnlichen, ästhetischen, intellektuellen und moralischen Gefühle, andererseits objektiv in den Stufen der Realität als Materie, Form, Kausal-Nexus und objektiver Wille. Da alles Reale in der Natur sich objektiv in Materie und Form, subjektiv in Sinnlichkeit und Aesthesis darstellt, so kann es auch die Kunst nur auf diesen subjektiven und objektiven Stufen erfassen. Wir sahen aber schon, wie und aus welchen Gründen sie bei der Auswahl ihrer Darstellungsmittel auf eine kleinere Zahl sinnlicher und ästhetischer Gefühle, die sog. vertretbaren, beschränkt ist. Die Hauptschwierigkeit der Kunstdarstellung ist offenbar die Handhabung der Darstellungsmittel. Diese, d. h. die zu erregenden sinnlichen und ästhetischen Gefühle, resp. die auf dieselbe abzielende Materie und Form müssen so angeordnet sein, wie in der Natur dem darzustellenden Realen dessen Form und Materie entspricht. Es scheint daher das Wissen von dem Zusammenhange der höheren mit den niederen

Realitätsstufen, d. h. von der Art der Erscheinung des Inhalts in der Form das erste und die geschickte Herstellung der materiellen und ästhetischen Form, behufs der angemessenen Erregung der sinnlichen und ästhetischen Gefühle, erst das zweite Erforderniss zu sein. Allein man überzeugt sich leicht, dass die Sache umgekehrt liegt. Denn wenn es irgend richtig ist, dass das Reale in den von uns behandelten Stufen sich einander über- und untergeordnet findet, und wenn jede dieser Stufen zu den höher stehenden im Verhältniss der Form zum Inhalt steht, so scheint es natürlich zu sein, dass man zuerst die Formen haben, über sie verfügen können muss, ehe man diesen Formen einen Inhalt geben kann. Zumal die ästhetischen Formen des Flusses der Linien und Flächen, des Rhythmus, Harmonie, Verhältniss, Gliederung u. s. w., welche der einfachen sinnlichen Materie (Farben- und Tonempfindung) gegenüber ihrerseits den Inhalt bilden, erscheinen so als etwas Selbstständiges, Substanzielles, als ein strenges, herrschendes, schwer zu bewältigendes Formgesetz, welches der todten spröden Materie mühsam abgerungen werden muss. Ja diese Formen scheinen sich nicht nur zu voller Selbständigkeit, sondern sogar über den Inhalt zu erheben, so dass dieser ihnen gegenüber zum Accidenz herabzusinken scheint. Diesem ziemlich verführerischen Schein folgt z. B. die Anschauung Hogarth's, wenn er von der Schönheitslinie als einem für sich bestehenden substantiellen Formgesetze spricht oder, wenn man sich, wie auch wohl geschehen ist, im Marmorblock die künftige Bildsäule durch die Adern des Gesteins präformirt denkt. Natürlich geht dieser Schein, welcher die Wurzel des Formalismus bildet, zu weit, man darf nur an die Arabeske denken, um zu wissen, wie es mit der substanziellen Selbständigkeit der Form aussieht. Die Form ist selbständig, ist Inhalt der sinnlichen Materie gegenüber, allem höheren Realen gegenüber bleibt sie dienend, bleibt sie Form.

Gleichwohl darf man die Bedeutung der Form, dieser Beherrscherin der Materie nicht unterschätzen. Sie ist der unmittelbare und freie Ausdruck des Realen und von demselben gar nicht zu trennen. Das Reale ist eben dieses Reale nur dadurch, dass es in eben dieser Form erscheint; und es führt kein anderer Weg zum Realen (von dem sehr unvollkommenen und lückenhaften der Erkenntniss abgesehen) als durch die Form. Darum ist es so sehr richtig, wenn die Sprachen aller Kunstvölker die Kunst als ein Können, als eine mühsam erlernte Meisterschaft, eine Gewalt über die Materie, als ein Gestaltungsvermögen bezeichnen. Die Kunst ist dieses zuerst und in dem Grade, dass ohne dasselbe keine Kunst denkbar ist, aus diesem Können aber fast mit Sicherheit auch die volle künstlerische Leistung fliesst; das heisst, wofern die erforderliche künstlerische Begabung vorhanden ist, ohne welche wiederum alle Technik zur armseligen Manier herabsinkt. Darum sind auch zu allen Zeiten die einsichtsvollsten Kunstkenner der Meinung gewesen, dass für die meisten Künste die handwerksmässige Erlernung und Uebung der Formentechnik das Erste und Wichtigste in dem Bildungsgange des Künstlers, und dass für die Kunst schlecht gesorgt sei, wenn diese erst einen nachträglichen Anhang an die theoretische Bildung ausmacht. Diese principale Wichtigkeit der Form erhält im Folgenden noch seine speciellere Ausführung und Bestätigung.

Die Kunstform unterscheidet sich in Arten nach den Sinnen, auf die sie zu wirken hat, subjektiv genommen, oder um objektiv zu reden, je nach den realen Eigenschaften des Gegenstandes, welche sie aufnimmt. Das Auge nimmt die Farbe, den Lauf der Umrisslinien, die Anordnung der Oberfläche mit ihrer Gliederung und ihren Verhältnissen, das Ohr Töne in ihrer numerischen und rhythmischen Aufeinanderfolge und ihrer harmonischen Verbindung auf. Das Auge sieht also die oberflächliche äusserliche Form, welche sich das Reale in der Materie gegeben hat, das Ohr hört Aeusserungen des Realen, durch welche sich innere Hergänge kund geben; das Auge sieht den Ausdruck desselben im räumlichen Nebeneinander, das Ohr hört ihn im zeitlichen Nacheinander. Dies begründet die bekannte Eintheilung in bildende und redende Künste. Erstere, die Künste des Auges zerfallen nach den Darstellungsmitteln nämlich: der vollen körperlichen Form, der auf eine Fläche projicirten körperlichen Form und der Darstellung eines Zwecks in seinem Mittel in Sculptur, Malerei und Architektur, letztere die Künste des Ohres nach Ton und Wort in Musik und Poesie. Tanz und Mimik sind combinirte Künste, die von den bildenden Künsten das plastische und von den redenden das rhythmische Moment entlehnen. Deshalb, weil es nicht reine Gattungen sind, sind es auch nicht selbständige, sondern dienende Hülfsmittel der Musik und Poesie.

Wenn man erwägt, dass es dasselbe Reale ist, welches in körperlicher oder projicirter Form, in Ton oder Rede erscheint, so muss man staunen über die grosse Verschiedenheit, welche sich in den Wirkungen der einzelnen Künste äussert. Diese Verschiedenheit kann ihren Grund natürlich nicht in dem Realen selbst, sondern nur in dem einmal gewählten Darstellungsmitteln haben; und zwar liegt der Grund dieser Verschiedenheit einmal in den physischen Bedingungen der Materie und sodann in den organischen Verhältnissen des Realen zu diesen materiellen Bedingungen. Die physischen Bedingungen der Materie bestehen in den physikalischen Gesetzen der Schwere und Dichtigkeit der Körper nebst den daraus folgenden statischen und mechanischen Beziehungen, den mathematischen Verhältnissen der Perspektive und Projektion, den optischen von Licht und Schatten, Farben und Farbenverhältnissen, endlich den akustischen Gesetzen der Töne nebst ihren Intervallen und Akkorden, und den numerischen, rhythmischen und prosodischen Lautverhältnissen. Wie wir sehen, hat jede Kunstgattung ihren besonderen Complex physischer Bedingungen und wir nennen die besondere Art der Sinnlichkeit, in welche die einzelne Kunst wirkt, einschliesslich dieser ihrer besonderen physischen Bedingungen das Material dieser besonderen Kunst. Die organischen Verhältnisse des Realen zum Material bestehen darin, dass jede besondere Art der Sinnlichkeit immer nur eine bestimmte Seite des Realen auffasst, während das Uebrige nicht darin eingeht. Gleichwohl will und soll jede Kunst das ganze Reale darstellen, sie würde aufhören Kunst zu heissen, wenn sie dies nicht vermöchte. Sie vermag dies aber dadurch, dass alle verschiedenen Seiten des Realen zusammen eine organische Einheit bilden dergestalt, dass in jeder einzelnen alle Uebrigen sich gleichsam reflektirt abspiegeln. Z. B. alle bildende Kunst vermag nur die äussere Gestalt des Objekts zu geben, aber sie muss es auch verstehen und versteht es in Blick, Miene und Haltung die Gemüthsstimmung und Gemüthsart und dergl. wiederzugeben. Die Musik hingegen verfügt nur über die Formen von seelischen Stimmungen und doch weiss sie uns auch Gestalten vorzuzaubern. Die Plastik und die Cartonmalerei wissen von keiner Farbe und doch zweifeln wir nicht, dass ein Meister derselben im Stande sei, uns den Typus des Brunetten oder Blonden erkennen zu lassen. Diese organischen Verhältnisse des Realen zum Material bewegen sich natürlich in den feinsten Minimaldimensionen und ihre richtige Erfassung und Nachbildung fordern die sorgfältigste Uebung, die strengste Zucht der Schule und selbst noch auf der Stufe vollendeter Meisterschaft, die liebevollste Mühwaltung. Denn:

„Vor das Vortreffliche setzten den Schweiss die unsterblichen Götter."

Zu diesen beiden Momenten, dem Material und den organischen Verhältnissen, welche zusammen das Wesen der einzelnen Kunstgattung, Plastik, Musik, Poesie u. s. w. ausmachen, muss noch ein Drittes hinzukommen, um eine bestimmte Kunstform hervorzubringen. Dies ist die traditionelle Darstellungsform, d. h. diejenige Form, in welcher das Publikum die Darstellung sofort als solche zu erkennen vermag. Wir haben schon im 37. Kapitel darauf hingewiesen, einen wie grossen Raum hier die Ueberlieferung einnimmt. Keine einzige der vielen Kunstformen,

die wir haben, als Drama, Epos, Novelle, Symphonie, Oratorium, Landschaft u. s. w. ist jemals die Erfindung eines einzelnen Geistes oder zu
irgend einer Zeit etwas Abgeschlossenes, Fertiges gewesen. Nirgends
ist der Hergang der gewesen, dass zuerst theoretisch eine Form erdacht
wird, nach welcher dann die Künstler arbeiten, sondern nach und nach
aus Elementen, welche sie in der Uebung des Volkes vorgefunden haben,
bildet die Reihe der aufeinanderfolgenden Künstler die Kunstform heraus. Wer würde z. B. im Stande sein, wenn er von allen Momenten der
Ueberlieferung absieht, die Kunstform des Drama's aus dem Begriffe der
handelnden Darstellung zu construiren? Lassen sich nicht noch andere
Formen der Darstellung denken, als Rede und Gegenrede? Weshalb die
Entwickelung des Knotens zur Katastrophe? Weil wir uns gewöhnt
haben eine Steigerung zu verlangen. Weshalb fünf Akte? Weil wir über-
eingekommen sind, daran genug zu haben, die Alten hatten ganz andere
Masse und die mittelalterlichen Mysterien auch. Wie kommen wir zu
dem ganz lauten Beiseitesprechen, doch nur dadurch, dass wir es als
die Art, verschwiegene Gedanken auszudrücken, überliefert erhalten
haben. Es könnte einer lange klügeln, bis er aus dem Begriffe einer
antithetischen Lyrik die gegebene Form des Sonnets herausbrächte; und
ebenso wenig vermöchte Jemand a priori zu deduciren, dass bei einem
Gemälde der Haupthergang sich gerade an der Stelle befinden müsse,
welche wir den Vordergrund nennen und an der wir gewöhnt sind, ihn
zu suchen.

54. Die Kunst als Wissen.

So haben wir die Kunst, die specielle Kunst betrachtet als das, was
sie vorzüglich ist, als ein Können, das handwerksmässige Erlernung die
strenge Fessel und Zucht der Schule erfordert. Der Künstler muss sich
zu eigen machen die physischen Bedingungen seines Kunstmaterials, er
muss geübt sein, die feinen Züge nachzuahmen, in denen der reale Inhalt
sich in der gegebenen sinnlichen Form wiederspiegelt und er muss
endlich im Stande sein, alles dies in der überlieferten Form der speciellen
Kunstform anzuwenden. In alledem erscheint die Kunst gebunden und
unfrei. Aber diese Unfreiheit ist die Bedingung ihrer Freiheit. Niemand
ist frei, der sich nicht selbst beschränkt. Erst durch die mühsam er-
rungene Herrschaft über das Material, über die organischen Verhältnisse
und über die Kunstform erlangt der Künstler das volle Vermögen der

Form dergestalt, dass die Hand ausführt, was das Auge schaut und was der Geist erdenkt. Diese technische, schulmässige Ausbildung des Gestaltungsvermögens ist erst die Vorbedingung und das Fundament des künstlerischen Wissens und Schauens. Wenn wir auch annehmen müssen, dass zuvor schon ein gewisses Mass von Naturkenntniss, sowie es auch jedem Laien im Naturgenuss innewohnt, vorhanden war, so erhebt diese laienhafte, oberflächliche Kenntniss sich erst durch die künstlerische Uebung und Erfahrung zu einem wirklichen Wissen, einer Kennerschaft der Natur. Es ist nicht bloss der Geist und das Auge, welche die Hand des Künstlers leiten, sondern die geschulte Hand belehrt Auge und Geist, dass sie mehr und tiefer schauen als Andere. Das Auge sieht nun in den Formen, welche der Hand geläufig sind, und die Hand ist fähig dem Auge überall hin zu folgen. Erst so erhebt sich die Kunst zum freien Schauen und Wissen des Realen. Sie weiss, wie das Reale sich gestaltet, weil sie selbst gelernt hat, zu gestalten. Alles Genie und alles Wissen ist ohne diese praktische Schulung nichts werth und es ist so wenig wahr, dass Raphael ohne Arme geboren, der grösste Maler gewesen wäre, dass er vielmehr, wie Carrière trefflich bemerkt, gar kein Maler geworden wäre, seine Fähigkeiten vielmehr eine ganz andere Richtung eingeschlagen hätten.

Das, was wir über die Bedeutung der Formentechnik sagen, wird für die Plastik, Malerei, Baukunst, Musik, Tanz, Mimik schwerlich in Zweifel gezogen werden. Nur für die Poesie scheint eine Ausnahme zu bestehen. Beim Dichter scheint es nur auf's Genie anzukommen und die Schule scheint keine grössere und speciellere zu sein, als die jedes Gebildeten. Aber man lasse sich hier nicht verführen durch die ideelle Art des Organs, die Phantasie, die sich jeder schulmässigen Uebung zu entziehen scheint und die Allgemeinheit des Materials der Sprache, die jedem Gebildeten wenigstens gleich geläufig sein muss. Dennoch wird Niemand zweifeln, dass die Phantasie des Dichters weit beweglicher und seine Gewalt über die Sprache weit grösser sein muss, als die jedes anderen Menschen; und alles beides vermag auch er nur durch gründliche Schule zu erreichen, und erst, wenn er dies erreicht hat, ist er, vorausgesetzt, dass er ein Genie ist, der gottgeweihte Seher, der in die Herzen schaut und die Herzen bewegt. Nicht in ihren Erstlingsproduktionen haben ein Shakespeare, Göthe, Schiller sich als das gezeigt, was sie wurden. Diese Erstlinge ihrer Musen waren rauh, eckig, ungeschliffene Diamanten, die kaum ahnen liessen, dass sie die Vorläufer grösserer Leistungen waren. Erst die Uebung musste auch hier den Meister machen. Nur darin unterscheidet sich in diesem Bezuge die

Poesie von ihren Schwestern, dass in letzteren der Jünger bei einem
Meister in die Lehre gehen, der angehende Dichter aber sich selbst in
Zucht und Schule nehmen muss.

So schwingt sich das Kunsthandwerk, gebunden wie es scheint, an
materielle, organische und traditionelle Bedingungen, Verhältnisse und
Formen, auf zum freien Wissen und Schauen des Realen, es ist gereift
zum freien Schaffen. Es ist wahrhaft frei, es kann, ein schwacher Abglanz göttlicher Freiheit schaffen, was es will, natürlich mit dieser einen
Einschränkung, dass es den Bedingungen seiner Freiheit eingedenk
bleiben muss, dass es der Bildung, welche ihm die Freiheit gab, nicht
vergessen darf. Es beherrscht jetzt die Form, an die es gebunden ist,
aber nur dadurch, dass es an diese Form gebunden bleibt. So durchdringt sich beides, Wissen und Können, die Freiheit ist gebunden, die
Gebundenheit frei.

55. Styl. Illusion. Ideal.

Dasjenige, worin sich diese Freiheit und diese Gebundenheit der
Kunst am innigsten durchdringen, worin ihr gegenseitiges Durchdrungensein gleichsam körperlich greifbar erscheint, ist der Styl. Die Kunstübung ist gebunden an die Bedingungen des Materials, gebunden an die
organischen Verhältnisse des Realen, gebunden endlich an die über-
lieferte Kunstform. Dadurch aber, dass sie alle diese Bedingungen zu
bemeistern erlernt hat, gelangt sie zu der Freiheit, die individuelle
Eigenart des Künstlers in der Art und Weise, wie er das Reale und sein
Gesetz schaut und erfasst, in besonderen eigenartigen Zügen im Kunstwerk auszuprägen. Nun ist aber der Mensch in dem, was und wie er
ist, am wenigsten frei und seine innerste Individualität bleibt seinem
willkürlichen Einflusse ganz entzogen. Jeder Mensch ist seinem innersten
Wesen nach zunächst bedingt und bestimmt durch die allgemeinen
geistigen Einflüsse seiner Zeit, seines Landes, Volkes, Stammes und
Standes; er ist ferner individuell bedingt durch seine Lebensschicksale,
Stellung, Bildungsgang und dergl., sowie endlich (wobei das quantitative
Verhältniss controvers bleibt) durch eine gewisse angeborene Eigenthümlichkeit. Mit dem Künstler steht es darin nicht anders, als mit dem
gewöhnlichen Menschen, und wenn er sich darin recht frei zeigt, dass
er im künstlerischen Schaffen seine ganze individuelle Eigenart auszudrücken vermag, so zeigt er sich doch gerade in dieser erst recht ge-

bunden an die eben erwähnten allgemeineren und besonderen Bedingungen seines Daseins. So ist das höchste Mass künstlerischer Freiheit zugleich das höchste Mass künstlerischer Gebundenheit; und Freiheit und Gebundenheit durchdringen sich im Styl am innigsten dergestalt, dass der Künstler gar nicht anders kann, als in dieser seiner Art schaffen, so dass der Kenner sein Werk am Styl erkennt, wie der Schriftverständige die Hand an ihren Zügen.

Dadurch erhält nun zugleich das Kunstwerk sein eigenthümliches künstlerisches Gepräge, dass es sich der strengen Regel und Uebung unterworfen, ein Produkt mühsamer, wunderbarer Kunstfertigkeit, bedingt durch den Geist der Zeit, des Volkes, des Landes, sowie durch den individuellen Lebens- und Bildungsgang des Künstlers und doch gleichzeitig so in sich frei, so aus sich selbst gleichsam spielend entsprungen zeigt, mit nichts vergleichbar, als dem organischen Leben, welches der formgebenden Norm der Gattung folgend, doch frei hervorwächst.

Und in dieser gegenseitigen Durchdringung von Freiheit und Gebundenheit liegt zugleich das Besondere der Kunstillusion. Das Naturschöne war als Symbol eine Täuschung und zwar wurden wir über die Wirklichkeit mit der Wahrheit getäuscht. Dies ist die Grundlage der Kunstillusion, nur dass diese eine noch viel weiter gehende Täuschung ist, nämlich zugleich eine Täuschung über die Gebundenheit durch die Freiheit. Wir glauben nämlich eine schöne Wirklichkeit vor uns zu haben, eine Wirklichkeit, die zugleich das, was im Naturgenuss die durch das Symbol repräsentirte Wahrheit ist, in sich schliesst. Aber die scheinbar so schöne Wirklichkeit ist nicht einmal Wirklichkeit, es ist eine Attrappe, eine ganz handgreifliche grobe Täuschung. Ja noch mehr, wir glauben frei zu erleben, was der Künstler frei schuf. In der Wirklichkeit erleben wir, was wir erleben müssen, die Dinge drängen sich uns gegen unsern Willen auf, in der Kunst erleben wir, was wir wollen, d. h. wir sehen dem Werk von Hause aus an, wohin es zielt und dieses Ziel machen wir zu unserem Wunsch. So sind wir getäuscht aller Orten, getäuscht darin, dass wir eine Wirklichkeit zu erleben glaubten, wo doch nur ein Schein derselben vorhanden ist, getäuscht darin, dass wir glauben, frei zu erleben, wo wir doch an ein Werk der Gebundenheit gebunden sind. Und doch trotz dieser doppelten Täuschung giebt uns die Kunstillusion, wie die Naturillusion in der Täuschung die Wahrheit. Dieselbe Gebundenheit an die Schranken der traditionellen Kunst- und der individuellen Stylform, welche dem Künstler die Freiheit des schauenden Schaffens verleiht, giebt uns die Freiheit des schauenden Geniessens, indem sie uns durch die Täuschung der Illusion über die

12 *

beengende Wirklichkeit hinaus in den lichten Aether emporhebt, in welchem unser Blick frei und von den Nebeln der Alltäglichkeit und unseren Interessen unbeirrt, die Dinge ihrem Wesen nach, das Reale in seiner wahren Gestalt erkennen darf.

Und insofern, aber auch nur insofern ist und giebt die Kunst Ideale. Es sind Ideale, nicht weil sie etwas anderes sind als Dinge in der wirklichen Welt oder weil sie anderen Gesetzen von Ursache und Wirkung folgten, sondern weil in dieser alltäglichen Wirklichkeit unser Auge verschlossen ist und das wahrhaft Reale nicht in seiner wahren Gestalt, in seiner symbolischen Schönheit zu schauen vermag. Es sind Ideale nicht der realen Dinge, sondern unseres beschränkten, gefärbten, entstellten, zerstreuten und allenthalben gehinderten Naturschauens. Es sind Ideale, indem sie uns die Dinge in ihrer reinen Gestalt, d. h. dem deutlichen durch wechselseitigen Causalnexus nicht getrübten und verwirrten Ausdruck ihres inneren Wesens zeigen; Ideale, indem sie uns das Einzelne, Concrete, in seinem unserer Theorie unfindbaren Zusammenhange mit dem objektiven Weltgesetz zeigen, Ideale endlich, indem sie uns an den Dingen erleben lassen, was unser Gefühl erleben will, und was es an den wirklichen Dingen wegen der Schranken von Raum und Zeit nur selten erleben kann. —

Kant sagt einmal, dass wir im Stande sein würden, das Ding an sich zu erkennen, wenn wir statt eines Discursiven einen intuitiven Verstand besässen. Der Begründer der Subjektivitätsphilosophie hielt dies für den stärksten Ausdruck der Unmöglichkeit realer Erkenntniss. Aber er irrt. Die contemplative Weltbeschauung, der ideale Blick des schaffenden Künstlers ist eine Art solchen intuitiven Verstehens.

———

Wir haben uns hiermit das Wesen der Kunst, sowie es sich von unserem empirisch-realistischen Standpunkte als traditionell-freie Ausgestaltung des Realen darstellte, in flüchtigen groben Umrissen zu umschreiben bemüht. Wir haben dabei, wenn uns die natürliche Voreingenommenheit des Verfassers für seine Arbeit nicht zu sehr täuscht, unsere auf der Grundlage der Erfahrung vom Schönen in Natur und Kunst erbaute Theorie mit den wichtigsten Thatsachen dieser Erfahrung überall im Einklange und durch dieselben bestätigt gefunden. Es bleibt uns nun noch die letzte entscheidende Prüfung dieser Theorie, nämlich die Vergleichung und Auseinandersetzung derselben mit den Regeln der Kunst und der Freiheit des Künstlers.

———
.

Dritter Haupt-Abschnitt.

Die Kunst als Freiheit in der Norm und als Norm in der Freiheit.

.

Neuntes Buch.

Ueber die Herleitung und Begründung der Kunstregel.

56. Herleitung der Kunstregel aus dem Kunstgebrauch und Kunsturtheil.

Ehe wir daran gehen, uns schliesslich mit dem letzten, aber schwierigsten Problem auseinanderzusetzen, müssen wir einen Augenblick zurückkehren auf denjenigen Punkt, von welchem diese ganze Untersuchung anhob. Wir fanden in den einleitenden Kapiteln, dass die Kunst ihrem ganzen Wesen nach gravitirt zwischen den beiden Polen der Regel und der Freiheit, die einander zu bestreiten scheinen und, von denen sie doch keinen fahren lassen kann. Um diesen Gegensatz der Regel und Freiheit fanden wir alle Welt, die mit der Kunst zu thun hat, in Parteien gruppirt, das gebildete Laienpublikum, die ausübenden Künstler, die praktischen Kunstkenner und die Philosophen. Als wir uns nach dem Begriffe der Regel umsahen, ergab sich, dass derselbe zwei verschiedene Dinge umfasse, Gesetze, die auf das Wesen der Dinge gegründet sind und Regeln, welche aus der Autorität und Tradition hergeleitet werden. Im Allgemeinen von grösserem Gewicht erschienen uns die Gesetze des Wesens, während die Regeln der Autorität sowohl ihrer Gattung nach unsicher, als auch in ihren Folgen sich bedenklich zeigen. Trotz dieser Bedenken gegen die Autorität sahen wir doch im Kreise menschlicher Geistesthätigkeiten manche, bei denen, wie bei Sprache, Sitte, Recht, die Autorität überwiegende, wo nicht ausschliessliche Geltung in Anspruch nehmen darf. Dieser letztere Fall liegt bei der Kunst auch vor, da, wie wir sahen, die Thatsachen der Kunst wegen des Genies der Künstler und des tausendfachen Beifalls des Publikums eine weit höhere Bedeutung haben, als irgend welche anderen Thatsachen, und da die Kunst, wie wir gleichfalls erörtert haben, ihrem

Wesen nach Tradition ist. Andererseits tritt die Begründung der Gesetze aus dem Wesen für die Kunst umsomehr zurück, als das Wesen der Kunst streng wissenschaftlich, d. h. metaphysisch nicht ergründet werden kann, während der Kunstgebrauch und das Kunsturtheil eine völlig sichere Erkenntnissquelle darbieten. Was Regel der Kunst sei, ist viel weniger zweifelhaft, als was ihr Wesen sei. Die Schwierigkeiten der Lösung letzterer Frage auf metaphysischem Wege haben wir erörtert. Wir haben den Versuch gemacht, uns diesem Probleme auf induktivem Wege zu nähern und müssen dahin gestellt lassen, bis zu welchem Grade uns dies gelungen ist. Aber wir täuschen uns darin nicht, dass wir im günstigsten Falle nur einen höheren oder geringeren Grad von Wahrscheinlichkeit, aber keine philosophische Gewissheit erlangt haben. Aber auch dies geschah nicht in Kraft eines a priori und in sich evidenten Princips, sondern gleichfalls a posteriori, d. h. dadurch, dass wir uns auf den allgemeinen Begriff der Kunst, den allgemeinen, von Künstlern befolgten Gebrauch und die allgemeinen Erfahrungen des ästhetischen Urtheils besannen. Das Motiv unserer Wahrscheinlichkeit lag immer nur darin, dass das echte Kunstwerk dem Wesen des Schönen, dem Wesen der Kunst entsprossen sein und das Kunsturtheil eben darauf beruhen müsse. Bei diesem Stande der Dinge und da es eine evidente Kunsttheorie nicht giebt, eine solche vielmehr ebenfalls nur auf empirischem Wege mit annähernder Wahrscheinlichkeit und hypothetischer Gewissheit erschlossen werden kann, müssen wir bekennen, dass es nur eine •zuverlässige Erkenntnissquelle für die Kunstregel giebt und das ist die Ableitung aus den Werken grosser Künstler und den allgemein anerkannten Erfahrungen des ästhetischen Urtheils.

An eine anderweite Begründung und Fundamentirung der Kunstregel vermögen wir nicht zu glauben. Allzu sehr erweist sich doch auch ihrem Wesen nach die Kunst als Sache der Tradition und die Kunstgeschichte zeigt nirgend, dass neue Bahnen durch die Kunstphilosophie gebrochen seien. Im Gegentheil hatte sie immer weit mehr die Aufgabe, die Gesetze der Kunst zu registriren, als sie zu erfinden. Wir wüssten dies nicht besser zu belegen, als durch folgendes Citat, Dr. Th. Stracter, in seinen „Studien zur Geschichte der Aesthetik I, die Idee des Schönen in der Platonischen Philosophie", Bonn 1861, S. 25, sagt:

„Es ist eine bemerkenswerthe Thatsache, dass die Theorie der „Kunst sich bei den Griechen erst so spät entwickelt hat und im Ver-„hältniss zu dem Reichthum der produktiven Kunstthätigkeit selbst über-„haupt dürftig geblieben ist. Die jonischen Heldenlieder Homer's und „der Homeriden waren seit mehr als einem Jahrhundert schon einheitlich

„redigirt, die dorische und äolische Lyrik hatte längst ihre schönsten
„Blüthen getrieben, das Zeitalter des Perikles war vorüber, und Jahr-
„zehnte schon hatte das Parthenon mit seinen Säulen und Bildwerken
„die Athener durch seine klassische Schönheit erfreut, ehe ein Philosoph
„die Frage überhaupt nur aufwarf, was denn eigentlich „„das Schöne
„an sich"" sei; und über ein halbes Jahrhundert hatten die Griechen
„bereits die dramatischen Dichtungen eines Aeschylus, Sophokles, Euri-
„pides bewundert, ehe einem Aristoteles seine schweren Gedanken über
„die Tragödie aufgingen." — Aehnliche Betrachtungen könnte man
zweifelsohne für jede andere Zeit und Nation, beziehentlich für jede
umfassendere Kunstentwickelung aufstellen.   Die Ilias bildete noch das
allein mustergültige Schema für die Schilderung von Schlachten, in denen
längst der homerische Einzelkampf den Massenwirkungen geschlossener
Fuss- und Reiterabtheilungen Platz gemacht hatte; und das griechische
Drama mit seinen strengen Einheiten, seiner herrschenden Schicksals-
idee gab noch in der classischen Literaturperiode Frankreich's die pein-
lich befolgte Form, welche ihrem modernen Inhalt längst nicht mehr
entsprach.   In beiden Fällen war es nicht sowohl die Wirkung einer
erleuchtetern Kritik und am allerwenigsten einer aprioristischen Kunstphilosophie, welche zu zeitgemässeren Kunstformen führte, sondern die
Meisterwerke eines Tasso, Dante und Shakespeare und Anderer. Derartige Beispiele lassen sich noch mehrere anführen und manches Ein-
schlägige ist früher bereits von uns beigebracht, woraus sich die hohe
Bedeutung der Autorität für die Kunst ergiebt.   Gleichwohl ist es nicht ·
zweifelhaft, dass die Autorität allein nicht genügt, dass sie namentlich
nicht genügend ist, die lebendige Fortentwickelung der Kunst, sowie die
Freiheit des Künstlers und des Geschmacks zu erklären.

57. Die ästhetische Reflexion.

Denn man muss sich fragen, wenn alle Kunstregel nur aus dem
Verfahren der Künstler mit Sicherheit abgeleitet und erkannt werden
kann, und es allein der Künstler ist, welcher die Regel begründet, erweitert, reformirt, wo bleibt denn die Regel, das Gesetz, welchem auch
der Künstler wie die Kunst unterworfen ist? Steht denn die Sache nicht
vielmehr so, dass die Kunst eine Art von Kirchentradition oder Rechts-
gebrauch ist, welcher sich in den Kunstschulen bildet, wie die eine auf
den Synoden und Curien oder die andere in den Gerichtshöfen und Hör-

sälen? Dem ist doch entgegenzuhalten, dass die Regel in diesem Sinne nur die Erscheinung eines präsumtiven Gesetzes bildet und dass sie ihre Autorität nicht bloss dem Gebrauch und der Ueberlieferung, sondern der dringenden Vermuthung verdankt, dass der wahre Künstler, welcher so die Herzen zu rühren versteht, an der Quelle selbst geschöpft, das Wesen aller Kunst und aller Schönheit selbst geschaut und daher in der von ihm gewählten Form auch den adäquaten Ausdruck dieses Wesens gefunden haben müsse. Der Autorität des Meisters steht immer die Approbation des ästhetischen Urtheils durch das Publikum zur Seite oder besser als ergänzendes Correlat gegenüber. Dieses ästhetische Urtheil bildet sich zwar erst an den Kunstwerken, aber es billigt dieselben zugleich und ertheilt ihnen die Bestätigung ihres Werths. Es wird nicht durch das Kunstwerk erzeugt, sondern potenziell und unentwickelt vorhanden, wird es durch Kunstgenuss geweckt und gebildet. So angesehen ist das Verhältniss zwischen Kunstgebrauch und ästhetischen Geschmack ein Aehnliches, wie das zwischen dem Wesen der Dinge, dem Realen und der Fähigkeit zur contemplativen Naturbeschauung. Was die eine objektiv, ist das andere subjektiv. Auf der Subjektivirung des Realen in beschaulichem Naturgenusse beruhen beide, der Kunstgebrauch und der Kunstgeschmack, aber der erstere hat aus dieser Quelle in näherer Weise und früher geschöpft, während der letztere sich erst daran bildet und entwickelt, dass er jenen Gebrauch mit der Natur in Uebereinstimmung findet. Wäre nun der Kunstgebrauch nichts weiter als Nachahmung des Ueberlieferten und der Kunstgeschmack nichts weiter als das passive Bejahen des von der Kunst dargebotenen, so wäre offenbar nicht abzusehen, wie die Kunst sollte durch Künstler fortgebildet und wie vom Laien zwischen guter und schlechter Kunstleistung sollte unterschieden werden. Damit beides ermöglicht werde, muss ein drittes hinzukommen, die ästhetische Reflexion, d. h. die auf Gegenstände der Kunst angewandte contemplative Naturanschauung.

58. Die hypothetische Kunsttheorie, zugleich Ableitung und Begründung.

Die Ableitung der Kunstregel aus der Autorität der Meister erwies sich zwar als eine zuverlässige Erkenntnissquelle derselben, allein sie erklärt nicht die Freiheit des Künstlers über die Regel frei schaffend hinauszugehen und sich selbst als Fortbildung der Regel hinzustellen.

Wohl aber bietet sich die Reflexion über Kunst- und Naturschönes als ein Vehikel solchen Fortschritts dar. Das am Kunstgebrauch geschulte und durch dessen Vergleichung mit der Natur bekräftigte ästhetische Urtheil befähigt einerseits den Laien das Werk des Künstlers zu billigen oder zu missbilligen; und es muss folgeweise anderseits auch den Künstler befähigen, ebenso den Kunstgebrauch seiner Vorgänger mit der Natur zu vergleichen und denselben in genialer Freiheit fortzubilden.

Dieses doppelte Verhältniss des ästhetischen Urtheils einerseits zur Kunsttradition anderseits zum contemplativen Naturgenuss gewährt die Möglichkeit durch Sammlung, Vergleichnng und Ordnung der Thatsachen beider und durch Reflexion darüber so, wie wir es oben versucht haben, eine hypothetische empirische Kunsttheorie zu entwickeln, welche auch ohne das Fundament eines metaphysischen Systems dem Wesen des Schönen und dem höchsten Zweck der Kunst sich wenigstens mit einem gewissen Grade von Wahrscheinlichkeit zu nähern, und so weit ihr dies gelänge, auch Gesetze aus dem von ihr, wenn auch nur annähernd, erschlossenen Wesen zu begründen vermöchte. Eine inductive Reflexion, die sich streng auf der Basis der Thatsachen der Kunsttradition und des Naturschönen bewegt, die müsste, wenn es ihr gelänge, sich zur Einheit einer Theorie zusammenzuschliessen, Alles in sich vereinigen, was wir in der Einleitung von einer guten ästhetischen Theorie erfordern zu müssen glaubten, dass sie nämlich die Evidenz wissenschaftlicher Gesetze vereinige mit der Autorität des überlieferten Kunstgebrauchs, dass sie mit theoretischer Nothwendigkeit sich der Ueberzeugung aufdringe und gleichzeitig mit der Autorität der Meister und Kenner zum Gehorsam zwinge. Eine solche Theorie, aber auch nur eine solche würde befugt und im Stande sein, Gesetze des Wesens der Kunst zu begründen. Solche Gesetze würden es sein, die allein, aber auch mit vollem Rechte als Regeln, denen die Kunst und die Künstler unterworfen seien, betrachtet werden müssen. Sie werden sich zu den Autoritätsregeln wie die Seele zum Leibe, wie Wesen zur Erscheinung verhalten. Das heisst, die aus dem Studium der Kunstwerke erkannten Autoritätsregeln werden sich in voller Uebereinstimmung befinden mit den aus der Kunsttheorie deducirten Gesetzen. Eine solche Theorie und solche auf sie gegründeten Gesetze müssen endlich auch die Freiheit des Künstlers und des Kunstgeschmacks mit der Regel versöhnen, da Jeder, der einen Zweck will, auch die noth-wendigen Mittel wollen muss.

Umgekehrt aber wird man auch den legitimen Ursprung und die Richtigkeit einer Theorie daran erkennen, ob sich aus ihr Gesetze ab-leiten lassen, welche den obigen Erfordernissen genügen, das heisst

Gesetze, welche einerseits leicht und ungezwungen aus dem Wesen her-
fliessen und andererseits mit der Autorität der Ueberlieferung umkleidet
sind, Gesetze, welche die scheinbar so feindlichen Pole der Autorität
und der Freiheit in die Einheit der Wesensnothwendigkeit aufheben und
versöhnen.

59. Eintheilung der Kunstregeln.

Wenn wir nun dazu fortschreiten, dieser letzten entscheidenden
Probe unsere Kunsttheorie zu unterwerfen, so haben wir zunächst zu
untersuchen, welcher Art überhaupt Kunstregeln sein können und zu
dem Behufe uns zunächst nach einem Eintheilungsgrunde umzusehen.

Absolut nennen wir eine Regel, wenn sie in ihrem Geltungsgebiete
unbedingt und ohne Ausnahme herrscht, relativ, wenn sie durch Zeit,
Ort und allerlei Nebenumstände bedingt und modificirt wird. Hiervon
verschieden ist der Gegensatz von allgemeiner und besonderer Regel,
welcher sich auf den Umfang des Geltungsgebietes bezieht. Allgemein
ist die Kunstregel, welche für alle Kunst, particulär diejenige, welche
nur für eine Kunstgattung gilt. Die allgemeine Regel ist zugleich auch
absolut. Zwar wird auch aller Kunst zu jeder Zeit ein gewisser tempo-
reller Gesammtcharakter innewohnen. Derselbe wird sich jedoch ohne
Zweifel mehr in gewissen Eigenthümlichkeiten des Styls und der zu
Grunde liegenden Weltanschauung, als in bestimmten Regeln ausprägen.
Dagegen kann die besondere Kunstregel sowohl absolut sein, wenn sie
für die bestimmte Kunstgattung unbedingt und zu aller Zeit gilt, als auch
relativ, wenn die Kunstgattung in sich locale und temporelle Modificationen erleidet.

Was nun die weitere Eintheilung der Kunstregel betrifft, so muss sich
der Eintheilungsgrund aus dem durch die Theorie erschlossenen Wesen
der Kunst ergeben; und in der That bietet sich hier ein solcher mit
Leichtigkeit dar. Die Kunst ist erstlich, ihrem Inhalt nach Darstellung
des Realen, Naturschönen, des den Dingen immanenten Wesens und muss
daher unbedingt den Gesetzen dieses Wesens unterworfen sein. Sie ist
zweitens, ihrem Mittel nach Darstellung in frei gebundener traditioneller
Form fesselnder Täuschung, und muss daher ebenso unbedingt den
Gesetzen der dichtenden und im Kunstgenusse zu fesselnden Phantasie
folgen. Sie ist endlich drittens, Darstellung in der Form angenehmer
Sinnlichkeit und anmuthender Aesthese und muss demzufolge allgemein

und unbedingt dem allgemeinen Formengesetz gehorchen. Ausserdem muss sie in besonderer Weise den Gesetzen und Bedingungen des besonderen Kunstmaterials, d. i. der speciellen Kunstgattung gleichfalls unbedingt folgen; so weit diese letztere indessen — wie es ihr Wesen mit sich bringt, historisch — traditionell ist, verliert die Regel ihre absolute Geltung und wird zur relativen Autoritätsregel, welcher der Künstler in Freiheit gegenübersteht.

Wenn wir es im Folgenden versuchen, diese Grundzüge des Näheren auszuführen, so geschieht es selbstverständlich nicht in der Absicht oder mit dem Anspruche, einen erschöpfenden, vollständigen Kanon ästhetischer Regeln aufzustellen, sondern nur zu dem Zwecke das Vorhandensein von Kunstregeln, absoluter, allgemeiner, besonderer und relativer Geltung darzuthun und gleichzeitig den innern Zusammenhang derselben untereinander sowohl, als auch mit der von uns aufgestellten hypothetischen Kunsttheorie nachzuweisen.

A. Absolute Kunst-Regeln.

a. Absolute, allgemeine Regeln.

Zehntes Buch.

Gesetze des Wesens des Realen.

60. Wahrheit.

Die Kunst ist Darstellung des Realen. Alles, was sie darstellt, muss real sein. Daraus folgt, das erste und oberste Gesetz aller Kunst muss Wahrheit, Naturwahrheit sein. Wohlverstanden, Wahrheit nicht Wirklichkeit. Die Wirklichkeit ist empirisch, individuell, zufällig, die Wahrheit ist aprioristisch, allgemein, nothwendig. Es trägt zum Werthe eines Kunstwerkes nicht das mindeste bei, dass es, wie oft empfehlend bemerkt wird, „eine wahre Geschichte" darstellt. Nicht in diesem Sinne ist Wahrheit das oberste Gesetz der Kunst, sondern in jenem höheren Sinne des wahren Wesens der Dinge. So muss denn das, was die Kunst erschafft, die Züge der Natur an sich tragen, darf nur ihr, als dem ewig unerreichbaren Muster nachgebildet sein. Eine Schönheit, die schöner wäre als die Natur, als Ideal über derselben stünde, gibt es nicht, sie wäre Carrikatur, Pfuscherei. Der Bildhauer und Maler, der Menschen und Thiere darstellt, muss sie anatomisch richtig bilden, der Dichter, Schauspieler, der Handlungen, Gemüthslagen zum Ausdrucke bringt, muss psychologisch wahr zeichnen. Den Gesetzen der Psychologie muss beispielweise auch Musik und Tanz folgen. Auf die Darstellung des Seelen-Innern im Laut und in der Bewegung berechnet, können sie nur einen solchen Gang innehalten, wie er der Seele natürlich ist. Ein Hin- und Herspringen zwischen extremen Stimmungen, wie es das Virtuosenthum zu zeigen liebt, ist psychologisch und musikalisch gleich verfehlt.

Die Wahrheit ist rein, sie bedarf weder eines fremden Beisatzes, noch verträgt sie ihn. Nur die volle, reine, unvermischte Wahrheit ist schön; jede Zuthat verfälscht die Wahrheit und entstellt die Schönheit.

Daher kann nicht genug vor dem Verfolgen von Tendenzen in der Kunst gewarnt werden. In diesem Stücke ist viel gesündigt worden, sowohl im Namen der Politik als auch der Religion und Moral als auch namentlich zur Bekämpfung irgend eines speciellen Uebelstandes. Der Künstler soll keine besondere Idee verfolgen oder zur Geltung bringen, sondern nur die Idee, welche im Gegenstande von selbst liegt. Setzt er sich aber eine bestimmte Idee als Zweck seines Kunstwerks vor, so ist klar, dass er letzteres, das sich selbst Zweck sein sollte, zum Mittel erniedrigt; und mit welchem Erfolge? Es macht wenig Unterschied, ob die Tendenz eine polemische oder apologetische ist. Im ersteren Falle wird sie lauter Schatten-, im letzteren lauter Lichtseiten des darzustellenden Objekts bringen, in beiden Fällen die Wahrheit gleich weit verfehlen. Das führt dann dahin, dass uns eine Menge von Wirklichkeiten gezeigt werden, die alle einmal irgendwo sich begeben haben, die aber in dieser ihrer Zusammenstellung unwahr sind. Wir denken z. B. an die Jesuitenromane Eugene Sue's, Belanis und Anderer. Besonders lehrreich ist es zu sehen, wie die Tendenz den Künstler herabzieht und so zu sagen corrumpirt. Ein kleines lehrreiches Beispiel ist in dieser Hinsicht Frau Nathusius, eine geist- und gemüthvolle Schriftstellerin und geschickte Erzählerin; hätte sie nur ihre Feder nicht dem einzigen Zwecke der Verherrlichung der neulutherischen Orthodoxie gewidmet, alsdann hätten ihre Erzählungen leicht etwas mehr sein können, als was sie jetzt mit ihren ewigen Wiederholungen des Freigemeindlers, des rationalistischen und des „gläubigen" Pfarrers grössentheils geworden sind, und was sie zu nichts Besserem gemacht hat, als zu einem sehr geeigneten Inhalt für „das Volksblatt für Stadt und Land." Ein noch ungleich lehrreicheres und betrübenderes Beispiel bietet uns in dieser Hinsicht Charles Dickens (Boz), den wir nicht Anstand nehmen, für den grössten Novellisten unserer Zeit zu erklären. Die Feinheit seiner Naturbeobachtung und die drastische realistische Ausgestaltung derselben, sind unübertrefflich und erinnern an Shakespeare'sche Kraft. Wie beklagenswerth aber im Interesse der Kunst ist es, dass dieser Mann, der Werke für alle Zeiten zu liefern vermag, wie die Pickwickier, Niklas Nickleby, Barnaby Rudge, Dombey und Sohn u. A., sein Genie verschwendet, um gegen den Kanzleigerichtshof, den englischen Verwaltungsschlendrian, die Manchesterschule und dgl. zu Felde zu ziehen; sein Bleak-House, Little-Dorrit, Harte Zeiten, mögen als Satyren unübertrefflich sein, an künstlerischem Werthe bezeichnen sie gegen die obengenannten älteren Werke und auch gegen solche kleinere, wie „das Heimchen auf dem Heerde", die Weihnachtsgeschichte u. s. w. einen nicht genug zu beklagenden Rückschritt.

Aber, wendet man uns ein, soll der Künstler darauf verzichten, auf's Leben einzuwirken? Sagt nicht Horaz: „ et prodesse volunt et delectare poetae"? Sollen wir die Kriegslyrik eines Tyrtaeus oder Körner, Max von Schenkendorff, Arndt, Rückert verwerfen? Beranger aus der Reihe der Dichter stossen? Nein! wahrlich nein! Der Künstler ist unbedingt frei in der Wahl seines Vorwurfs; und er wird ihn naturgemäss da wählen, wohin ihn das Bedürfniss seiner Zeit weist, darin wird er sich mit als Kind seiner Zeit, und getragen vom Geiste derselben, zeigen. Aber, sobald er sich seinen Vorwurf gewählt hat, muss er sich diesem allein hingeben, darf dieser allein ihm Zweck sein und muss jeder andere Zweck fern bleiben.

Die Naturnachahmung muss frei sein, aber nicht kleinlich und philiströs, sie muss die Natur in ihrem Geist, in ihren wesentlichen Zügen nicht ihren Buchstaben nach auffassen. Wie man im gewöhnlichen Leben lügen kann, ohne eine unwahre Thatsache auszusprechen, so kann auch eine peinliche Nachahmung die Natur ganz verfehlen, während unter Umständen sogar eine Abweichung von dem Buchstaben der Natur geboten sein kann. Der berühmte Torso des Herkules erlaubt sich im Interesse des ästhetischen Effekts in der Darstellung herculischer Stärke eine nicht ganz unerhebliche Abweichung von den anatomischen Verhältnissen der Rücken- und Halsmuskelpartieen und wird dafür gelobt, während ein Deckengemälde der Himmelfahrt, vielleicht von Michel Angelo (?) getadelt wird, weil es in übertriebener Natürlichkeit alle Figuren mit den Füssen dem Beschauer zugekehrt darstellte.

Uebrigens zeigt die Kunst häufig genug auch Wesen, für die es in der Natur keine Vorbilder giebt und die offenbar bloss Gebilde der Phantasie sind; und wir wollen ihr das Recht dazu nicht streitig machen; als Centauren, Amazonen, Tritonen, Syrenen, Greifen, Drachen, Engel und Teufel mit Hörnern, Schweif und Pferdefuss. Steht nun etwa diese Freiheit mit unserer Regel in Widerspruch? Wir glauben nicht. Diese Gegenstände haben allerdings keine Realität in der Natur, aber sie haben eine solche in der Sage und folgeweise auch in der damit genährten Phantasie des schaffenden Künstlers sowohl als auch des Publikums. Es verbanden sich mit denselben und verbinden sich zum Theil noch jetzt deutliche Vorstellungen realer Beziehungen zwischen der geistig sittlichen und der körperlichen Welt. Darum darf der Künstler dieselben benutzen als überlieferten Ausdruck solcher Beziehungen. Anders wäre es freilich, wenn Jemand sich die Freiheit herausnähme, dergleichen willkürlich zu erfinden. Diese Freiheit würden wir ihm bestreiten müssen.

Mit dieser Einschränkung ist diese scheinbare Ausnahme nur geeignet unsere Regel zu bestätigen. Denn wenn die Kunst solche Wesen zeigt, muss sie dieselben dennoch real, natürlich darstellen, d. h. so wie die Natur nach ihren sonst bekannten Gesetzen ein solches Wesen hätte schaffen müssen, wenn sie es geschaffen hätte. Die Kunst muss es so schaffen und alle grösseren Künstler, die dergleichen zeigen, haben es gethan, dass der Beschauer die abentheuerliche Naturform für möglich zu halten gezwungen ist, so muss die Menschenbrust mit dem Pferde- oder Fischleibe, der Löwenkörper mit dem Adlerfittig verwachsen und organisch zusammengefügt sein.

61. Allgemeinheit.

Die Naturwahrheit besteht im Gegensatz zur blossen Wirklichkeit vornemlich in der Allgemeinheit. Was hier gilt und dort nicht, das bloss Wirkliche, Besondere, Zufällige ist nicht Gegenstand der Kunst. Das Kunstwerk soll etwas sein, das für Alle verständlich und für welches Alle empfänglich sind, es wird damit zugleich typisch vor- und urbildlich. Ein gutes Madonnenbild zeigt uns so den Typus aller Mutterliebe, und Schillers Wallenstein bleibt der Spiegel alles an seinem eigenen Allzuviel zu Grunde gehenden Ehrgeizes. Die Darstellung muss zwar allerdings ein besonders concretes Sujet haben, dies zunächst ganz und voll erfassen, Madonna, Wallenstein, Königssee, aber dann über das Besondere hinausgehen, und an demselben die Merkzeichen des höheren allgemeinen Gehalts aufdecken.

Selbst das lyrische Gedicht und die Musik, die subjektivsten Künste, welche sich am meisten zum Spiegel augenblicklicher Gemüthslagen machen, müssen sich darin objektiv und allgemein bedeutend zeigen, dass sie im Stande bleiben, diejenige Stimmung, welche dem Künstler das Lied diktirte, auch in der Seele des Hörers wieder zu erwecken, und damit das möglich sei, muss jene Stimmung eben eine objektive, allgemein bedeutende sein. Das macht eine Reimerei noch nicht zum Liede, dass sie wirklich ausdrückt, was der Verfasser empfand, sondern erst das, dass der Inhalt, wie individuell gefärbt und wie sehr auch dem Moment entsprungen er sein mag, dennoch zugleich den allgemeinen mustergiltigen Ausdruck bildet für die Gefühle Aller zu allen Zeiten. Nicht jedes Gefühl und nicht jedes Reale ist dem andern gleichwerthig. Das Allgemeinere, Bedeutendere, hat vor dem Engeren, minder Bedeutendem, den Vorzug, das Unbedeutende, Einzelne aber ist gar kein Gegenstand der Kunst.

Man wird uns hier doch nicht das Portrait entgegenhalten, als ob
dasselbe mit dem Erforderniss der Allgemeinheit unverträglich sei. Das
Portrait stellt allerdings den besonderen, einzelnen Menschen, das Individuum dar. Schon Aristoteles meint, dass der gute Maler die Menschen
zwar getreu, aber schöner (καλλίους) malen solle. Hierunter ist nicht eine
„geschmeichelte" Darstellung zu verstehen, sondern eine solche, die den
Menschen in seiner ganzen Wesenheit wiedergiebt, nicht so, wie er gerade
vor der Staffelei gesessen hat. Das Portrait, das gute wenigstens, stellt
immer das Allgemeinste dar, das in dieser engsten Sphäre der Individualität zu finden ist. Es geht aber noch hierüber hinaus und sucht diesen
Menschen typisch zu generalisiren. Dies zeigt sich darin, dass man es
einem guten Portrait, auch ohne dass man die portraitirte Person jemals
gesehen hat, sofort ansieht, dass es getroffen sein müsse.

62. Menschlichkeit der Kunst.

Je grösser der Umfang, desto kleiner der Inhalt; daher je allgemeiner eine Idee, desto inhaltleerer. Das aber kann der Zweck der Kunst
nicht sein, sich in eine leere Abstraktion zu verflüchtigen; sie muss concret,
sinnlich bleiben in voller, frischer Leiblichkeit. Das aber kann sie nur,
wenn die Allgemeinheit eine Einschränkung erleidet. Das allgemeinste
Concrete aber ist das Seelische, Persönliche, Geistige. Für alles Geistige
aber ist der einzige Massstab der menschliche Geist, so beschränkt sich
die Kunst ihrem Inhalt nach nothwendig auf die Humanität. Die Kunst
als Beseitigung der Hindernisse des Naturgenusses stellt nur dar, was
der geniessende Betrachter aus der Natur entnimmt. Wenn sie Thiere
darstellt, giebt sie ihre Menschenähnlichkeit, wenn leblose Dinge, ihr
Verhältniss zum Menschen, in der Landschaft eine über das Ganze aus-
gebreitete, gewissermassen seelische Stimmung wieder. Wir sahen schon
oben, wie die geniessende Naturbetrachtung alles Aussermenschliche,
soweit es in den Naturgenuss eingeht, symbolisch vergeistigt. So kann
selbst noch die ganze Wildheit und schauerliche Oede der Wüste, in welcher nichts an die Spuren menschlichen Daseins mahnt, dargestellt werden, aber der Maler, der solchen Vorwurf wählt, hat es dabei nicht auf
Sand und Felsen abgesehen, er zeichnet das Gefühl vollster Verlassenheit
dessen, der in solche Oede blickt und wenn er ein ächter Künstler ist,
werden wir seiner Darstellung entnehmen, ob er an einen Gott glaubt
oder nicht. Die unterste Stufe auf der Scala künstlerischen Werthes

nehmen Frucht- und Blumenstücke und sog. „Stillleben", selbst bei sonst
hoher technischer Vollendung und Naturwahrheit ein, welche leblose,
entseelte Gegenstände sinnlichen Genusses lediglich vom Gesichtspunkte
menschlichen Verbrauches darstellen. Es fehlt hier das geistig Bedeutende und wie das Dargestellte, bleibt die Darstellung seelenlos.
Hier tritt eine schwere Frage an uns heran. Wie ist die Kunst an
die enge Sphäre der Menschlichkeit gebunden? Darf sie dieselbe nicht
überschreiten, das Uebermenschliche niemals darstellen, und ist alles
übermenschlich Dargestellte als kunstwidrig zu verwerfen? Wir nennen
es eine schwere Frage, weil sie uns leicht in einen unheilbaren Conflikt
mit der Autorität bringen könnte, die doch, wie wir oft wiederholt, einen
wesentlichen Faktor einer richtigen Kunsttheorie bilden muss. Wir verwerfen das Uebermenschliche in der Kunst nicht. Die Proscriptionsliste
würde uns in der That zu lang werden und die grössten Meister aller
Zeiten enthalten. Das Uebermenschliche ist darstellbar in der
Kunst, so weit und so lange wir für dasselbe im Menschlichen
Massstab und Formen finden. Sobald es diese Grenze über-
schreitet, hört seine Darstellbarkeit auf; hierin kann uns auch
der Vorgang eines Raphael, Michel Angelo und Anderer nicht beirren.
So ist die Darstellung der anthropopathischen Götter der Heidenwelt,
sowie der Engel und Teufel und der christlichen Heiligen künstlerisch
möglich, weil sie als Menschen in vergeistigter, erhöhter Leiblichkeit vor-
gestellt werden. Wir gehen einen Schritt weiter: Maria, die jungfräuliche
Gottesgebärerin und Himmelskönigin und Christus der Gottmensch und
Welterlöser, ihre Darstellbarkeit ist uns verbürgt durch eine grosse Anzahl des Edelsten, das die Kunst aufzuweisen hat. Wer möchte dem
Christus in Lionardo's Abendmahl oder dem Tizian'schen Christus mit dem
Zinsgroschen oder einer der vielen Madonnen Raphael's, Murillo's und
vieler Anderer das Bürgerrecht in der Kunst streitig machen; aber die
Madonna konnte dargestellt werden als höchstes Ideal der Weiblichkeit
wie Christus als des Menschen Sohn als Verkörperung der ganzen Menschheit. Auch der alttestamentliche Zebaoth, der eifrige, rächende, zornige,
bereuende Gott kann dargestellt werden. So weit reicht allenfalls noch
der menschliche Massstab und die menschliche Form. Weiter reicht sie
aber nicht. Die Darstellung des christlichen, allmächtigen, allwissenden,
allgütigen, heiligen Gottes halten wir schlechterdings für unmöglich, auch
trotz Raphael und jedes Andern und wir müssen bezweifeln, ob einer
der italienischen Meister an die Darstellung Gottes sich gewagt hätte,
wenn er nicht nach direkten Aufträgen und unter unmittelbarem Einflusse der katholischen Hierarchie gearbeitet.

13*

Anmerkung. Ich muss bekennen, dass der äusserst geringe Grad von praktischer Kunsterfahrung und Kunstanschauung, der mir beiwohnt, mich nicht befähigt, diejenigen Werke der berühmten Meister, in welchen eine Darstellung Gottes vorkommt, zu beurtheilen. Das Wenige, was ich davon in Stahlstichen und sonstigen Nachbildungen gesehen habe, hat mich in meiner obigen Ansicht nur bestärkt. Da ist ein Stahlstich von Borgognone's Krönung der Maria (in Kugler's Kunstgeschichte). Die Figuren Christi und der Maria scheinen mir da ganz auf der Höhe ihrer Idee zu stehen, die Gott-Vaters aber mehr zur Abrundung der Gruppe zu dienen. Denkt man sich diese Figur aus ihrer Umgebung herausgenommen ohne Engelsköpfe, Glorie und Symbol des heiligen Geistes, so würde sie Niemand für eine Darstellung Gottes erkennen, ein ehrwürdiger, alter Mann und ein recht tüchtiger Bischof oder Patriarch. Da scheint uns der antike Zeuskopf, den man für eine Nachbildung des olympischen von Phidias hält, an Hoheit, Macht und Würde der Gottes-Idee doch viel näher zu kommen. Und doch ist von Zeus zu Gott noch ein himmelweiter Unterschied. Nicht stärker war der Eindruck, den eine ähnliche Nachbildung der Schöpfung Adam's von Michelangelo auf mich machte; und ebenso, was ich sonst in Stahlstichen oder Photographieen an Derartigem sah.

Die Dichtung und die Musik haben hier etwas freiere Hand als die bildende Künste, die Alles, was sie bringen, in vollkommener Ausgestaltung geben müssen. So kann der Dichter Gott erwähnen, sogar, wie es Tasso und Milton thun, in die Maschinerie verflechten, ohne dass daraus eine Darstellung Gottes wird. Eine Darstellung Gottes hat allerdings Dante unternommen, eigentlich auch nicht eine Darstellung Gottes, sondern nur die Erzählung, dass er Gott gesehen habe, aber nicht sagen könne, was er eigentlich gesehen.

63. Einheit.

Allgemeinheit ist Einheit in der Mannigfaltigkeit, und schon im Begriffe des Darstellens liegt es, dass das Darzustellende von allem Andern, nicht zu ihm Gehörigen, abgesondert werde. Wenn es sich daher um die Darstellung eines allgemeinen Realen handelt, so muss Einheit das oberste Gesetz sein. Ohne das kann der Kunstzweck nicht erreicht werden, der Eindruck des Allgemeinen, des Zusammenhanges im Mannigfaltigen nicht zu Stande kommen. Gerade das ist ja der Zweck der Kunst und darin liegt ja die Beseitigung der Hindernisse des Naturgenusses, dass das Reale aus seiner Zerstreuung gesammelt und vereinigt werde. Wollte man eine Mehrheit auf einmal darstellen, so wäre eben nichts dargestellt, das Auge und das Interesse wäre zwischen verschiedenen Gleichberechtigten getheilt und irrte zwischen denselben unstät hin und her. Es wäre nichts Anderes als es das Leben selbst bietet, nur dass die volle lebenswarme Wirklichkeit fehlte.

Man hat dieses Gesetz der Einheit auch missverstanden. Aus unserer Begründung desselben folgt schon von selber, dass es sich nur auf den Gegenstand der Darstellung, das Sujet, die Fabel, die Handlung beziehen kann. Jene französischen Dramatiker, welche auch unbedingte Einheit von Ort und Zeit verlangten und damit der Kunst eine Schnürbrust anlegten, unter der ihr Leben erstarrte, übersahen, dass Zeit und Ort nur Nebenumstände der Handlung sind, deren möglichst einheitliche Beschränkung zur Erleichterung der Darstellung zwar wünschenswerth und bei mangelnder Bühnentechnik auch nothwendig sein mag, niemals aber ein aus dem Wesen der Kunst entsprossenes Gesetz sein kann.

Das Gesetz der Einheit ist, so weit wir wissen, von Niemandem, weder einem Theoretiker noch einem Künstler in Frage gestellt. Shakespeare, der von den regellosen Genies als Schutzheiliger der Freiheit angerufen zu werden pflegt, hat gegen dieses Gesetz nicht verstossen. Sein Kaufmann von Venedig scheint bis nahe an die Grenze des Erlaubten zu gehen, doch ist ein organischer Zusammenhang der Doppelhandlung nicht zu verkennen. Göthe's Romane haben freilich dasselbe gröblich verletzt, wir glauben aber nicht, dass Jemand sie deshalb oder überhaupt als Muster ihrer Gattung empfehlen wird.

64. Vollständigkeit.

Die Einheit des Kunstwerkes folgt lediglich aus der Allgemeinheit. Daraus folgt, dass die künstlerische Einheit nicht eine Einzelheit, sondern nur eine Einheit des Mannigfaltigen sein kann. Das Kunstwerk muss ein Ganzes und ein Inbegriff aller wesentlichen Theile sein. Aristoteles sagt spieciell für die Dichtkunst, aber wir nehmen keinen Anstand, sein Wort auf die ganze Kunst auszudehnen: „Die Handlung muss Eine und eine Ganze sein." Das heisst, dem Zweck muss sein Ziel, der That ihr Erfolg, dem Willen die That entsprechen, und umgekehrt muss dem Willen das Motiv, der That der Wille, dem Erfolg die That nicht fehlen. Je höher ein Allgemeines steht, desto grösser muss die Besonderung sein, die es in sich und unter sich befasst und beherrscht, und so muss auch das Kunstwerk, je bedeutender es seinem Inhalt nach ist, in eine desto reichere Fülle und Mannigfaltigkeit der besonderen Gestaltung ausstrahlen. Lessing führt in seiner Dramaturgie sehr schön aus, wie der

wahre Dramatiker viel eher darum in Verlegenheit sei, sich auf das
gegebene Mass der fünf Akte zu beschränken, als genügenden Stoff zur
Ausfüllung derselben zu erfinden, und das gilt von aller Kunst. Freilich
ist nur von Bedeutendem die Rede, von einem weitgreifenden, weit hin
herrschenden Inhalt. Für die kahle Alltäglichkeit, die uns als Schwank,
Soloscherz u. s. w. in ein- und zweiaktigen Lustspielen mit längst verbrauchten Bühneneffekten vorgeführt wird, ist die aufgewendete dürftige
Motivirung schon genügend und überreichlich.

Im Widerspruch mit unserm Gesetz steht es nicht, wenn der Maler
oder Bildhauer nur eine Figur darstellen. Denn diese eine Figur ist in
Wahrheit eine Einheit einer so grossen Mannigfaltigkeit, als irgend ein
Kunstwerk nur, und die Gliederung — wenn wir anders ein ächtes Meister-
werk vor uns haben — ist hier grösser als vielleicht im Epos oder Drama.
Jedes Glied, jeder Muskel ist hier die Wiederholung der Idee des Ganzen
im Einzelnen, des Grossen im Kleinen. Auch das lyrische Gedicht, so
kurz es sei, hat seine Gliederung, die einfachste Melodie ordnet sich in
Satz und Gegensatz, und noch das kürzeste Sinngedicht enthält wenigstens
eine Antithese.

65. Poetische Gerechtigkeit.

Das Reale, welches Gegenstand der Kunstdarstellung ist, ist ein
Allgemeines, also ein allgemein Giltiges, es ist das Wesen, die Norm der
Dinge, das Gesetz des Weltlaufs, es ist nicht ein einziges herausgegriffe-
nes Moment, sondern dieses Gesetz, wenn auch in kleiner Anwendung,
doch in seinem vollständigen Verlauf, nicht individuelle zufällige Wirklichkeit, sondern Naturwahrheit, d. i. die Realität des Allgemeinen und
Ganzen. Dieses aber ist immer gesund, Krankheit und Verbrechen sind
nur accidentelle Momente. Sonach kann die Kunst, Welt und Menschheit
nicht zeigen, wie sie hie und da sind, sondern so, wie sie ihrer Gattung
nach sein sollen und ihrem wesentlichen Streben nach — das Vollbringen
ist Gottes — im Grossen und Ganzen auch wirklich sind. Die Kunst kann
also nichts darstellen, was diesem höchsten Gesetze widerstreitet oder,
doch nur so, dass das Widerstreitende in der Darstellung zugleich sein
Gericht findet. Mars und Venus konnten im Delikt dargestellt werden,
aber Homer wenigstens zeigt sie uns im Zustande tiefster Beschämung
vor allen Göttern. Wollte Jemand ein ehebrecherisches Paar darstellen,
ohne einen solchen Hinweis auf das Gericht — wie sinnlich bestrickend,
liebreizend, selbst entschuldbar in Nebenumständen — ohne eine solche

strafende, beschämende Assistenz der himmlischen Mächte, könnte es
kein Kunstwerk sein. Entweder der Ehebruch wäre nicht ersichtlich
oder es bliebe ein blosses Sinnlichkeitsbild.

In der Fassung, wie wir das Gesetz aussprechen, liegt schon, dass
nicht immer materielle Strafe erforderlich ist. Reue, Gefahr u. s. w. können unter Umständen genügend sein, das moralische Gefühl zu versöhnen.
So wenn König Heinrich IV. auf dem Sterbebette seinem Sohne die um
die unrechtmässig erworbene Krone ausgestandenen Sorgen schildert und
damit schliesst:

> „Wie ich zur Krone kam, o Gott vergieb es
> Dass sie bei Dir in wahrem Frieden lebe."

Es ist nicht die volle Nemesis. Der Thronräuber behält die Krone und
vererbt sie. Allein wer möchte mit solchem Leben voll Qual und Sorge
tauschen.

Aber die Regel der poetischen Gerechtigkeit ist ausnahmslos, und in
der Regel wird das Ende vom Liede sein: res male partae male dilabuntur.
Unbestraftes Unrecht kann Wirklichkeit sein — obwohl auch das Niemand beweisen kann — aber gewiss niemals Wahrheit. Man sage nicht,
wir sehen oft genug das Unrecht triumphiren. Wer das sagt, sieht bisweilen auch den gerechten Erfolg mit missgünstigen Blicken für Unrecht
an. Und dann, wenn wir Alles wüssten, jedes Geheimniss innerer Seelen-
bewegung, jede Beschämung, jede Verlegenheit, jeden geheimen Stich,
jedes Misstrauen, das überall Anspielung wittert, jede Consequenz des
wer A sagt, muss auch B sagen, so würden wir vielleicht dennoch ge-
nügende Aequivalente des gekränkten Rechts finden.

Der Weltlauf, im Grossen und Ganzen genommen, ist der Ausdruck
göttlichen Willens, und gleich diesem gut und gerecht. Er kann hier
unverdiente Leiden, dort unverdiente Triumphe verhängen. Aber

> „Gottes Mühlen mahlen langsam,
> „Aber mahlen trefflich klein,,
> „Was mit Langmuth er versäumet
> „Holt mit Schärf' er wieder ein."

Es wird alles wieder eingebracht. Wer heute unverdient gelitten,
sammelt in solcher Prüfung vielleicht — „es blühet aus bittrer Wurzel
das Heil auf" — die Kraft zu neuen Erfolgen, und wer ungerecht triumphirt, weiss nicht, wie nahe er am Abgrunde steht; und triumphirt er die
Spanne Zeit hienieden, so ist es damit noch nicht aus. Aber das ist nicht
die Regel, nicht das Gewöhnliche, sondern eine seltene Ausnahme. Wer
die Welt nur ein wenig grossartig auffasst, findet, dass schliesslich immer
das Rechte oben bleibt. Eine solche grossartige Auffassung muss vor

Allem der Kunst eigen sein. Die Sache liegt sehr einfach. Entweder die
Schuld wird hier oder jenseits gestraft, und dann liegt kein Grund vor,
sie unbestraft darzustellen, es wäre das so, als zeigte man Motive ohne
Handlungen, Pläne ohne Ausführung u. dgl., oder es giebt überall keine
Strafe für Schuld, aber dann ist unser Weltlauf ein regelloser Zufall,
dann fällt mit dieser Regel auch jede andere Regel der Kunst, aber auch
das ganze Interesse an derselben hinweg.

Alle Kunst, im Grunde genommen auch alle praktische Lebens-
weisheit beruht darauf, dass der Lauf der Welt gewissen immanenten
ewigen Gesetzen unterworfen sei, dergestalt, dass im Grossen und Ganzen Jeder seines Glückes Schmied sei und so zu liegen komme, wie er
sich bette. Solche Werke, die sich darin gefallen, auf die Thränendrüsen
zu speculiren, indem sie unverdiente Jammerscenen auf einander häufen,
sind daher nichts weniger als Kunstwerke. Das Unglück kann in der
Kunst nur tragisch, d. h. als natürliche Entwickelung eigener Handlung
dargestellt werden.

66. Organische Nothwendigkeit.

Das Gesetz der poetischen Gerechtigkeit haben wir so eben als ein
selbständiges Gesetz hingestellt, in so fern, als es der nothwendige Ausdruck für die Gerechtigkeit des allgemeinen Weltlaufs ist, und als es besagt, dass alle Kunst auf einer tief innerlichen sittlichen Lebensanschau-
ung beruhen muss. Die Motivirung dieses Gesetzes führt uns aber zugleich
auf ein anderes allgemeineres, von welchem jenes eigentlich nur eine
specielle Anwendung ausmacht. Das Kunstwerk soll in sich ein einheitliches Ganze sein, d. h. die einheitliche Idee soll jeden Theil beherrschen,
jeder Ursache soll ihre Wirkung entsprechen und es soll keine Wirkung
ohne Ursache sein; alle Theile sollen unter einander in wesentlichem Zusammenhange und nothwendiger Wechselwirkung stehen. Es soll Alles
sich gegenseitig motiviren, eine Forderung, die ihren prägnantesten Ausdruck darin findet, wenn man von Homer sagt, man könne eher dem
Hercules seine Keule, als ihm einen Vers entreissen. Es genügt ihm keineswegs, dass sich eine einfache Causalitätsreihe wie ein rother Faden,
an welchem die einzelnen Theile hängen, durch das Ganze schlingt, sondern wie in dem natürlichen Organismus jeder Theil, abgesehen von seinem Verhältnisse, zum Ganzen mit allen Nebentheilen im organischen
Zusammenhange steht, so müssen auch die einzelnen Theile des Kunstwerkes einander noch wechselseitig bedingen und motiviren, und das

Ganze muss als ein Werk der Nothwendigkeit erscheinen, wie es den gegebenen Umständen nach gar nicht anders gedacht werden konnte. Es muss nichts überflüssig oder auch nur in nebensächlichem Zusammenhange sein, sondern auch das scheinbar Nebensächliche muss noch bedeutend, und verschiedenen Rücksichten und Zwecken dienstbar sein. Vor allen Dingen muss dem Zufall kein Plätzchen bleiben, sondern Alles von dem Hauptzwecke der Handlung aus bedingt sein. Das wahre Kunstwerk ist ein ächter, rechter Organismus, dessen Seele das Ganze bis in die kleinsten Theile hinab beherrscht und mit dem ihm eigenthümlichen Leben erfüllt, ihn eigenthümlich bedingt und gestaltet nach demselben Nothwendigkeitsverhältniss vermöge dessen in der Thier- und Pflanzenwelt ein kleines Partikelchen des nebensächlichsten Theiles dem Naturforscher genügt, um daraus auf das Ganze zu schliessen.

Elftes Buch.

Gesetze der fesselnden Darstellung.

67. Anschaulichkeit.

Alle Kunst steht unter der Herrschaft des vornehmsten Gesetzes der fesselnden Darstellung. Die Kunst soll auf uns den Eindruck machen, als ob wir das Dargestellte wirklich erleben. Alle die stofflichen Gesetze erhalten ihre volle Begründung erst hier. Es soll Reales und in höchster Naturtreue dargestellt werden, weil jede Naturwidrigkeit sofort störend daran erinnert, dass wir es mit einer Nachahmung und nicht mit dem Leben zu thun haben. Ebenso verhindert jedes Individuelle, welches individuell bleibt, jedes Sinnlose, jedes Zufällige, Lückenhafte, Willkürliche den Eindruck dieser fesselnden Täuschung.

Darstellen heisst soviel als eine Vorstellung gewähren, Jemanden in die Lage versetzen, sich das Dargestellte vorzustellen. Das Besondere der künstlerischen Darstellung besteht darin, dass wir diese Vorstellung aus unmittelbarer Anschauung empfangen. Nur darin besteht das eigenthümliche Interesse, das Fesselnde der Kunst, dass wir durch die Unmittelbarkeit der Anschauung der uns umgebenden Wirklichkeit entrückt und in eine fremde Welt versetzt werden, in welche keine Interessen und Leidenschaften unsern Blick verwirren und blenden. Es giebt daher keine andere künstlerische Darstellung, als durch die Anschauung vermittelst der Sinne oder der Phantasie. Daraus folgt, dass die Darstellung ganz auf sinnlich concreten Gestalten, abgerundeten, greifbaren Bildern beruhen muss. Der ganze Inhalt des Darzustellenden muss in solcher concreten Sinnlichkeit ausgeprägt sein und sich mit derselben decken. Es darf auf keiner Seite ein Ueberschuss bleiben. Weder darf ein gedanklicher Inhalt ungestaltet bleiben und durch Reflexion, Erläuterungen u. s. w., welche neben der Darstellung herlaufen, kümmerlich ersetzt werden, noch darf ein Uebermass sinnlicher Gestaltung vorhanden sein, welchem ein gedanklicher Inhalt nicht entspricht. Gerade so, wie wir vorhin gesehen haben, dass der Hauptzweck der Darstellung den ganzen Inhalt derselben als höhere Einheit beherrscht, so dass jedes

Moment desselben näher ausgeführt und begründet wird, jedes Moment der Darstellung aber auch wieder auf den Hauptzweck zurückbezogen wird; so muss auch hier der gesammte Inhalt der Darstellung in concrete Anschaulichkeit ausgegossen und es muss auch alle Anschaulichkeit wiederum durch den Inhalt bedingt und geboten sein. Eben so wenig als ein stofflich Ueberflüssiges darf es ein sinnlich Ueberflüssiges geben und eben so wenig darf hier oder dort ein Mangel fühlbar bleiben. Aus diesem Grunde sind im Drama, Epos, Novelle, Reflexionen, längere Zwischenerzählungen, die Verlegung der Handlung hinter die Bühne, im Ballet das gedruckte Programm, in Werken der bildenden Kunst erläuternde Erklärungen und Unterschriften zu verwerfen, weil hier ein Theil des Inhalts nicht zur anschaulichen Darstellung gelangt ist. Daher ist es auch unerträglich, wenn der Dichter sein Werk selbst mit einem Commentar versehen muss. Andererseits muss aus demselben alles überflüssige Beiwerk, dem kein gedanklicher Inhalt gegenübersteht, als überladene Ornamentik in der Baukunst, unnütze Comparsen in Drama, Läufe und Coloraturen in der Musik, sobald alles dies nicht mit dem Inhalt organisch verbunden ist, gänzlich verworfen werden.

68. Selbstthätigkeit der Phantasie.

Die Reise in's Feenland, zu welcher die Kunst einladet und durch einen Schlag mit ihrem Zauberstabe befähigt, kann nur gemacht werden durch die Phantasie. Die Phantasie ist die Freiheit des Geistes, von der vorliegenden Wirklichkeit zu abstrahiren und sich eine eigene Welt von Vorstellungen aufzubauen. Eine solche Freiheit ist Kraft und will als solche zur Thätigkeit gereizt, aber nicht ermüdet sein; jedes Uebermass an Reiz wirkt, statt erregend, lähmend und erschlaffend. Die Kunst darf der Phantasie des Geniessenden nur so viel Reiz gewähren, als dieselbe bedarf, um thätig zu werden, jedes Mehr verfehlt den Zweck. Es verhält sich das ähnlich wie mit dem Spielzeug der Kinder. Je künstlicher, je mehr und vollkommener es wirklichen Dingen nachgeahmt ist, desto eher werden die Kleinen seiner überdrüssig und werfen es fort. Die Phantasie des Kindes ist die fruchtbarste. Der erste beste Stock ist ihm ein Pferd und es reitet darauf und lässt das schönste Schaukelpferd mit Mähne, Schweif, Sattelzeug unbeachtet stehen; ein zusammengewickeltes Tuch ist ein Kind, und die schöne Puppe, mit beweglichen Augen, die Papa und Mama sagt, mag nur ruhig in ihrem schönen Bette liegen. Gerade dasselbe findet in der Kunst statt. Die Kunst braucht sich nicht allzuviel Mühe zu geben, ihr Werk recht natürlich zu machen, sie gebe Natur, und Jedermann wird es natürlich finden. — Ein jugendlicher Kritikus rügte an dem Volksliede: „War einst ein jung jung Zimmergesell", dass auf dem Befehl des Markgrafen: „Einen Galgen soll sich bauen von Gold und Marmelstein", so fort folgt: „Und als der Galgen nun fertig war", und nicht erzählt wird, dass und wie der Galgen gebaut wird. Gerade in solcher Leichtigkeit und energischen Bewältigung des ermüdenden lästigen Details liegt die Hauptkunst der Darstellung, welche einerseits die Dinge ganz sinnlich concret, greifbar vor Augen stellt und dennoch andererseits alle kleinliche Einzelkrämerei vermeidet. Ebenso wie die Kunst stofflich von einer grossartigen Auffassung ausgehen und den ganzen Inhalt ihrer Darstellung bis ins Kleinste hinab von dem Hauptgedanken gesättigt und durchdrungen zeigen muss, so muss sie auch in der Darstellungsform in grossen grossartigen Zügen arbeiten, und es muss nichts bloss dazu da sein, die Vorstellung recht natürlich zu machen.

Nehmen wir z. B. den häufig vorkommenden Fall einer Tödtung auf der Bühne. Müsste es nicht die Illusion ungemein steigern, wenn man das Blut des Opfers, wirkliches Blut spritzen sähe? was doch durch eine einfache Vorrichtung im Griffe des Theaterdolchs leicht genug sich herstellen liesse. Dennoch ist trotz so vieler Monstruositäten, welche man heut zu Tage auf der Bühne sehen kann, bis jetzt kein Regisseur unseres Wissens auf diese Idee verfallen. Und mit Recht. Denn statt des tragischen Gefühls würde Ekel und Abscheu, statt der erhöhten Illusion vielleicht im ersten Augenblick Schreck, dann das Belächeln des Taschenspielerstückchens erfolgen. Die Illusion wäre jedenfalls gründlich gestört. Für die Phantasie ist das Blitzen der geschwungenen Waffen übergenug. Hat der Dichter die That recht ausgiebig motivirt und der Schauspieler seine Schuldigkeit gethan, so bedarf es kaum noch einer leisen Andeutung der That selbst, und haben es jene fehlen lassen, so hilft alle Verfeinerung der Mechanik nichts. — Gerade in diesem Stücke wird heut zu Tage ein höchst nutzloser und schädlicher Luxus getrieben, welcher mit der ärmlichen Einfachheit jener hochberühmten Bühne von Sadlers Wells, wo man:

> „Mit vier bis fünf zerfetzten schnöden Klingen
> Zu lächerlichen Balgen schlecht geordnet."

die Schlacht von Agincourt dennoch mit voller Wirkung darzustellen wusste, in betrübendem Contraste steht. Lasset Blumen hinter den Lampen aufspriessen, Feen an seidenen Stricken von der Decke herabschweben, führt Reiterschwadronen über die Bühne und zündet Pappe und Salpeter in Form gemalter Schlösser und Dörfer an. Es ist Taschenspielerei, aber keine Illusion. Man wird Eure Maschinerie bewundern, aber nicht einen Augenblick sich selbst vergessen. Welche Thorheit, wenn ein Kean oder Devrient den Blitz hernieder zucken oder eine Feuersbrunst auflodern sieht, noch Colophonium oder Pappe anzuzünden! oder wenn man wahre Kunst nicht hat, sie durch solche Surrogate kümmerlich ersetzen wollen.

C. Sinnliche Form.

69. Sinnliche und aesthetische Schönheit.

In der Kunst ist überall nothwendiger Zusammenhang. Wie der Hauptgedanke den ganzen Darstellungsinhalt, dieser die ganze Darstellungsform durchdringt und bedingt, so sehen wir auch hier wieder die der Kunst eigenthümliche Darstellungsform der illusiven, fesselnden Täuschung, die sinnliche Form bedingen und beherrschen.

Soll die Phantasie im Kunstgenusse sich aus der sie umgebenden Wirklichkeit in eine andere Sphäre versetzen lassen, so wird sie sich mit einem solchen Tausche schwerlich zufrieden geben, wenn derselbe nicht vortheilhaft erschiene. Die Kunst muss etwas Anziehendes, Anmuthendes, Einladendes haben. Nur so hat die Illusion ihren Werth und auch nur so wird sie erreicht. Jeder Versuch, dieselbe durch andere als angenehme Mittel zu erreichen, schlägt fehl, wie wir oben an dem Beispiele des spritzenden Blutes sahen.

Auch hier ahmt die Kunst lediglich die Natur nach, indem sie ihre sinnliche und ästhetische Form entlehnt, wie im Bereiche des Inhalts ihre geistige und wesentliche. Aber so wie sie dort nur das Wesentliche, Normale, so entlehnt sie auch hier nur das dem menschlichen Sein Entsprechende und lässt das Uebrige stehen. Alles zu Starke, Verzerrte, Verrenkte, alles Ekelhafte und Abscheu Erregende muss sie meiden. Dass hier die einzelnen Künste ein verschiedenes Mass für das, was künstlerisch noch erlaubt ist, haben, liegt auf der Hand. Das erzählende Gedicht kann darin am weitesten gehen; am weitesten dann, wenn dem widerwärtigen Sinneseindruck durch starke moralische Gefühle ein Gegengewicht gegeben wird. So werden wir mit dem schauderhaften Mahl

Ugolino's bei Dante ausgesöhnt, nachdem dieser uns seine Geschichte erzählt hat. Auch hier muss der Künstler in grossartigem Styl arbeiten. Die Anmuth darf nicht in's Süssliche, Geleckte übergehen, der Rhythmus nicht einförmig, die Symmetrie nicht pedantisch werden. Nichts wäre verfehlter, als unsere Regel dahin zu verstehen, dass dadurch die Natur theilweise verändert, aller ihrer Härten und Schrecknisse entkleidet werden sollte. Das erste Erforderniss ist und bleibt Naturwahrheit; und wenn die Kunst Schmerz, Wunden, Krankheit und Tod darstellen muss, so wäre es ja albern, auch hiefür immer nur angenehme Formen zu fordern. Aber immer ist es etwas Anderes, der Phantasie eine Vorstellung des Schrecklichen, Widerwärtigen zu geben, als dieses selbst in seiner vollen Nacktheit zu zeigen. Die Alten wussten dies sehr gut und verstanden es trefflich, die Härten des Aeussersten leise zu mildern, ohne der Naturwahrheit Abbruch zu thun. Sie stellten nicht den Höhepunkt, sondern den Moment vor- oder nachher dar, so sehen wir den Herkules nach dem Kindermord, den Ajax nach der Schlächterei. So wird das Grasse schonend hinter die Bühne verlegt oder verhüllt, wie dem Apelles mit Recht nachgerühmt wird, dass er auf dem Gemälde Iphigenie in Aulis den verzweiflungsvollen Vater das Haupt in's Gewand verbergen liess. Wie weise! Denn sie konnten sicher sein, das Schreckliche, welches sie nur ahnen liessen, so ungleich wirkungsvoller darzustellen, als wenn sie es in buchstäblicher Wirklichkeit abkonterfeiten. Die Neuern sind nicht immer gleicher Mässigung beflissen. Unser trefflicher Fritz Reuter z. B. lässt sich durch seinen köstlichen Humor in niederdeutscher Derbheit bisweilen doch allzunahe an die Grenze des Hässlichen verleiten. Wir erinnern bloss an die Scene in seiner „Reis' nach Belligen", in welcher Oll Witt und Oll Schwarz zusammen in einem Bette schlafen.

b. Particuläre Regeln.

Zwölftes Buch.

70. Die Bedingungen des Kunstmaterials.

Weitere allgemeine Gesetze der sinnlichen Form giebt es nicht, denn dieselbe wird sofort zur besonderen Form. Jede Art der vertretbaren sinnlichen Empfindungsreize (Kapitel 37) ist an besondere physische und physiologische Bedingungen gebunden, welche daher für dieselbe besondere Gesetze des sinnlichen Erscheinens bilden. Es versteht sich daher von selbst, dass diese physischen und physiologischen Bedingungen zu Gesetzen der besonderen Darstellungsform werden müssen, sobald eine besondere Art von Sinnesempfindungen zum Mittel der Darstellung gewählt wird. So folgt die Musik den Gesetzen der Tonlehre, die Baukunst denen der Statik und Dynamik, die Malerei denen der Optik, die Dichtkunst, welche die freieste unsinnlichste der Künste ist, muss dennoch dem Gesetze ihrer Sprache und den psychologischen Bedingungen der Phantasie gehorchen. Man sieht, dass solche physicalischen, mathematischen, psychologischen, grammatikalischen Gesetze eben wegen ihrer streng wissenschaftlichen Natur unbeugsam sein müssen. Wir haben es daher auch hier mit absoluten Kunstregeln zu thun, die sich von den bisherigen nur dadurch unterscheiden, dass ihr Geltungsgebiet sich nur auf eine besondere Kunst erstreckt.

Ebenso aber, wie wir sahen, dass die Gesetze der illusiven Darstellung und das allgemeine Gesetz der schönen Sinnlichkeit nicht bloss auf dieses ihr formales Element ihre Wirkung beschränkten, sondern bedingend und bestimmend in die componirende Anordnung des realen Stoffes eingriffen, so sehen wir dies noch in höherem Grade bei den Gesetzen der speciellen Kunstform. Wir glauben uns jedoch dessen enthalten zu sollen, des Näheren hierauf einzugehen, weil wir dann genöthigt wären, ein Detail zu überwältigen, welches auch in den weitest

gesteckten Grenzen einer Abhandlung schwerlich Raum fände. Für die
Malerei und Dichtkunst hat Lessing diese rückwirkenden Beziehungen
der speciellen Kunstform im Laokoon in unübertrefflicher Evidenz und
Klarheit dargelegt. Für die Musik und Architektur liegen dieselben noch
ungleich näher.

7l. Traditionelle Kunstformen.

Man kann aus diesen physikalischen, mathematischen u. s. w. Bedingungen des Kunstmaterials für jede specielle Kunst eine wissenschaftliche Disciplin zusammenstellen, eine Wissenschaft der Kunst, aber es
ist klar, dass hiermit das Gebiet der particulären Kunstregel weitaus
nicht erschöpft ist. Wäre dem so, so genügte es, diese Disciplin zu
lernen, um die Kunst ausüben zu können. Das reicht aber noch nicht
einmal zur allermittelmässigsten Kunstübung hin. Denn diese allgemein
erlernbaren Gesetze des Materials bilden noch nicht ein Darstellungsmittel, damit sie es werden sollen, muss noch etwas hinzukommen, die
Kunsttradition.

Wie bereits dargethan, muss das Darstellungsmittel, um ein solches
zu sein, etwas zwischen dem Künstler und seinem Publikum Vermittelndes,
es muss insbesondere auch dem letzteren bekannt und geläufig sein. Wir
müssen gelernt haben Bilder zu sehen, um das Bild überhaupt als Darstellungsmittel zu erkennen und brauchen zu können. Ein Wilder würde
ein Oelgemälde sicher für irgend eine unnütze Kleckserei ansehen. —
Und wenn die Kunst, wie wir sehen, als Befriedigung eines wesentlichen
Bedürfnisses der menschlichen Gattung sich mit Nothwendigkeit zu
einem geschichtlichen Organisationsprocess gestalten muss, so folgt auch
daraus, dass ihre jeweilige Gestalt nicht etwas Zufälliges, Willkürliches
sein kann, sondern den nothwendigen Ausdruck des augenblicklichen
Stadiums dieses Processes bilden muss.

Wir haben schon darauf hingewiesen, dass in jeder Kunstform viel
Conventionelles und Traditionelles liegt. Auch hier können wir nur
wenige und sehr allgemein gehaltene Andeutungen geben. In der Poesie
z. B. ist wohl das ganze System der Prosodie und Metrik, die Form des
Reimes und der Alliteration — letztere bereits veraltet — zum Theil
auch, vielleicht, wir müssen dies dahingestellt sein lassen, die metapho-
rische Redeweise conventionell. Einzelne Dichtungsarten sind bereits
erwähnt. Mit dem Drama ist auch die Schauspielkunst ganz besonders

traditionell bedingt. In der Musik ist die Festsetzung der Stimmung, das System der verschiedenen Schlüssel, die Tonintervalle wohl grossentheils conventionell, wir sind zu wenig in der Technik der Musik eingeweiht, um beurtheilen zu können, wie weit dies auch auf die Tonarten Anwendung findet. Die Malerei der Alten hat, wie man sagt, der Perspektive entbehrt, gewiss ist sie auch ausserdem der Art der Ausführung nach heutzutage wesentlich anders, als selbst noch die mittelalterliche Malerei und die des vorigen Jahrhunderts. Die Wandlungen des Baustyls sind in die Augen fallend genug. Die Plastik scheint stationärer zu sein, doch darf man nur an die Gewandung denken, um auch hier den Finger der Geschichte zu erkennen. Wir fühlen ganz das Ungenügende und nichts weniger als Erschöpfende dieser dürftigen Andeutungen. Es wäre eine gewiss ebenso dankbare, als interessante Aufgabe, für jede Kunstform die Grenzlinie zu ziehen, auf welcher sich das absolute constante Gesetz der Bedingungen des Kunstmaterials von der dem geschichtlichen Entwickelungsgange unterliegenden conventionellen Kunstform scheidet. Aber wir müssen darauf verzichten, näher hierauf einzugehen, als auch überhaupt nur bestimmte Behauptungen aufzustellen, nicht sowohl um die enger gesteckten Grenzen einer Abhandlung innezuhalten, als vielmehr, weil wir bekennen müssen, durchaus nicht im Besitze eines solchen wissenschaftlichen Apparats zu sein, wie ihn die Lösung kunstgeschichtlicher und kunsttechnischer Fragen erfordern würde. Wir müssen uns vielmehr mit der Hinweisung begnügen, dass es mit im Wesen der Kunst liegt, eine nothwendige Culturtradition zu sein, und dass demzufolge jede Kunstform ausser den unumgänglichen Bedingungen ihres Materials auch in ihrer überlieferten Gestalt zur Regel wird, welcher der ausübende Künstler sich nothwendig fügen muss.

B. Relative Kunstregeln.

Dreizehntes Buch.

72. Relativität der traditionellen Kunstform.

Die traditionelle Kunstform, als jeweiliger Ausdruck des geschichtlichen Entwickelungsganges der Kunst, bildet eine organische Vermittelung zwischen der absoluten und der relativen Kunstregel, ebenso wie
die sinnliche Form den nothwendigen Uebergang zwischen der allgemeinen und der singulären Regel vermittelt. Es ist noch ein ganz
absolutes, schlechthin ausnahmloses Gesetz für den Künstler, dass er
sich der überlieferten Form anbequeme, er soll und kann gar nicht
anders, als in dieser Form schaffen; denn diese Form bildet ja das einzige
Band, welches seine schaffende Thätigkeit mit der empfangenden des
Publikums verknüpft. Aber das Absolute des Gesetzes liegt nur in der
Allgemeinheit dieser Fassung. Die Tradition ist für den Künstler ver-
pflichtend, weil sie historischer Process ist, aber aus demselben Grunde
steht er ihr mit Freiheit gegenüber, weil sie historischer Process ist und
bleiben soll, also niemals zum Stillstande verurtheilt werden darf. In
dem organischen Entwickelungsgange der Kunst bildet ja gerade der
Künstler das allernothwendigste Organ, weil derselbe ganz auf dem
freien Schaffen der Künstler beruht. Der Tradition, der classischen
Regel eine schlechthin absolute Geltung beizumessen, wäre daher gerade
so widersinnig, als wenn man dem Baume verbieten wollte zu wachsen,
weil er bereits gewachsen sei. Im Gegentheil, weil es die Art des Baumes
ist zu wachsen, so muss er auch fortwachsen, wenn er nicht verdorren
soll, und weil Künstler die Kunstform erschufen, darum müssen auch
Künstler sie weiter bilden, wenn sie nicht in unlebendigem Schematismus
zu Grunde gehen soll.

Wenn es hiernach unzweifelhaft ist, dass die jeweilige Kunstform
keine unbedingte, sondern nur eine relative Geltung haben kann, so ist

es doch nicht leicht zu sagen, inwieweit der Künstler verpflichtet ist, ihr
zu folgen, inwieweit nicht. Sie bleibt immer noch Regel und damit bin-
dend. Der Künstler kann sie ändern, aber nicht nach Willkür, seine
Freiheit ihr gegenüber bleibt ebenso relativ, als es die Regel war. Ein
organisches Produkt kann auch nur auf organischem Wege fortentwickelt
werden; und wenn die Kunstform nach den ihr eigenthümlichen Gesetzen
aus sich heraus zu dem erwachsen ist, was sie gerade ist, so kann sie
auch nur nach derjenigen Richtung hin, nach welcher diese Gesetze
weisen, abgeändert werden. Jede willkürliche Neuerung ist hier unbedingt verwerflich. Es dürfte beispielshalber lediglich Sache der Tradition sein, dass im Gemälde der Vordergrund gerade an der Stelle liegt,
wo wir gewöhnt sind, ihn zu suchen, es ist eigentlich auch kein Grund
abzusehen, weshalb er nicht irgendwo anders liegen könnte. Gleichwohl
würde ein Maler, der sich heutzutage berufen fühlte, hierin eine Neuerung zu treffen, unfehlbar Gelächter statt Beifall ernten. Eine offenbare
relative Regel ist die Beschränkung des Drama's auf fünf Akte, die
Griechen waren gewohnt drei Stücke, jedes von nicht viel minderer Zeit-
dauer als ein modernes, hintereinander zu hören, um am Schlusse noch
das Satyrspiel mit in Kauf zu nehmen. Gleichwohl darf es heutzutage
keinem Dramatiker einfallen, derartiges zu versuchen.

73. Zeitstyl und nationaler Styl.

Die Kunst ist ihrem Wesen nach ein geschichtlicher Bildungsprocess,
dessen Motoren die ausübenden Künstler nur zum Theil sind. Es gilt
von ihnen das hochbedeutende Wort Göthe's: „Du glaubst zu schieben
und du wirst geschoben." Der wahre Macher (ποιητής) ist die Menschheit
als geschichtlicher Organismus in ihrer Culturentwickelung. Das Genie
ist nur das besonders empfängliche Organ für diese Entwickelung. So
ist die jeweilige Kunstform der Ausdruck der Culturbewegung der Zeit.
In die civilisatorische Mission der Zeit aber haben sich die einzelnen
Völker als besondere Organismen in besonderer Weise getheilt, und in
besonderer Weise, je nach ihrer eigenartigen Entwickelung, haben sie
für ihren Antheil an der allgemeinen Culturbewegung auch als eine ihrer
Besonderheiten besondere Kunstformen hervorgebracht. Diese besonderen Eigenthümlichkeiten nun, in welchen sich das Gesetz der Kunst-
entwicklung nach Zeit- und Volkscharakter ausprägt, machen dasjenige
aus, was man den Styl nennt. Diejenige Zeit nennt man mit Recht eine

14*

unfruchtbare Epigonenzeit, welche nicht im Stande ist, einen eigenthümlichen Kunststyl auszubilden, und ebenso nennen wir das Volk unpro-
duktiv, welches nicht gleichfalls seinen Nationalcharakter in charakteristischen Stylformen auszuprägen weiss.

Dieser National- und Zeitstyl bildet für den Künstler gleichfalls
eine Regel, welcher er folgen muss. Nicht so, dass er sich ihm sclavisch
als einer ihm fremden Regel unterordnete, sondern so, dass er unbewusst
und unwillkürlich sich von ihm beherrscht findet. Originalität ist nichts-
weniger als die Entbundenheit von dieser Regel. Gerade das originalste
Genie ist der vollständigste Typus seiner Zeit und seines Volkes, während
die sclavische Nachbeterei ebenso gut fremden oder gar keinen Styl-
arten folgen kann. Ein Luther und Schiller konnten nicht anderes als
urdeutsch, ein Voltaire nur echt französisch, ein Shakespeare nur als
Vollblut-Engländer dichten, wie sie als solche auch nur denken, leben
und sein konnten. Die dii minores und minimi dagegen können allerdings nach Willkür — unsere Baukunst zeigt es — heute romantisch,
morgen antik, oder wie sie sonst wollen, produciren.

74. Originalität.

Wenn die Originalität, welche man gemeinhin als das sprechendste
Zeugniss der Freiheit des Genies ansieht, sich so unmittelbar unter der
Herrschaft des Zeit- und Volkscharakters findet, so zeigt sich daran
recht deutlich, wie innig die Freiheit und Gebundenheit in der Kunst
sich durchdringen. Natürlich bildet das Originalgenie auch eine Besonderheit für sich, jedoch nur eine Besonderheit in dieser allgemeinen
Sphäre des Zeit- und Nationalcharakters. Diese Besonderheit aber ist
wiederum ebenso gut eine Einschränkung der Freiheit, als die Freiheit
selbst, es ist seine individuelle Natur, aus der er ebenso wenig heraus-
kann, als aus seiner Haut. Die natürliche individuelle Eigenart bildet
damit den innersten und letzten Kreis der Regeln und Gesetze, welchen
der schaffende Künstler sich unterordnen muss. Es mag sonderbar
klingen, wenn dies, was als der letzte Sitz der Freiheit angesehen wird,
hier zugleich zur einengenden Schranke erklärt wird. In der That aber
muss der wahre Künstler die Gesetze seiner eigenen Natur nicht minder
schonend berücksichtigen, als die der Dinge ausser ihm; in ähnlicher
Weise als Sokrates bei allem, was er that, seinem Dämonium bisweilen
selbst gegen seine Neigung folgen zu müssen erklärte. Ein solches

Dämonium, d. h. ein in sich scharf ausgeprägtes Seelengesetz trägt jeder wahre Künstler in sich, er weiss, dass er nur schaffen kann, wenn er sich ganz seiner Eigenart hingiebt, er muss ihrem Rufe folgen, wann und wo er an ihn ergeht; und er darf sich nicht beifallen lassen, etwas über sie erzwingen zu wollen. Das Genie hört auf Genie zu sein, sobald es um äusserer Antriebe willen, sich und seine Natur, zu etwas nöthigen will, was sie überhaupt oder zur Zeit versagt.

Schluss.

75. Die Autorität der Regel und die Freiheit der künstlerischen Begeisterung.

Damit wären wir wiederum bei der Antinomie angelangt, von der wir ausgingen. Wir haben Regeln gehabt, absolute, allgemeine, besondere, relative; Regeln des Inhalts, der Form, der Sinnlichkeit; Regeln der Kunstüberlieferung, des Zeit- und Nationalstyls und endlich das Gesetz der eigenen Natur des schaffenden Künstlers. Wo bleibt da die Freiheit des begeisterten Sängers und Sehers, von der der Dichter- und Volksmund so beredt zu sprechen weiss, jene geniale Ungebundenheit, jenes freie Wehen des Geistes, welches dem Hauche des Windes gleicht, man weiss nicht woher er kommt und wohin er geht. Jene Regeln, die wir ihrer Art nach wenigstens aufgezählt haben, stehen in engem Zusammenhange und bilden eine strenge Kette, und in den Spielraum, welchen die Eine der Freiheit gelassen, drängt sich immer die Nächste mit neuen und engeren Beschränkungen. Wie ist also neben solcher allseitigen Gebundenheit noch irgend eine Spur künstlerischer Freiheit zu denken? Wie! oder gäbe es eine solche Freiheit gar nicht?

Was es mit der Zuverlässigkeit unserer Methode und der dadurch ermittelten hypothetischen Kunsttheorie auch immer für eine Bewandniss haben möge, so viel doch glauben wir wenigstens durch sie erreicht zu haben, dass uns diese Antinomie nicht mehr in Verlegenheit setzt. Wir brauchen bloss die Hauptpunkte unserer bisherigen Darlegung zu recapituliren, um sofort zu sehen, dass die Kunstregel und die künstlerische Freiheit nicht im Gegensatze zueinanderstehen, sondern sich gegenseitig bedingen, eigentlich ein und dasselbe sind.

Wenn die Kunst-Darstellung des Realen ist und sein will, so kann das Wissen vom Realen ihr nicht zur Beschränkung, sondern nur zur freien Entwickelung gereichen. Diejenigen Regeln also, welche wir oben als die Gesetze des Darstellungsstoffes bezeichneten, sind zugleich Gesetze der Freiheit: die Schranken ferner, in welche wir die Kunst durch das neten wir schon oben als die einzige Möglichkeit ihrer Freiheit sowohl im Schauen, als auch im Darstellen des Realen. Die Gesetze und Regeln, ferner der Anschauungsform, der angenehmen Sinnlichkeit, der particulären und traditionellen Kunstform erwiesen sich überall als nothwendige Bedingungen, als unentbehrliche Mittel der Darstellung, die derjenige nothwendig wollen muss, der den Zweck will. Freiheit der künstlerischen Darstellung ist nicht denkbar, ohne die Mittel und Bedingungen derselben. So ist uns die Kunstregel eine Regel der Freiheit. Freiheit von diesem Gesetze bedeutet uns Knechtschaft, Herabwürdigung unter die rohe Materie. Der Stümper, der sich von diesen Regeln entbinden zu können meint, verliert damit gleich jenem Zauberlehrling, der die Formel vergessen, die Macht über die elementaren Geister, die er zu beherrschen gedachte und die ihn jetzt mit sich fortreissen.

Wenn so der verständige Künstler, der wahre Künstler gar nicht daran denken kann, sich durch die nothwendigen Bedingungen seines Schaffens beengt und beschränkt zu fühlen, so kommt er überdies noch gar nicht einmal in die Lage, sich durch dieselben irgendwie genirt zu finden. Er hat die Regel nicht vor Augen, wie einen Canon, dem er nachzuleben verpflichtet ist, sondern er trägt sie im Herzen, als sein eigentliches Lebenselement. Vergessen wir nicht, dass die Kunst ein wesentlicher organischer Process der menschlichen Culturentwickelung ist, dass die jeweilige Kunstform die augenblickliche Phase dieses Processes bildet und durch den Zeit- und Volkscharakter wesentlich mitbedingt ist. Dieser der Menschheit eingeborene Culturprocess ist das eigentliche Lebenselement des Künstlers und vollzieht sich an ihm in prägnanterer Weise. So folgt er der Kunstregel nicht als einem ihm von aussen gegebenen Gebote, sondern als ein aus seinem eigensten Herzen entsprungenem Antriebe. Er ist ganz frei, indem er die Regel ganz strenge befolgt. Diese ist nicht eine Schranke, sondern ein Merkmal des ächten Genies.

Wenn wir uns nach einem erläuternden Beispiel für dieses untrennbare Durchdrungensein von Freiheit und Gebundenheit in der Kunst und im Walten des Genies umsehen, so lässt uns das alltägliche bürgerliche Leben im einzelnen Menschen, wie in den grossen Gesammtheiten der Gesellschaft nicht im Stich. Unter Freiheit versteht man ja auch im politischen und wirthschaftlichen Sinne nicht Regellosigkeit und Willkür, sondern die Möglichkeit den eigenthümlichen Gesetzen seines Wesens nachzuleben. Ein freier Mann ist nicht derjenige, der in unberechenbarer Laune von Diesem zu Jenem hin- und herspringt, sondern derjenige, der unbeirrt von ihm ausserwesentlichen Einflüssen dem constanten

Gesetzen seines gereiften und bewussten Willens folgen darf. Und gerad so wie wir den Künstler in seinem freiesten Willen dennoch strenge m dem Kunstgesetze im Einklange sehen, gerade so zeigt uns die Statisti die Menschen in ihren freiesten und scheinbar zufälligsten Entschliessunge und Erlebnissen unter der unerbittlichen Herrschaft von Gesetzen, dere fast fatale Tyrannei sich sogar in strengen Zahlenformeln ausdrückt. E ist gewiss Sache der freiesten Willkür, wenn Jemand sein Leben durc Selbstmord endigt. Gleichwohl vermag der Statistiker, ohne sich mel als in geringfügigen Bruchtheilen zu irren, vorauszusagen, wie vi Personen in einem gewissen grösseren Bevölkerungscomplexe diese verzweiflungsvollen Entschluss im Laufe einer bestimmten Zeit fasse werden.